新时代
共产党员修养资鉴

闫何清｜著

人民日报出版社
北京

图书在版编目（CIP）数据

新时代共产党员修养资鉴／闫何清著．—北京：人民日报出版社，2020.12
ISBN 978－7－5115－6765－9

Ⅰ.①新… Ⅱ.①闫… Ⅲ.①中国共产党—党员—修养—学习参考资料 Ⅳ.①D263.3

中国版本图书馆 CIP 数据核字（2020）第 237754 号

书　　名：新时代共产党员修养资鉴
XINSHIDAI GONGCHANDANGYUAN XIUYANG ZIJIAN
作　　者：闫何清

出 版 人：刘华新
责任编辑：林　薇　陈　佳
封面设计：中联华文

出版发行：人民日报出版社
社　　址：北京金台西路 2 号
邮政编码：100733
发行热线：（010）65369509　65369846　65363528　65369512
邮购热线：（010）65369530　65363527
编辑热线：（010）65369533
网　　址：www.peopledailypress.com
经　　销：新华书店
印　　刷：三河市华东印刷有限公司
法律顾问：北京科宇律师事务所　（010）83622312

开　　本：710mm×1000mm　1/16
字　　数：235 千字
印　　张：17
版次印次：2021 年 9 月第 1 版　2021 年 9 月第 1 次印刷

书　　号：ISBN 978－7－5115－6765－9
定　　价：68.00 元

献礼建党100周年
（自序）

中国共产党100年华诞之际，回顾波澜壮阔的百年斗争史，检视百年未有之大变局的现时代，展望环球必将同此凉热的大趋势，面对重如泰山的初心使命，更觉中国的事关键在党，关键在于把党建设好。

我们历来高度重视党的建设，党的历代领导人都强调坚持不懈地推进党的建设的伟大工程，把党建设得坚强有力。党的十八大以后，以习近平同志为核心的党中央，直面各种重大风险考验和党内存在的突出问题，以顽强的意志正风肃纪、反腐惩恶，消除了党和国家内部存在的严重隐患，党内政治生活气象更新，政治生态持续改善，党的创造力、凝聚力、战斗力显著增强，党的团结统一更加巩固，党群关系明显改善，焕发出新的强大生机活力，为党和国家事业发展提供了坚强的政治保证。党的十九大报告从党和国家事业发展全局出发，提出了新时代党的建设总要求，对推进党的建设新的伟大工程作出全面部署，进一步回答了“建设什么样的党、怎样建设党”的重大历史课题，绘就了新时代全面从严治党的宏伟蓝图，开启了党的建设新篇章。

党由党员构成，党的建设从来都是具体而非抽象的。把党的建设新的伟大工程落实、落深、落细，必须落脚到每名共产党员，特别是党员领导干部身上。对于推进党员特别是党员领导干部自身建设，我们党一刻也没有放松过，并提出了丰富而系统的规定和要求；对于这项重要而经常性的任务和要求，党员干部普遍熟知并赞同。但是采用什么方法把这项任务完成好、如何加强党员党性修养，则需要不断探索，努力解决“过河”的“船”或“桥”的问题，把党员干部顺利送达党性修养的“彼岸”。这看似是一个“微观”问题，却极为重要，事关新时代党的建设能否真正体现到每名党员特别是各级党员领导干部身上，使千百万的党员干部得以改造提高，进而达到党建工作的整体目标，夺取党的建设新的伟大工程的胜利。可以说中国前途命运系于党建，建党大业在于党员，党员强弱关乎党性，党性成长重在修养，修养之道唯在其方，故探求党员修养方法，着力于个体而事关全局，见效于党员而助力于伟大事业。

因此，如何推动党员加强党性修养，也是我们在党建中不断艰辛探索的大问题。1939 年 8 月，刘少奇在延安《解放》周刊上发表《论共产党员的修养》，第一次系统阐释了共产党员修养问题，明确提出了党员增强党性的基本要求，指明了党员在思想上入党的必由之路，填补了马列主义建党学说的空白，是我们党的宝贵财富。1941 年 7 月 1 日，在建党 20 周年之际，中央政治局通过了《中共中央关于增强党性的决定》，具体而深刻地阐述了当时情况下，为什么要增强党性、违反党性的表现与危害、产生违反党性倾向的原因及纠正的办法等重要内容，是党的历史上第一个以党性为主题和命名的中央文件，对今天具有宝贵的启迪意义，也激励我们结合新时代党建工作实际，进一步研究探索切实可行的党员修养方法，为党员特别是党员领导干部加强自身建设提供支撑。

为此，我们聚焦如何加强党员领导干部党性修养这一重要课题，着重将马克思主义基本原理、习近平新时代中国特色社会主义思想中蕴含的党建思想、中国传统的优秀修养文化等结合起来，改造提升传统方法以供今用。我们力求从马克思主义基本原理出发，对党员修养方法的理论根据进行挖掘；以习近平党建思想为指引，对新时代共产党员特别是党员领导干部加强党性修养的要求、方向和根本遵循予以阐释；从社会发展、党的建设、个体成长等方面，探寻党员干部修养的必要性、根本路径、主要内容、效果评价等规律性认识；尝试从马克思主义中国化、传统优秀修养文化现代化和哲学思考的角度，提出一些可供党员干部加强党性修养使用的具体方法。

党性修养的方法问题涉及深广，这里只是初步的研究探索，有待大家指正，虽未尽善，实竭赤诚，谨作为一名普通党员向伟大的中国共产党建党100周年的献礼！

闫何清

2020年3月

目　录
CONTENTS

第一章

政党及党员修养概说

按照溯根求源的做法，讨论党员党性的修养，有必要对政党、党员和党员修养等概念有个基本回顾，才能顺源而下说得透彻。政党政治是目前世界上绝大多数国家的治理方式，政党作为政治团体，一般都是具有一定组织原则和要求的，个人按照政党要求特别是政治要求，改变自我的过程就是进行党性修养的过程。而作为无产阶级政党的共产党，对其成员的要求更高、标准更严，共产党员特别是党员领导干部的党性修养不仅非常有必要，而且十分紧迫。

第一节　政党

表面上看，政党是从近代资产阶级民主政治演变而来的，是民主政治的产物。但从本质来说，政党作为一种上层建筑，根源于三个要素。首先，是商品经济和市场经济的发展。商品经济和市场经济对自然经济的胜利，使得经济社会生活中的主体地位平等、公平交换、协商决策等思想、规则和要求，反映为政治上的自由、平等、民主、大众政治等实践和制度要求，而这种按照规则进行博弈决策的大众政治，客观上需要利益相同或相近的社会人群组织起来，以便使自己的利益诉求和政治主张更加有力地表达出来，并尽可能地占据主导地位。这种情况下，先是资本主义在战胜封建主义，进行内部利益整合、阶层协同、共同应对敌对力量过程中，形成了代表本阶级的资产阶级政党。后来随着斗争实践和理论条件的成熟，无产阶级也逐步组建了自己的政党。这在封建制的自然经济条件下，在领主或皇权控制形式下，是不可能普遍出现的。

其次，是社会阶级深刻分化并对立的产物。简单说阶级是具有共同经济利益基础及诉求的利益集团。社会人群划分为阶级很早就存在了，但阶级的深刻分化和鲜明对立是在资本主义社会才最后完成的。马克思、恩格斯分析指出，工业革命带来的生产力和劳动生产率的极大提高，使社会日益在社会化大生产、原始积累对农民生产资料的剥夺、市场竞争、生产资料向部分人手中积聚等共同作用下分裂成两大对立阶级——资产阶级与无产阶级，并将人对人的剥削发展到了更加深入的境地。① 这使得每个阶级都需要构建自己的经常性、统一性的政治活动组织，来最大限度地争取和维护自身的利益，这就是政党。现在我们有时候不怎么讲阶级问题，是因为总的来说它在国内已经不是主要矛盾，但在世界范围内来说，阶级的划分及其斗争依然客观存在，并没有消除。

最后，是现代政治斗争的需要。工业革命的出现、资本主义的兴起，引发了人类政治制度、政治方式、政治文明的极大改观。与封建社会里以武力征服、强权压服为典型手段的政治治理方式不同，在资本主义社会里，选举制、任期制、议会制、司法独立制等现代制度被发明出来了。与之相适应，政党政治也应运而生，逐步取代皇权统治、贵族政治、乡绅治理成为主流政治方式。而且，就资产阶级政党来说，一旦成为民主政治“专业户”，就会朝着“寡头政治商人”的方向发展。恩格斯曾经举例说：“正是在美国，同在其他任何国家中相比，‘政治家们’都构成国民中一个更为特殊的和更加富有权势的部分。在这个国家里，轮流执政的两大政党中的每一个政党，又是由这样一些人操纵的，这些人把政治变成一种生意，收入丰厚的生意，拿联邦国会和各州议会的议席来投机牟利，或是以

① 马克思恩格斯选集（第1卷）［M］. 北京：人民出版社，1995：274~275.

替本党鼓动为生，在本党胜利后取得职位作为报酬。……我们在那里却看到两大帮政治投机家，他们轮流执掌政权，以最肮脏的手段用之于最肮脏的目的，而国民却无力对付这两大政客集团，这些人表面上是替国民服务，实际上却是对国民进行统治和掠夺。”①

英国于17世纪有了政党，近代民主政治最早发源于英国。美国完成独立后即有了政党雏形。19世纪以后，欧洲大陆各国也先后有了政党，日本的政党则出现在明治维新以后。资产阶级政党政治在19世纪中叶后初具格局，那时政党制度已经确立，尤其在英国和美国完成了政党政治的制度化，表现为全国性组织机构建立，政党通过竞选进入议会原则的制定，政党通过竞争获得议会多数从而执政方式的采用，议会与政府发生矛盾冲突时政党轮流执政安全程序的设立，以及持续控制高层职位的政治技巧方法的掌握，等等。② 中国的政党从孙中山组建兴中会开始。在中国，最初人们不知道政党为何物，视其为洪水猛兽，后来才逐步认识到政党是民治制度不可缺少的机制。孙中山在1924年改造国民党时就说，改组一是要恢复政党的力量，二是要借助政党的力量改造国家。近代工业革命的发展和现代阶级的形成，也催生着代表无产阶级的政党。1836年英国宪章运动时就诞生了第一个工人政治团体——伦敦工人协会，反映了工人对组织的客观需求。马克思、恩格斯于1847年6月在伦敦成立的共产主义者同盟，是第一个以科学社会主义为指导思想的国际无产阶级政党，此后各国无产阶级的建党事业在曲折中顽强发展起来。

可见，政党、政党政治作为近现代社会特有的政治现象，与很多社会现象一样不是从来就有的，是历史发展到一定阶段的产物。可以说是资本主义的一大发明，是对人类社会文明的巨大贡献，当然这个功劳不能完全归资产阶级，说到底这是生产力和社会化大生产的结果。

---

① 马克思恩格斯选集（第3卷）［M］．北京：人民出版社，1995：12.

② 曹峰旗．马克思恩格斯关于资产阶级政党论述初探［J］．天津行政学院学报，2009，11（1）．

政党作为一种社会组织，与一般的社会组织相比有着自己的鲜明特点。第一，政党具有鲜明的阶级性。政党是阶级的政治组织，肩负着维护本阶级利益，团结、组织和率领本阶级以及同盟者进行共同斗争的任务。可以说是本阶级利益上的代言人和行动上的先锋队，是阶级发展的工具，如果政党背离了阶级立场，丧失了应有功能，就会被本阶级所废弃。就这个层面来说，一个政党的远见、胸怀和包容性，归根结底是其所代表阶级的广泛性、包容性和先进性所决定的。对此，列宁曾经说："我们相信党，我们把党看作我们时代的智慧、荣誉和良心。"①

第二，政党要有自己的主义或纲领。这种政治纲领或主义是政党的旗帜，用来集中表达本阶级群众的利益要求，凝聚和引导本阶级及同盟者为实现其政治目标而斗争。判断一个政党的阶级属性，既要看它的党员构成，更要看它的纲领。当然，孔子说，对人要听其言、观其行，对政党我们不仅要看它举什么旗、说什么话，更要看它做什么事、走什么路，是否言行一致，真正执行自己的主义。践行纲领事关政党信用，如果一个政党主义丧失、纲领不能实行，就会信用破产，失去阶级支持的基础，成为空中楼阁。

第三，政党有一套组织系统和一定的纪律约束。从有形上说，政党通常是由首脑机构作为统筹中心的层级组织结构；从无形上说，政党一般会有相应的纪律规则，以便围绕其政治目标进行有效的活动。当然，一个政党的纪律性，往往与其要实现目标的难易程度密切相关，所要实现的目标在现实中越是困难，要求政党的组织纪律性也就越强，以便形成应有的战斗力。

第四，政党总是同国家政权紧密相连。国家政权是国家治理的核心权威和枢纽，是现代社会生活的利益调节中心，掌握政权是任何阶级实现自身利益最大化的根本保证。政党作为阶级先锋队和工具，为了实现所代表

---

① 列宁.1917 年政治讹诈［M］//列宁全集（第 25 卷）. 北京：人民出版社，1988：251.

人群的根本利益，其活动也总是围绕着取得、维持或参与国家政权而展开的。这是政党区别于一般性社会组织的最大特点，也决定了一个政党的产生、存在、活动和发展，在本质上应该是一件十分严肃的政治事件。而且以政党为领导进行政权活动，也是现代社会群体难以绕开的方式途径。马克思在《路易·波拿巴的雾月十八》中指出："那些相继争夺统治权的政党，都把这个庞大的国家建筑物的夺得视为自己胜利者的主要战利品。"① 列宁则说："无产阶级在争取政权的斗争中，除了组织而外，没有别的武器。"②

第五，政党都会竭力争取群众。政党围绕政权开展的活动，是一种社会运动，和其他社会运动一样，离不开公众的参与。所以，凡是真正积极地活动的政党，没有不努力通过各种手段去争取公众赞同与支持，以便扩大其队伍和影响的，哪怕是为了选举那一刻的赞同与支持。为此，无论一些政党所真正代表的群体多么狭小，为了笼络人心，都会竭力给自己贴上"民主""自由"的标签，打起"为了国家""为了公众利益"的宣传口号。所以，言行不一的虚伪性、逢场作戏的表演性成为不少政党的活动特点。

第二节 党员修养

简单地说，党员修养是指党员在政治、思想、道德品质和知识技能等方面，按照一定的党性原则进行自我教育、自我改造、自我完善的过程。一般而言，一个积极进取的政党都会要求其党员不断强化在立场上、认同上的修养，以保证党的政治目标的实现。同时，作为主流政党的党员，尤

① 马克思恩格斯选集（第1卷）[M]．北京：人民出版社，1995：676.

② 列宁．1904年进一步，退两步 [M] //列宁．列宁全集（第10卷）．北京：人民出版社，1988：410.

其是在党内担任职务的党员，应该是所代表阶级中较为优秀的分子，即常说的“精英”者。这种“主力”的养成，都有一个对照党纲、党纪、党的活动目标、本阶级道德规范等进行学习、修炼、看齐的问题，即都有一个党员修养问题。这种修养对政党来说，是推动党员特别是骨干党员形成统一思想、统一意志、统一政治取向的过程；对党员个人来说，就是要使个体与政党的要求相适应、与所充当的角色相匹配。这实际上是一种人们自觉或不自觉地在认识、情感、价值、道德、追求等方面实现同化，进而更好地组织成社会力量的复杂社会现象。

党员修养的核心是党性修养。党性是政党在政治实践中基于高度集中地反映某些阶级的本性和特征，进而形成的党的根本属性，是其阶级属性最高和最集中的体现，是一个政党区别于其他政党的最根本特征，在深层次上体现了政党的政治主张和要求。从整体层面来看，党性是党的性质的本质体现，是不同性质的政党的鲜明标志。从个体层面来看，党性包括党员的世界观、人生观、价值观，以及阶级观、权力观、事业观等内容，是党的性质在党员身上的具体体现，不仅体现在维护本阶级利益的使命感上，体现在对党和党的路线、方针、政策的理解认同上，更体现在对党的忠诚情感和自觉追随上。古人讲：“义，合外内之道也。外无感，则义只是浑然在中之理。见物而裁制之则为义，义不生于物，亦缘物而后见。”（吕坤《呻吟语·谈道》）政党的党性也是“合外内”的，一方面它是政党拥有的内在的根本性阶级倾向、价值主张和政治诉求，另一方面它又通过政党提出政治主张、开展政治活动、进行政治斗争等实践活动体现出来，是现实的，有力量的，是政党属性、功能、实践力量的综合体现。

共产党的党性，就是无产者阶级属性的根本表现，是无产阶级利益最高而集中的表现。共产党的党性又是通过其先进性表现出来的，同时也规定了其先进性的内容，党的理论的先进、实践方向的先进、作风的先进和制定社会发展战略的先进，都是由党性所决定的。所以列宁指出：“严格的党性是高度发展的阶级斗争的随行者和结果。相反地，为了公开地和广泛地进行阶级斗争，必须发展严格的党性。”① 加强党性修养，增强党性，通常指的是党员个体层面的党性，落脚于党员个体的理论修养、政治修养、道德修养、纪律修养、作风修养等全面修养。对此，习近平总书记指出：“党性说到底就是立场问题。我们共产党人特别是领导干部都应该心胸开阔、志存高远，始终心系党、心系人民、心系国家，自觉坚持党性原则。全党同志要强化党的意识，牢记自己的第一身份是共产党员，第一职责是为党工作，做到忠诚于组织，任何时候都与党同心同德。全党同志要强化组织意识，时刻想到自己是党的人，是组织的一员，时刻不忘自己应尽的义务和责任。”②

即使西方资产阶级政党也十分重视通过自我改变，特别是着力克服政党对“金钱母乳”的沉迷，巩固和扩大党的外在合法性、公正性。比如“二战”以后，西方形形色色的资产阶级政党，无论是保守派、自由派还是极右派，在坚持传统的资产阶级基本政治观点的同时，都力求适应西方国家政治生活的变化，进行所谓的“思想革新”，以便使自己更具有吸引力。一些国家围绕着政党的发展制定了各种政策和法律，如原来的联邦德国就曾使用“政党法”来规范政党的活动，美国也在联邦竞选法修正案中就公费资助选举提出了相应措施。同时，许多不同派别的政党都认识到，要摆脱纯粹的金钱政治为自身带来的危害，就不能把金钱与权力不明不白地混在一起从而为腐败提供土壤，进而都要求本党努力消除腐败，不少国家还通过限制政党与金钱的关系来遏制金钱对政党的腐蚀。可见，由于人类政治文明不断进步的客观压力的存在，资产阶级政党也不得不与时俱进地进行自我约束和改进，对党员加以约束和教育，以便维系自己的存在发展，这既是资产阶级政党自我调整的表现，也是现代政党现象内在规律的反映。

---

① 列宁．1905 年社会主义政党和非党的革命性［M］//列宁全集（第 10 卷）．北京：人民出版社，1988：54.

② 习近平谈治国理政（第一卷）［M］．北京：外文出版社，2015：395～396.

第三节　共产党

马克思、恩格斯站在历史发展的高度，揭示了人类社会发展规律，分析资本主义社会基本矛盾的实质，阐释这种矛盾的阶级表现，即资产阶级和无产阶级的对立，并认为两大阶级斗争的结局必然是无产阶级的自我解放和社会的彻底改造。但无产阶级的解放需要一个重要条件，那就是组成政党。对此，恩格斯晚年总结国际共产主义运动的历史经验时感触颇深，他指出："要使无产阶级在决定关头强大到足以取得胜利，无产阶级必须（马克思和我从 1847 年以来就坚持这种立场）组成一个不同于其他所有政党并与它们对立的特殊政党，一个自觉的阶级政党。"①

一、工人阶级政党的产生发展

科学社会主义运动史表明，工人阶级为完成自身的历史使命，经历了一个由自发阶级到自觉阶级的转变过程，也就是要完成从自在阶级向自为阶级的历史性飞跃，实现这一转变的根本性标志就是建立无产阶级政党。无论是马克思、恩格斯还是列宁热忱组建无产阶级政党，都是以求取阶级解放为目的。如果不建立政党，无产阶级争取解放的共产主义运动，永远会停留在纠结于眼前利益、微小经济利益的功利主义基础上，所以建立无产阶级政党，是无产阶级获得解放的首要条件之一。②

无产阶级政党是资本主义内在矛盾尤其是阶级斗争发展到一定阶段、科学社会主义与无产阶级运动相结合的产物。一方面，"工人阶级在它反对有产阶级联合权力的斗争中，只有组织成为与有产阶级建立的一切旧政

---

① 马克思恩格斯选集（第 4 卷）[M]．北京：人民出版社，1995：685.

② 董一潼．中国共产党"从严治党"及其创新研究 [D]．长春：吉林大学，2015.

党对立的独立政党，才能作为一个阶级来行动。”① “没有一个按照马克思列宁主义的革命理论和革命风格建立起来的革命党”，就不可能领导人民取得革命的胜利。② 另一方面，正是有了科学社会主义的指导，无产阶级才能够组成与一切旧政党相对立的独立政党，从而真正作为一个觉悟的阶级来行动。

近代工人斗争大体经历了三个阶段，起初工人把贫困痛苦的根源归咎于机器，开展了以捣毁机器、烧毁厂房为主的斗争，这种斗争形式在18世纪七八十年代的英国十分盛行，名为“卢德运动”。相传，当时莱斯特郡有一个名叫卢德的工人，为抗议工厂主的压迫第一个捣毁了织袜机，运动因此而得名。运动主要通过捣毁机器来反对企业主、争取改善劳动条件，但禁止对人身使用暴力，本身有极严格的组织纪律，透露内部机密的人会受到严重的处罚，常常以死相威胁。“卢德运动”以诺丁汉郡为中心，1811年年初开始形成高潮，损毁了大量羊毛、纺织机器、厂房，毫无悬念地遭到了资产阶级的严厉镇压。英国通过的《摧毁机器被限制破坏法》和《1812年恶意破坏法》将“卢德运动”定为严重罪行，动用军队平息运动。与“卢德分子”作战的士兵数量，一度超过了在伊比利亚半岛与拿破仑作战的英军数量。

在第二个阶段，工人意识到联合起来的重要性，开始组织工会等斗争的联合组织，斗争内容也由破坏机器发展到主张提高工资、改善劳动条件等经济要求，但尚未提出建立新制度的政治诉求。

在第三个阶段，随着政治意识的增强，工人斗争发展为指向资本主义制度的政治斗争。19世纪上半叶先后发生的法国纺织工人起义、英国“人民宪章运动”、德国西里西亚纺织工人起义都要求政治权利和新的社会制度，标志着欧洲工人阶级作为独立政治力量开始出现，并寻求成立自己的政党，一些国家先进的工人也探索着成立了自己的政治组织。但是真正无

---

① 马克思恩格斯全集（第17卷）［M］．北京：人民出版社，1963：455.

② 毛泽东选集（第四卷）［M］．北京：人民出版社，1991：1357.

产阶级政党的建设是一个长期艰巨的任务，需要各国马克思主义者几代人的持续奋斗。

从科学社会主义产生迄今，无产阶级政党的发展也可大体分为三个历史时期，大致分别与19世纪40年代中期以后的自由资本主义时代、20世纪的帝国主义与无产阶级革命时代、当今社会主义体系与资本主义体系并存的时代相对应。①

第一个时期最具意义的事件是，1848年流亡法国的德国工人政治组织“正义者同盟”接受马克思、恩格斯的科学理论，改组为“共产主义者同盟”，成为第一个以科学社会主义理论为指导的、国际性的无产阶级政党组织，制定了第一个无产阶级的党纲《共产党宣言》，推动工人运动向科学社会主义运动发展，并于1864年建立了国际工人协会（第一国际）。但无论是共产主义者同盟还是第一国际，都只是当时无产阶级的一种松散的国际性联盟，而不是严格意义上的无产阶级革命政党。它们只能在革命的高潮时期起到联络工人群众、传播先进思想的作用，一旦革命处于低潮或组织内部出现重大分歧时，就不能适应斗争需要而不得不宣告解散。

在巴黎公社失败以后，由于马克思、恩格斯的努力，19世纪七八十年代，欧美各国相继建立了社会主义政党或团体，对于提高无产阶级的觉悟性和组织性，推动工人运动走上独立发展起到了不小的作用。但是当时欧美各国成立的社会主义政党，仍然不是真正意义上的马克思主义的无产阶级政党，基本上还是宣传性的团体，还只是发展中的无产阶级政党。它们一般在纲领中不提明确的马克思主义的革命要求，在组织上不统一、不严密，在思想理论上还没有同各种非无产阶级的社会主义流派划清界限，甚至没有一个党把马克思、恩格斯确定的无产阶级政党的名称——共产党，作为自己党的名称。② 马克思、恩格斯在世期间，虽然没有看到真正意义上的无产阶级政党的成熟发展，但是他们的历史贡献在于开辟了和开始了

① 晓声．无产阶级政党创立和发展的阶段与特点［J］．新疆社会经济，1991（3）．

② 晓声．无产阶级政党创立和发展的阶段与特点［J］．新疆社会经济，1991（3）．

这一历史性进程。

在第二个历史时期，各国无产阶级政党得以蓬勃发展、直接冲击资本主义世界，并取得伟大胜利。标志性成就是，列宁领导创建了第一个新型的马克思主义政党——布尔什维克党，取得了十月革命的胜利，建立了新型的无产阶级国际组织——共产国际。无产阶级政党发展出现两个显著特点。一是党的建设直接同无产阶级革命和无产阶级专政问题联系在一起。二是在马列主义建党学说指导下，在落后的资本主义国家、半殖民地半封建国家，在产业无产阶级相对弱小、农民和其他小资产阶级占人口大多数的环境里，探索出了建设无产阶级政党的道路。

在第三个历史时期，最显著的特征是，一些国家的无产阶级政党取得了执政地位，由战争与革命转入社会主义和平建设，并且在相当长的时期内，形成了资本主义、社会主义并存的世界。与执政以前相比，无论是政党建设的外部条件还是内部条件，都呈现出新的特点。有不少执政的无产阶级政党对此情况注意不够、在自我建设中应对不够，结果造成较大失误，酿成严重后果。

二、工人阶级政党的先进性

政党是否先进不是抽象的口号，而是由许多现实因素决定的。共产党与其他政党相比，有着鲜明的先进性特点，这些特点也正是它与其他政党区别开来的内在属性。“无产阶级政党的优势，就是它具有实践的引导性、理论的科学性、组织的先进性和斗争的坚定性。”

第一，阶级基础先进。共产党的先进性首先在于它是无产阶级先进分子的队伍，为实现人民的根本利益而战。马克思、恩格斯高度赞赏无产阶级政党的先进性，并且认为它根源于无产阶级先进的阶级特性，是对无产阶级先进性的升华。共产党以在资本主义发展中孕育而成长的工人阶级作为自己的基础和服务对象。一方面，工人阶级与社会化大生产相联系并受到这种生产的实践训练，代表了先进生产力、生产关系和社会发展方向，具有团结性、互助性、组织性、进取性等特性，是可以在资本主义文明基础上推进社会向更高文明发展的希望所在。正如马克思、恩格斯所感到的那样："在当前同资产阶级对立的一切阶级中，只有无产阶级是真正革命的阶级。"① 另一方面，工人阶级同广大劳动者的根本利益具有最大的一致性。社会化大生产越发展越要求对生产资料及生产方式进行社会化安排，工人阶级的要求与这种趋势相适应，并不得不与其他劳动者加强联合。对此，马克思、恩格斯指出："过去一切阶级在争得统治之后，总是使整个社会服从于它们发财致富的条件，企图以此来巩固它们已经获得的生活地位。无产者只有废除自己的现存的占有方式，从而废除全部现存的占有方式，才能取得社会生产力……过去的一切运动都是少数人的或者为少数人谋利益的运动。无产阶级的运动是绝大多数人的、为绝大多数人谋利益的独立的运动。"② 阶级基础的先进性要求其政党必须走在前列。近 200 年来，世界各国共产党人在各种曲折中建党、开展社会主义运动、进行社会改造的不懈努力，也正在对此做出生动诠释。

第二，党的宗旨和纲领目标先进。马克思指出，共产党人没有任何同整个无产阶级的利益不同的利益。在无产阶级和资产阶级斗争的各个发展阶段，共产党人始终代表整个运动的利益，是"各国工人政党中最坚决、始终推动运动前进的部分"③。从恩格斯 1847 年写《共产主义信条草案》、1847 年写《共产主义原理》，到马克思、恩格斯 1848 年合著的《共产党宣言》，再到 1875 年马克思写《哥达纲领批判》，马克思、恩格斯始终把制定并实行科学先进的纲领作为无产阶级政党的重要标志，通过纲领提出无产阶级政党的奋斗目标，表明政党的性质，阐明无产阶级政党在革命中的地位和作用。这是无产阶级政党从纲领上保持先进的源头基因，为后来苏共、中共等所贯彻和发扬。共产党的宗旨和目标，就是作为代表工人阶

① 马克思恩格斯选集（第 1 卷）［M］. 北京：人民出版社，1995：282.
② 马克思恩格斯选集（第 1 卷）［M］. 北京：人民出版社，1995：283.
③ 马克思恩格斯选集（第 1 卷）［M］. 北京：人民出版社，1995：285.

级社会运动利益、完成工人阶级历史使命的领导者、先行者，推动共产主义社会的逐步实现，促进人的全面发展。刘少奇说："无产阶级革命是消灭一切剥削、一切压迫、一切阶级的革命。共产党所代表的是被剥削而不剥削别人的无产阶级，它能够使革命进行到底，从人类社会中最后消灭一切剥削，清除一切腐化、堕落的现象。"① 马克思指出："代替那存在着阶级和阶级对立的资产阶级旧社会的，将是这样一个联合体，在那里，每个人的自由发展是一切人的自由发展的条件。"② 这种大同社会的理想，不仅是中国人几千年来的梦想，也是人类发展的最美好前景，较之现存社会的先进性是不言而喻的。《礼记·大学》曾要求，"国不以利为利，以义为利也"，这对阶级社会的政权来说是不可能实现的，因为统治阶级进行统治的目的就是攫取和保持其利益，只有共产党人能够真正不谋求政党利益而谋求共产主义，能够真正以世界大同的人类大义为"利"。

第三，指导思想先进。任何政党都是有着一定指导思想及价值信仰的，而按照列宁的话说："只有以先进理论为指南的党，才能实现先进战士的作用。"③ 共产党的整个世界观是以马克思主义为基础的，恩格斯说："我们党有个很大的优点，就是有一个新的科学的观点作为理论的基础。"④ 这个科学理论就是马克思主义，是历史唯物主义的科学世界观。马克思、恩格斯指出，共产党有理论的觉醒，是依据科学理论而建立，在反对各种错误思潮的斗争中成长起来的。⑤ 当然，科学的理论是行动的指南而不是教条，恩格斯在1895年致威·桑巴特的信中强调："马克思的整个世界观不是教义，而是方法。它提供的不是现成的教条，而是进一步研究

① 刘少奇. 论共产党员的修养 [M]. 北京：人民出版社，2015：8.

② 马克思恩格斯选集（第1卷）[M]. 北京：人民出版社，1995：294.

③ 列宁专题文集（论无产阶级政党）[M]. 北京：人民出版社，2009：71.

④ 马克思恩格斯选集（第2卷）[M]. 北京：人民出版社，1995：39~40.

⑤ 李晓光. 马克思恩格斯经典文本批判错误社会思潮的逻辑进路 [R]. 光明日报，2019年8月26日.

的出发点和供这种研究使用的方法。"[①] 马克思主义世界观的先进性不仅表现在它的科学性、它的基本观点和方法的正确，而且表现在它总是从实际出发和与时俱进，在反对种种非马克思主义、非无产阶级思想中，修正错误、坚持和发展真理，形成科学的理论指导。正如列宁所言："我们完全站在马克思理论基础上，因为他第一次把社会主义从空想变成科学，给这个科学奠定了巩固的基础，规划了继续发展和详细研究这个科学所应遵循的道路。"[②] 正是因为共产党是以马克思主义为指导建立起来，并坚持用马克思主义来指导党的实践活动，把经常性的马克思主义理论教育抓紧不放，才为保持党的先进性和健康发展提供了有力保证。

第四，科学而坚定的理想信念。根植于无产阶级的阶级基础，以先进理论为指导的无产阶级政党，特点之一就是对科学社会主义的坚信。理想信念的无比坚定，使得党组织特别团结、统一和具有革命性，使党员干部能够极其坚定、坚决、坚强。长征途中，过云中山时，一位红军干部因穿的衣服太单薄被冻死在一棵大树下。一位高级指挥员看到后愤怒不已，高声喊道："把军需处长给我喊来，天这么冷，为什么不让我们这位同志穿得厚一些？"周围的人含泪告诉他："被冻死的就是军需处长，他把能御寒的东西都发给大家了，而自己却穿得最单薄。"[③] 这是何等圣洁与无私！如果没有坚定的信念信仰，没有远大的革命理想，怎么能够做出这种舍生忘死、舍己为人、舍生取义的壮举呢？在革命过程中，中国共产党人当中类似惊天地泣鬼神的事例举不胜举，难道是偶然的吗？绝不是。难道是组织严格逼迫的结果吗？绝不是。这是"主义真"的力量，是信仰信念的力量。

第五，坚强的组织纪律性。唯其目标远大，更需纪律的坚强。严格的

---

① 马克思恩格斯选集（第4卷）［M］．北京：人民出版社，1995：742～743.

② 列宁选集：第1卷［M］．北京：人民出版社，1960：202.

③ 李本深．丰碑［J］．微型小说选刊，2012（6）．

组织纪律性是共产党的鲜明特征。马克思认为，“组织是最重要的武器”①，无产阶级政党是有组织的部队，必须坚持民主集中制原则。民主集中制是无产阶级政党在马克思主义原则基础上，实现思想统一的基本手段。列宁说，必须在党内“实现无条件的集中和极严格的纪律”，因为这是保证无产阶级专政胜利的基本条件②，绝不允许由于派别活动而使党处于涣散状态③；他强调，必须严肃党纪，实事求是考察每个党员，及时把非共产主义分子清洗出党④。习近平总书记指出：“我们党是革命理想和铁的纪律组织起来的马克思主义政党，纪律严明是党的光荣传统和独特优势。党面临的形势越复杂、肩负的任务越艰巨，就越要加强纪律建设，越要维护党的团结统一，确保全党统一意志、统一行动、步调一致前进。”⑤

第六，无私的自我革新精神。马克思主义在本质上是批判的和革命的，以马克思列宁主义为指南的共产党与其理论一样具有自我革命性。因为它们以共产主义为最高理想，以人类解放为根本追求，除了工人阶级和最广大人民群众的利益之外没有自己特殊的利益，能够从人类和社会根本利益的需要出发，进行严格的党内政治生活，检视自己、克服缺点、解决问题、纠正错误，实现自我扬弃、自我超越。马克思主张，为了保证党的团结，党内应该经常开展必要的斗争、进行党内批评。⑥ 列宁指出，能够正确地开展党内斗争，进行批评和自我批评是无产阶级政党坚强的标志。⑦ 邓小平同志指出，“批评和自我批评的武器一定不能丢，丢了这个武器，如同战士丢枪一样，就会在工作中和思想上打败仗。”⑧ 习近平总书记强调

---

① 马克思恩格斯全集（第19卷）[M]. 北京：人民出版社，1963：284.
② 列宁选集（第4卷）[M]. 北京：人民出版社，1995：135.
③ 列宁短篇哲学著作 [M]. 北京：人民出版社，1993：424.
④ 列宁全集（第42卷）[M]. 北京：人民出版社，2017：393、158.
⑤ 习近平谈治国理政（第一卷）[M]. 北京：外文出版社，2015：386.
⑥ 马克思恩格斯全集（第4卷）[M]. 北京：人民出版社，1958：423.
⑦ 仇文利. 列宁批评与自我批评常态化制度化理路探析 [J]. 人民论坛，2015，9（中）.
⑧ 胡军. 莫让批评的“利器”变成“钝器”[EB/OL]. 中国共产党新闻网，http://theory.people.com.cn/n1/2018/1102/c40531-30378443.html.

"在进行社会革命的同时不断进行自我革命，是我们党区别于其他政党最显著的标志，也是我们党不断从胜利走向新的胜利的关键所在"；"以刮骨疗毒的决心和意志，坚定不移地消除一切损害党的先进性和纯洁性的因素，是我们党长期执政条件下实现自我净化、自我完善、自我革新、自我提高的有效途径"①。这些都表明了共产党不断自我革命的内在特性和能力，丧失了党内斗争和自新精神，党就会走向僵化和保守。

第七，永远不脱离群众。共产党是群众性政党，它代表着最广泛群众的根本利益，为实现群众性的社会理想而奋斗，在完成其历史使命中必须紧紧依靠群众、广泛动员和引导群众，所以它一刻也离不开群众，这是它的特点，也是它存在和发展的"社会机理"。对此，列宁深刻地指出，执政党保持同人民群众的血肉联系是作风建设的核心。"如果我们连群众的情绪都摸不透，不善于跟群众打成一片，把工人群众发动起来，那就根本谈不上发挥无产阶级政党的先锋队作用"。② "只有相信人民的人，只有投入生气勃勃的人民创造力源泉中去的人，才能获得胜利并保持政权。"③ 不仅要保持同群众的血肉联系，而且要向群众学习，教育群众，细心倾听群众的呼声，发展和利用各种群众组织以达到社会主义的目的。这就是共产党的鲜明特征，正如鸟儿有翅膀才能飞翔。

总之，在马克思主义经典作家建党思想中，党的先进性是第一要义，党与群众利益的一致性是宗旨，用先进的理论武装是关键，党的使命感是根基，同错误理论斗争、清除非无产阶级派别的影响是前提条件，此后的真正意义上的马克思主义政党，无不秉承着这一先进建党思想，坚持无产阶级政党的本质，坚守党的阶级性，笃守党的宗旨不变。④

① 习近平总书记在十九届中央纪委三次全会上的讲话.

② 列宁全集（第10卷）［M］. 北京：人民出版社，1987：334.

③ 列宁全集（第33卷）［M］. 北京：人民出版社，1987：57.

④ 董一潼. 中国共产党"从严治党"及其创新研究［D］. 长春：吉林大学，2015.

第四节　共产党员修养

虽然说凡是真正意义上的政党都具有党性，但只有共产党公开表明自己的党性、阶级性。列宁就指出："真正的马克思主义者敢于宣告一切人的、包括他自己的党性，也就是他的政治性和倾向性，在阶级社会里就是其阶级性。"①《中国共产党章程》开宗明义："中国共产党是中国工人阶级的先锋队，同时是中国人民和中华民族的先锋队，是中国特色社会主义事业的领导核心，代表中国先进生产力的发展要求，代表中国先进文化的前进方向，代表中国最广大人民的根本利益。党的最高理想和最终目标是实现共产主义。"这就亮明了自己的政党性质和奋斗目标。总的说来，中国共产党的先进性是以马克思主义为指导、以工人阶级为基础、以优秀分子为成员、以民主集中制为组织原则所形成的，体现在党的理想信念、根本宗旨和路线纲领、方针政策之中，体现在党员和党的干部的模范带头作用之中，植根于全心全意为人民服务的本质，是为实现人民根本利益而不懈奋斗的实践品格，永葆党的先进性是党的建设核心问题，也正是党员进行党性修养的首要目标。

关于共产党员的修养，刘少奇说："我们在思想意识上的修养，是一回什么事呢？我认为这在基本上就是每个党员用无产阶级的思想意识去同自己的各种非无产阶级思想意识进行斗争；用共产主义的世界观去同自己的各种非共产主义的世界观进行斗争；用无产阶级的、人民的、党的利益高于一切的原则去同自己的个人主义思想进行斗争。上述斗争是一种思想上的矛盾的斗争，它是社会阶级斗争的反映。"② 也就是说，共产党员的党性修养"就是共产党员在改造客观世界的过程中，通过努力学习和在革命、建设、改革

① 列宁全集（第12卷）［M］．北京：人民出版社，2017：93.

② 刘少奇．论共产党员的修养［M］．北京：人民出版社，2015：32.

实践中的艰苦磨炼，不断自我教育、自我锻炼、自我改造和自我完善，用马克思主义的思想去改造自己的主观世界，克服各种非马克思主义的思想，树立马克思主义的世界观、人生观和价值观，在政治、思想、道德品质和知识技能方面使自己成为一名合格的共产党员的过程”①。

共产党员的党性修养与共产党的纲领、章程密切相关，党性的养成和提升都是以它所代表的阶级——无产阶级的本质属性为基础的，党员主观世界改造的过程中必然体现着马克思主义科学理论的要求。具体来说，共产党员修养的水平怎么样，要看他共产主义的远大理想是否坚定，无产阶级的思想意识和道德品质是否牢固，马克思主义理论和科学文化修养是否充分，密切联系群众、全心全意为人民服务的精神以及敢于批评和自我批评的勇气与作风是否养成，等等。这几点是每位共产党员应该努力修养达到的基本要求，也是衡量一名共产党员党性强弱的重要标准。

进一步讲，共产党员不是为了修养而修养，而是有着鲜明的目的性。从党组织来说，推进党员修养是加强党的建设，保持党的先进性、纯洁性的基础性工作，是使党更好地体现性质、践行宗旨、完成使命、执行任务的重要保证。正如毛泽东所提出的，党性修养工作主要是为政治路线的高效执行打下坚实的阶级基础，应当把党的思想建设放在各方面建设的首位。② 从个体层面来说，对照党的要求加强修养，是一个党员履行入党誓言、牢固党的信仰、提高党性觉悟、增强能力素质，逐步自我改造，向合格党员迈进，更好地完成党交付的任务、实现个人价值的必然要求和途径。

---

① 张育诚．新民主主义革命时期张闻天党性修养思想研究［D］．南宁：广西大学，2013.

② 钱茜．新时期中国共产党党员党性修养问题研究［D］．长春：长春理工大学，2012.

第二章

共产党员修养的必要性

共产党员的修养，从无产阶级政党成立之日起，就在复杂的革命、建设环境中，成为与党的事业一起存在、一起推进的重要任务。这种修养的工作，与党的建设发展和担负的历史使命紧密相连，是党的事业发展的需要、党适应外部环境的需要、党自身建设的需要，也是党员个人成长的需要。

第一节　事业发展的需要

任何一项事业都要有与之相适应的主观条件，目标越远大、任务越艰巨，对主观条件的要求就越高。共产党之所以要持续推进党的建设、全面从严治党和加强党员修养，是因为社会主义事业发展漫长而艰巨，挑战甚至挫折无处不在，党只有在改造客观世界的同时不断改造主观世界、提升综合战斗力，才能完成所担负的历史任务。

首先，社会主义和共产主义事业的建设要经历漫长的历史过程。正如刘少奇指出的那样，“共产主义事业是人类历史上空前艰难的事业”，其胜利必须经过一个长期的、艰苦的斗争过程。① 这种漫长性，最根本上取决于人类生产从现有水平达到高度发达是一个自然的历史过程，这个过程可

---

① 刘少奇．论共产党员的修养［M］．北京：人民出版社，1997：35.

以人为加快或减缓但不可以被逾越，在生产没有实现高度发达和完全的社会化进而物质极大丰富起来之前的漫长历史时期，都是人们实现社会主义、共产主义的历史过程，同时也意味着人类社会未来发展是极其长远、光明和丰富多彩的。党要不忘初衷，坚持雄心壮志，领导人民迈向这些远大目标，就必须与这种长期性、艰巨性相适应，不断加强修养。

对此，习近平总书记指出："全党要牢记毛泽东同志提出的'我们决不当李自成'的深刻警示，牢记'两个务必'，牢记'生于忧患，死于安乐'的古训，着力解决好'其兴也勃焉，其亡也忽焉'的历史性课题，增强党要管党、从严治党的自觉，提高党的执政能力和领导水平，增强党自我净化、自我完善、自我革新、自我提高能力。"① 但党不是抽象的概念，而是由各个党员组成的组织团体，党"四自能力"的提升和发挥，有赖于每个党员的共同奋斗，如果只是少数人在努力，而多数党员却无动于衷或者秉持"看戏心态"，那么党的自我改进和提高是万难实现的。所以从党的建设来说，加强党性修养，全体党员"人人有责"。

其次，推进人的自由全面发展是一项长期而艰巨的任务。刘少奇说，"共产主义事业中一项极大的艰苦的工作"，就"是要把人类改造成为大公无私的共产主义社会的公民，是要经过长期斗争的锻炼和教育，把带有各种弱点的人改造成为高度文明的共产主义者"。② 社会主义事业，不仅要解放和发展生产力，还要促进人的全面发展，既使人的素质与高度发达的社会生产相适应，又在生产不断发展的基础上使人发展得更加自由全面，并具有共产主义社会人的内在特性，从而提高个体和人类整体的生命质量、幸福水平。而促进千差万别的、起点各异的、有着自己想法和意志的人类个体都向着全面发展，这个任务的艰巨性是可想而知的。"打铁还需自身硬"，要实现这一任务，需要共产党人首先自我改造成为坚定的共产主义

① 习近平关于"不忘初心、牢记使命"论述摘编［M］. 北京：党建读物出版社、中央文献出版社，2019：124.

② 刘少奇. 论共产党员的修养［M］. 北京：人民出版社，2015：81.

者，并不断加强对群众的影响和教育，这是一个从少数向多数拓展的过程。明白了这一点，就会懂得，对带有非无产阶级思想意识的党员进行教育改造，是党内一项重要的经常性任务，也是由少及多、带动群众进步，推动人自由全面发展的“起点”。

再次，创造社会主义制度文明需要长期而卓绝的努力。制度是发达的社会生产得以有序组织、人和先进生产力得以高效结合、人的社会得以和谐有效运行的结构性力量。资本主义最终战胜封建主义，并形成相对成熟定型的制度，用了几百年的时间。社会主义制度的探索构建，从俄国十月革命开始算来才100多年的时间，目前的制度应该说还是初级阶段的，要使它逐步成熟、充分展现出优越性，在制度竞争中牢固确立威信，必须做长期的、科学的、充满智慧的努力。社会主义在东欧、苏联遭遇的严重挫折，新中国经历的发展波折都证明，把科学理论和理想变为现实、开创具体有效的社会主义制度，为人类发展提供别样“方案”，这一任务不但是长期的，而且是极其复杂艰巨的，探索过程中充满了暗礁险滩、不测风云和殊死斗争。对于共产党来说，如果没有党的建设、党员的修养，是难以胜任的。

而且，中国实现伟大复兴是更加艰难辉煌的长征。对于一个拥有5000年历史的文明古国，我们有充分的理由坚持文化自信，但中国从半殖民地半封建社会起步建设社会主义，制度上的跨度之大是世界发展史上所罕见的。就生产、人的发展和制度基础社会建设的三大要素来讲，不仅横向与先进国家相比很多方面还存在不小差距，而且更为重要的是，与社会主义对生产力、人的发展及制度基础的要求相比同样有着很大的距离。我们讲中国处于“社会主义初级阶段”，是指尚处在一个社会主义的预备阶段、先期阶段，讲建设“中国特色社会主义”，既强调所建设的是具有中国特色的社会主义，也意味着所建设的是与基础相对薄弱相适应的社会主义。而且这个阶段从1956年社会主义改造基本完成到21世纪中叶把我国建成富强民主文明和谐美丽的社会主义现代化强国，至少需要100年时间。这种历程的特殊性，无疑包含着更多复杂而特殊的工作任务和困难挑战，如果不能保持和发扬党在革命时期的那种优良传统、那种先进性和纯洁性，是难以团结和带领十几亿中国人民完成这一人类发展史上的伟大长征的。这就对党的执政能力提出了更高的要求，要求党自身必须强大，必须根据新形势不断推进全面从严治党，从思想上、作风上、组织上强化党的建设和党员修养，切实提高党的战斗能力。

最后，执政党的党性作为一种重要的社会上层建筑，对经济社会发展有着重要作用，必须保持与时俱进。东西南北中，党是领导一切的。我们党作为长期执政的党，党的组织、党的性质、党的作风等都是重要的政治上层建筑，根源于中国特色社会主义社会的经济社会基础，又对经济社会发展起着巨大的反作用。从这个意义上说，党员特别是党员领导干部的党性修养绝非个人私事，乃是党执政能力建设、上层建筑建设、国家治理体系和治理能力建设的重要内容，直接影响着经济社会的发展。对此，习近平总书记指出："辩证唯物主义虽然强调世界的统一性在于它的物质性，但并不否认意识对物质的反作用，而是认为这种反作用有时是十分巨大的。我们党强调理想信念是共产党人精神上的'钙'，强调'革命理想高于天'，就是精神变物质、物质变精神的辩证法。广大党员、干部理想信念坚定、干事创业精气神足，人民群众精神振奋、发愤图强，就可以创造出很多人间奇迹。如果党员、干部理想动摇、宗旨淡化，人民群众精神萎靡、贪图安逸，那往往可以干成的事情也干不成。"①

历史证明："惟仁者宜在高位。不仁而在高位，是播其恶于众也。"（《孟子·离娄章句上》）据《新五代史》载，五代后汉时苏逢吉历任朝廷重位，朝廷大事皆出其手。高祖刘知远性素刚严，官吏很少得见，独逢吉能入见，终日侍立高祖书阁。当时公文堆积无人敢上报，逢吉取出装入怀中，看高祖情绪好时进献，高祖多认为可办，因此更加喜欢他。然逢吉素

① 习近平关于"不忘初心、牢记使命"论述摘编［M］．北京：党建读物出版社、中央文献出版社，2019：169.

不学问，为人贪诈，品德极差，市权卖官，贪恋杀戮，尤喜纳贿。高祖曾因生日派他清理狱囚以求福，叫作“静狱”。逢吉到狱中阅囚，无论罪轻重曲直均杀之，然后报曰：“狱静矣。”后郭威兵临城下，逢吉与隐帝出走，自杀于农舍。这种心术不正、贪婪成性、草菅人命的人一旦做了官特别是重要岗位的领导，势必祸国殃民、贻害四方，可见官员不修养，一旦偏邪，其害不可估量。

总之，党员干部特别是党员领导干部，要适应事业发展需要、走好新时代的长征路，就必须加强个人党性修养，夯实内在的基础，不断提升领导水平和执政水平，提高拒腐防变和抵御风险的能力；自觉坚持立党为公、执政为民，发扬党的优良传统和作风，权为民所用、情为民所系、利为民所谋，全心全意为人民服务，在任何时候都把群众利益放在第一位，同群众同甘共苦，保持最密切的联系；自觉坚持解放思想，与时俱进，求真务实，一切从实际出发，理论联系实际，实事求是，在实践中检验真理和发展真理；自觉坚持党的团结统一和令行禁止，保证党的基本理论、基本路线、基本方略的贯彻落实。

第二节　适应外部环境的需要

人类所处的社会环境，纷繁复杂而且变动不居，只有与时偕行，加强自身修养才能不断适应新环境，应对新挑战，克服新困难，实现新发展。具体到中国共产党来说，世情、国情、社情、党情的深刻变化所形成的新挑战，对加强党的建设、党员修养提出了客观要求。

一、意识形态领域的挑战

随着改革开放的深入，我国的意识观念领域更多更广地暴露于世界，西方发达国家也凭借政治、经济和文化方面的强势地位，加紧向世界输出其价值观念和政治制度，意识形态领域的斗争无时无刻不在发生，一些腐朽的思想观念也在侵蚀社会、政治、思想、文化等领域。应该说世界范围内社会主义和资本主义在意识形态领域的斗争和较量是长期的、复杂的，某些时候在一些方面甚至是十分尖锐的。冷战后特别是东欧剧变、苏联解体之后，我国进一步成为西方敌对势力渗透、攻击的重要目标，他们加紧对我国实施西化、分化战略，企图从科技、教育、社会生活等方面对我国进行思想文化渗透，企图用其价值观影响、支配国人，借助历史虚无化、领袖英雄颠覆化、社会生活娱乐化、主流价值物质化、青少年追星化、人的思考网络外化等手段，搞乱人们的思想、价值判断和生活追求，动摇马克思主义在意识形态中的指导地位。他们还用一些鼓吹天下太平的伪命题、虚假口号忽悠人们，麻痹人们放松斗争警惕，使不少人甚至包括一些所谓的"自由主义精英"，自觉不自觉地被西方所同化，思想改弦易辙的危险性大大增强。这种状况必然反映到党内，使一些党员领导干部信仰缺失，价值扭曲，生活腐化堕落，形成危险的"病灶"。这种风浪之中，我们只有加强党员修养，提高对各种思潮的辨别能力、应对能力，不断巩固对马克思主义的坚定信仰，对共产主义远大理想和中国特色社会主义共同理想的坚强信念，才能坚定不移，勇立潮头，永把中国航船的正确方向。

二、经济全球化的挑战

21 世纪以来，经济全球化加快发展。一方面，党员干部参与涉外活动日益频繁和深入。应该承认由于历史等多方面原因，中国与西方发达国家相比，在不少方面还存在着不小差距，要做到在这种长期"落差式"的交往中把持自我、防止迷失，必须通过党性修养增强自信力、免疫力和政治定力。另一方面，以人才和科技竞争为核心的综合国力竞争日益激烈。发达国家凭借雄厚的经济实力、优越的科研环境、优惠的社会福利政策等措施，大量吸引其他国家尤其是发展中国家的人才。跨国公司积极推行"人才本土化战略"，将所在国人才"为我所用"，发展中国家在人才争夺战中面临着严峻挑战。党要聚集和使用好各方面的人才，在全球化竞争中立于不败之地，就必须洁身自好、以身作则，像革命时代那样，充满凝聚力、感召力。同时，世界范围内科学技术日新月异，不仅促进了生产力、物质财富和生活条件的急剧改变，也引发了一系列经济、政治、道德、伦理问题。共产党员只有切实加强科学文化和专业知识修养，提高驾驭和领导科技创新及其运用的能力，才能在行动中真正全面地体现先进性的要求。

三、市场经济的挑战

社会主义在经济落后的国家首先建立，并长期与资本主义并存，不仅决定了为了生存发展必须与资本主义开展世界范围内的交往和广泛联系即对外开放，而且决定了必须运用市场经济作为经济调节的重要手段，以适应生产力尚不够发达、按劳分配为主体而非按需分配占主体地位的经济发展阶段。市场经济在加快发展社会生产的同时，对党的执政能力、党的建设和党员修养提出了诸多挑战。首先是市场经济对党性原则的考验。市场经济强调的是合法利己、等价交换、公平竞争，具有把一切利益化、商品化、交易化的内在本性，这与党性原则有着明显的区别甚至冲突。比如，交易主体唯利原则与为民宗旨、等价交换原则与为公奉献、追求自我实现原则与集体主义、市场主体独立性原则与服从组织、严守党纪等，在要求上都存在着差异。一些党员特别是党员领导干部在行使公共权力过程中，也引入市场经济规则，违背党性原则和宗旨意识，侵蚀党的先进性、纯洁性。习近平总书记强调“官商两道”① 就是说，这两个领域在目的、规则、要求上都有很大不同，不可混同通用。其次是市场经济拜金主义的冲击。市场经济以物质利益为目标，追求利益最大化。利益驱使机制诱发人们的物质欲望，既有利于激发生产动力，又极易滋生拜金主义、享乐主义和极端个人主义，对身处这种环境中的党员形成冲击。特别是在权力运行

---

① 习近平谈治国理政（第二卷）［M］. 北京：外文出版社，2017：148.

的制度机制不够完善的情况下，权力寻租的冲动和权力商品化的风险更加广泛和巨大。再次是道德环境变化的影响，在市场经济消费主义、拜金主义等理念熏染下，勤奋节俭、义重于利、先人后己等道德风尚弱化，道德虚无主义抬头。反映在党员干部中，体现为人民服务、集体主义、克己奉公、无私奉献等社会主义道德影响减弱，甚至出现世界观、人生观、价值观扭曲，产生政治关系金钱化、人际交往唯利化、公务活动实用化、权钱关系市场化等非道德行为。最后是市场经济自主性原则的消极作用。市场经济强调市场主体的身份独立、意思自治、责任自担，自主性原则是市场经济的基本条件，但反映在政治生活当中就会催生本位主义、小团体主义、利益集团甚至自由主义和无政府主义。

可见，发展社会主义市场经济的同时，需要高度警惕权力崇拜、拜金主义、功利主义、享乐主义、极端个人主义、奢靡之风等消极因素对党员领导干部的腐蚀，谨防在价值扭曲、道德失衡、理想缺失、信仰危机等方面带来普遍、无形而又致命的冲击。既要不断提高党领导经济发展、驾驭市场经济的能力，更要不断深化党的建设新的伟大工程，加强党员党性修养，使得全党特别是各级党员领导干部时刻保持政治清醒和定力，自觉而且有能力应对市场文化的重大考验和各种利益代表者的围攻，防范被“围猎”并打掉党性的危险，在运用市场手段发展经济的过程中永葆政治本色。

四、党群关系表现形式变化的挑战

在新时期，我们党群关系的表现形式已经并且正在继续发生深刻变化。随着我们党由领导人民搞革命、翻身做主人，转变为长期执政，随着几代人的更替，原来群众对党的那种感激之情、感恩之心，逐渐被公民意识、主体意识所替代。党不再是在人民群众的感恩之中，而是在监督批评之中来执政、来做工作。这种变化是一种历史进步，表明党群关系发展到了更加健康的阶段。因为我们党领导革命和建设，原本就不是为了做人民的“恩人”，让人民感恩，而是在履行自己的职责使命，把党群关系看成“救世主”与“被拯救者”的关系本来就是不恰当的。虽然这种表现形式上的变化并没有改变党群鱼水关系的本质，但是客观上对加强党的建设、贯彻党的群众路线提出了新要求新挑战，需要党员干部及时跟上这些变化。

面对突如其来的新冠疫情，以习近平同志为核心的党中央，精心谋划、周密部署、靠前指挥、狠抓落实，团结带领全党全军全国各族人民，以保卫湖北、保卫武汉为重点，取得了阻击疫情的重大胜利，赢得了世界人民的广泛赞誉。2020 年 3 月 10 日，习近平总书记在湖北省考察新冠疫情防控工作时指出：“在这场严峻斗争中，武汉人民识大体、顾大局，不畏艰险、顽强不屈，自觉服从疫情防控大局需要，主动投身疫情防控斗争，做出了重大贡献……党和人民感谢武汉人民！”在争取历史性重大斗争和考验胜利过程中，紧紧依靠人民、真情点赞人民、衷心感谢人民，视人民为真正的历史英雄，这是我们党正确看待和处理党群关系的一个光辉范例。

总的来说，新形势下党要获得崇高的社会威信、赢得群众的普遍拥护，主要来自四方面：一是历史功绩积淀的社会认同；二是现实中在实现民族复兴和人民利益、改善人民生活上奋斗取得的成就；三是党制定的路线方针政策正确，带给社会整体性的、长期性的发展；四是党的基层组织和党员的榜样和示范作用有效发挥。前三项通常是通过理性思考观察到的，不总是与人们的日常生活相近，感性体会往往不够直接和及时，第四项则是感性的，与人们的生产生活密切联系，所以党员干部的现实表现如何，是真正发挥了先锋模范作用，还是“近水楼台先得月”，带头丧失底线、唯利是图，都将对党群干群关系和社会风气产生巨大影响。① 所以，党中央提出的全面从严治党战略，也有古训“欲明人者先自明，欲正人者

① 董一潼．中国共产党“从严治党”及其创新研究［D］．长春：吉林大学，2015.

先正己”的意思，要求党员干部必须更好地适应党群关系的新变化，更好地摆正自己的公仆位置，更好地坚持社会主义运动是为绝大多数人谋利益的、群众的独立运动这一根本原则，坚持阶级立场、群众立场、理想信念、基本纲领不动摇，使“先锋队”本色的作用遍及全社会，并以这种境界助推党的执政威望不断提高、领导核心作用不断加强。

第三节　党的建设的需要

应该说新中国成立以来，党的历史方位、历史使命、党员结构、功能发挥和领导方式以及党内非无产阶级思想的状况等都发生了深刻变化，对推进党的建设新的伟大工程提出了新课题、新要求。

一、党的社会地位和历史方位发生了变化

首先，就中国共产党自身来说，对党的建设发展影响最深最广最大的因素，莫过于从非执政党到执政党的巨大变化。基于这一改变，首先党的社会地位发生了变化。革命岁月里，党的队伍经过血与火的考验，比较纯洁，加之很多时候条件艰苦、环境恶劣，不大容易发生腐化变质问题。执政以后，有了权力，一方面有了更好地为人民服务的条件，另一方面也存在被权力所陶醉和腐蚀的极大危险，党员干部中容易滋生贪图安逸、不求上进、不愿再过艰苦生活的情绪，一些意志薄弱、理想信仰不坚定的共产党员，甚至会被物质、金钱、美色所诱惑而腐化堕落、蜕化变质。

其次，党的中心任务发生了变化。党的中心任务由夺取政权转向解放发展社会生产力，由领导革命转向领导建设，最大的不同是领导建设更多的是行使权力、调控资源、指挥群众，使全党特别是各级干部，暴露于各种利益代表者、追求者的直接围绕之下，随时有被各种利益猎人“围猎”的危险。对此，习近平总书记在“不忘初心、牢记使命”主题教育总结大

会上的讲话中指出，“在党长期执政条件下，各种弱化党的先进性、损害党的纯洁性的因素无时不有，各种违背初心和使命、动摇党的根基的危险无处不在”，党内存在的思想不纯、政治不纯、组织不纯、作风不纯等突出问题需要不断解决。①

再次，权力上的攻守发生了变化。革命时期，是党领导人民群众要民主、夺政权，目标是把国家政权和治国理政的权力夺取到人民手中，而执政后，党和人民的执政权力成了一些力量腐蚀、破坏、颠覆的目标，党员干部则首当其冲。这就要求党员干部必须增强党性，防止官僚化、平庸化和腐化，防止权力被“西化”“分化”和“私有化”；必须坚持不懈加强党性修养，杜绝“私心、贪心、色心、野心”。因为“私心”太重是经不起利益诱惑的内因，“贪心”是走向腐败的催化剂，“色心”是滑向堕落的突破口，“野心”是通向犯罪道路的深层次祸根。

最后，党的工作环境和生活条件发生了变化。革命成功后，极端残酷的战争环境变成了安宁的和平环境，这个时候，最大的危险就是脱离群众。在革命战争年代，党员干部如果脱离了群众就难以生存，随时都有被捕、坐牢和杀头的危险。而在执政状态下，有的干部整天坐在办公室里，靠文件电话指挥工作，和群众的关系就会疏远，就容易产生官僚主义、主观主义和命令主义的作风，增大了脱离群众、演化为权贵阶层的危险。对此有学者提出警示说：“如果管党不力，治党不严，人民群众反映强烈的党内突出问题得不到解决，那么党迟早会失去执政资格，不可避免地被历史淘汰。”② 在苏联，苏共执政后期权贵阶层的形成，是造成国家解体、政党解散的重要内因，我们国家在执政中“倒下”的党员干部也不在少数，现实教训发人深省。

---

① 习近平谈治国理政（第三卷）［M］．北京：外文出版社，2020：538.

② 马福运，徐贵相．制度自信：风景这边独好［M］．北京：北京联合出版公司，2015：246.

二、党的历史使命提出了新要求

党的十九大明确提出："我们既要全面建成小康社会、实现第一个百年奋斗目标，又要乘势而上开启全面建设社会主义现代化国家新征程，向第二个百年奋斗目标进军。"① 这就是中国共产党人新时代的历史使命和现实任务。在当代中国，进行伟大斗争、建设伟大工程、推进伟大事业、实现伟大梦想，完成新时代历史使命，必须毫不动摇坚持共产党的领导，这是广泛共识和没有疑义的。关键是如何使党的领导更加有力、更加有效、更加完善；如何使党的执政能力与时俱进，使党执政的效能发挥到最大；如何完善党的领导体制、领导方式，清除党肌体上的"病灶"，始终使党的健康状况和先进性与完成历史使命的客观要求相适应，等等。这些都是全面从严治党、加强党员干部党性修养必须回答的问题。

现实中，曾经有一段时间，一些党员干部包括党的个别高级干部，贪腐猖獗，官商勾结、权钱交易、权色交易、权力寻租等丑恶行为泛滥一时，旧社会官场的一些陋习死灰复燃，而且有过之无不及，严重危及党的执政地位，降低党的威信。同时，社会上由此出现的众多负面信息，不时被别有用心的人人为膨化、发酵，变为含沙射影、指桑骂槐地影射党的领导、攻击社会主义的口实。有的甚至把少数党政官员中出现的腐败普遍化，把社会的个别矛盾夸大化，作为进行理论误导的支点，开出所谓"宪政民主""多党制"的"药方"，严重蛊惑群众视听。幸运的是，党的十八大以来，党中央力挽狂澜，以壮士断腕的精神全面从严治党、铁腕反对腐败、坚决正风肃纪，开创了管党治党新局面，避免了党和党的事业前进道路上的危险的"路坑"和"颠簸"，进一步向全国各族人民和全世界展现了中国特色社会主义的强大生命力和无限光明的前景。

"夫人必自侮，然后人侮之；家必自毁，而后人毁之；国必自伐，而

① 习近平谈治国理政（第三卷）［M］. 北京：外文出版社，2020：22.

后人伐之。”（《孟子·离娄章句上》）家、国、人如此，政党又何尝不是如此？古训和事实都警示我们，党必须始终清醒认识到，一定意义上说自变因素是党生死存亡的关键，能够打败党的只有党自己，能够保全党、革新党、提高党执政能力、把党炼成一个金刚不败之身的也只有党自己。因此，必须从党组织层面抓紧抓牢党要管党、从严治党，从党员个体层面自觉强化党性修养和自我约束，宏观、微观相结合，组织、个人“双轮驱动”，有效破解影响党先进性、纯洁性的问题，消除削弱党的领导的各种因素，割除寄生在党的肌体上的毒瘤，不断推动党的建设迈上高质量，确保党这艘舰船平安远航，如期完成党的新时代历史使命。

三、党员队伍构成有了新情况

目前，全国党员发展到了9500多万人，基层党组织达到460多万个，从统计分析看，党员的职业结构日益丰富，同时表现出新的复杂性。党员的文化结构明显优化，但工农党员比重下降，党政机关和事业单位党员比重上升，这虽然与党巩固执政地位、提高执政能力的要求相适应，但比例变化太大也会对党的阶级基础带来影响。农村党员队伍老化、能力弱化的问题突出。知识分子党员比例提升，存在着思想活跃、思潮激荡与政治关注度不高并存的复杂局面。“两新”组织、非公有经济体、自由职业等领域的人士入党增多，党员社会成分的多元化，既扩大了党的基础，也给党的建设和组织管理带来挑战。特别是作为执政党党员，是可能要“做官”的，一些心术不正、别有用心的投机分子，就会削尖脑袋，千方百计地钻进党内来，追名逐利，捞取好处，把入党变成个人谋取私利、升官发财的工具，使得入党的动机变得十分复杂，党内统一思想的任务十分艰巨。

管理这样一个庞大而构成复杂的党员队伍，历史上没有、现世罕见，对党的组织管理能力、机制构建能力、吐故纳新能力都是一种历史性考验。要使职业、背景、动机、文化、教育背景多样化的广大党员养成看齐意识，形成同心圆，做到步调一致，就必须始终注重政治问题和管党治党问题，必须在推进全面从严治党的同时，引导党员加强自我修养，使他律与自律相向而行、共同作用。苏联学者、俄罗斯共产党中央委员会委员、杜马前副主席瓦连京·库普佐夫曾认为，苏共各级党组织失去了政治警觉性，往往埋头于经济问题，对政治进程没有从阶级的角度进行实事求是的分析评估，党的建设没有搞好，相当一部分干部和党员失去了先进性，才最终导致了苏共痛失政权。真是殷鉴不远！①

四、党的领导方式和功能发挥方式有了新变化

政党的基本功能是通过利益表达和利益综合，把社会力量凝聚在一起，实现政治目标。中国共产党作为中国工人阶级和最广大人民群众根本利益的代表，在革命中，努力把所代表的阶级、阶层和群众的力量凝聚在一起，目的是夺取政权、建设社会主义制度，更多地履行斗争工具的职能。而在执政和领导建设中，它必须履行好整合功能，着力把不同阶级、阶层和群体的利益整合起来，最广泛、最充分地调动一切积极因素，共同致力于中华民族的伟大复兴。而且在复杂的整合工作中，还要做到把握主动、和而不同，保证党员干部不被非群众利益所整合、不被非党性思想及力量所“统战”。在民主革命时期，由于环境险恶，要求党在领导方式上必须实行集中统一的一元化领导。执政以后，党所处的环境发生了深刻变化，党手中可运用的经济、政治和社会资源大量增加，尤其是通过运用权力来实现既定目标成为执政党发挥作用、达到目的的重要渠道，也是其他政党所不具备的优势。但是，这种领导方式如果缺乏外在监督，如果不能加强党的自我管理，则可能成为政党谋取自身利益的工具，导致党亡政息的危险。② 在苏联剧变后，前政府中的很多人变成了新权贵、大富翁、大

① 董一潼．中国共产党“从严治党”及其创新研究［D］．长春：吉林大学，2015；王军．从严治党迈上新台阶［M］．南京：江苏人民出版社，2015.

② 曹建红．毛泽东执政党建设的理论与实践及当代价值研究［D］．保定：河北大学，2012.

寡头，就说明当一些党员通过执政积聚、把持、垄断了巨大财富的时候，他们就会有一种“自我政变”的动机和冲动，以便通过从内部将党打散，使自己窃取的财富合法化，这对党的执政安全来说是一种致命的挑战。

所以，“长期执政的考验”绝不是抽象的，而是具体的，随着政党地位和领导方式的转变，党能否对新出现的国际国内形势做出正确的判断，保持科学而坚定的应对立场，抵御各种软化、分化、演化的歪风邪气；能否在复杂多变的内外环境中，厘清思路，制定符合世情、国情的经济社会发展战略，统筹各方认识和利益；能否对事关全局、与人民根本利益密切相关的各种问题，富有创见地提出正确的路线、方针和政策，赢得党心、军心、民心等，都事关党和党的事业之生死存亡，而这一切都要以党把自身建设好为前提，以全体党员保持先进性为要件。如果党不能健康发展，没有党组织的外在约束和党员的自我修养，人性中的贪婪就可能伺机萌发甚至蔓延开来，如洪水漫堤、猛兽出川，一发而不可收拾，使党在执政考验中一败涂地。

五、克服党内各种非无产阶级思想是长期课题

应该说，在党的先进性、纯洁性不断增强的同时，党内也还存在着各种非无产阶级思想、行为和作风，而且其表现比革命战争年代更加多元多样，有着许多复杂的经济性、个体性、迷惑性等新特点。这主要因为：

首先，正如前面所说，是由于党员的来源多样、队伍构成日益复杂的影响。对此，刘少奇几十年前就曾指出，“加入我们党的人，不只是家庭出身和本人成分各不相同，而且是带着各种各色不同的目的和动机而来的”，在某些党员中还存在着比较浓厚的个人主义、自私自利，自高自大、个人英雄主义、风头主义，甚至剥削阶级的思想意识。① 党的组织的个别部分、个别环节，也可能被这些错误的思想所统治、所腐蚀，在发展到严

① 刘少奇．论共产党员的修养［M］．北京：人民出版社，1997：52、54、56、60.

重的时候，甚至暂时地支配了党的重要领导环节。因此对于他们的教育，他们自己的修养和锻炼，是一个极重要的问题，否则，他们就不能成为无产阶级的革命战士。

其次，是党所处环境的影响。刘少奇说，“我们的党不是从天上掉下来的，而是从中国社会中产生出来的”，只要社会中还有恶浊的东西，“那么在共产党内也就难免或多或少地存在一些恶浊的东西”。① 毛泽东进而指出，无产阶级政党不是孤立存在的，它生活在复杂的社会环境里，它要和各种阶级、阶层发生关系。② 在一定的历史时期，为了无产阶级的利益，还要和资产阶级建立统一战线，和资产阶级合作共事，资产阶级腐蚀人，用糖衣炮弹打人，如果不积极应对，那么即使入了党，在思想上、政治上、组织上也会瓦解，革命也会失败。

最后，伴随着改革开放40多年来的伟大发展，社会财富的巨大积累和占有的巨大差别、收入水平的提升和分配上的悬殊、国人生活水平的提高和阶层分化的倾向、市场经济力量的持续凸显和对弱势群体的张力、“追求个人小幸福”的流行和竞争压力的普遍增大等，都会渗透和反映到党员干部的思想观念上，与结构复杂、境遇各异、千差万别的党员个体相结合，发生多样性的、极其复杂的、化学式的反应，滋生许多非无产阶级、非党性的思想认识和价值追求，从而在一些党员干部中引发自我蜕变问题。

党的先进性根本上要靠党的自身建设，而不是依靠外力，党要始终成为中国社会主义事业的领导核心、担负起艰巨的历史任务，党的组织就必须成为指导思想正确、工作作风过硬、组织机构精良、团队纪律严明、整体素质优秀的队伍。由此，“道莫要于损己，学莫急于矫偏”，自觉而坚持不懈地与各种非无产阶级思想做斗争，是整个党和每位党员永恒的任务，

---

① 刘少奇．论共产党员的修养［M］．北京：人民出版社，1997：69～70.

② 曹建红．毛泽东执政党建设的理论与实践及当代价值研究［D］．保定：河北大学，2012.

贯穿于党的建设和党员修养的全过程。

总之，一个党的先进性是具体的，既是一以贯之的，又是变动不居的，过去先进不等于现在先进，现在先进不等于永远先进，而中国共产党要在复杂的国内外环境中和长期执政的条件下保持和发展先进性就更不容易。因而，加强党的先进性建设绝非一劳永逸的事情，而是必须贯穿于党的生存和发展的全过程的历史任务，须臾不可放松，这就要求必须把加强党员的党性修养摆在突出位置来抓，通过严格教育、严格要求、严格管理、严格监督，建设秉持初心、永葆本色、不辱使命的政党。这也是我们党具有鲜明政党意识的集中表现。所谓政党意识，简单地说就是能够意识到党从何处来、现处何地、将欲何往、自身状况如何等，就是作为一个政党，能够清醒地意识到自身的社会地位、社会作用和担负的重任，从而制定与之相对应的对策，并自觉修炼自身的各种能力。

第四节　党员成长的需要

党员修养问题，深层次上还涉及人能否改变和自我完善问题。孟子说人性善，基督说人有原罪，孔子说“唯上智与下愚不移”，都带有先天决定和宿命论的意思。马克思主义却认为，人要经后天塑造才成其为具有个性特点的个体，同样，党性也绝非天然生成，也是后天修养的结果，因此党员修养不仅是可能的而且是必要的。

一、共产党员是可以改造的

关于共产党员能否改造问题，刘少奇曾指出：“我们应该把自己看作需要而且可能改造的。不要把自己看作不变的、完美的、神圣的，不需要改造的、不可能改造的。我们提出在社会斗争中改造自己的任务，这不是侮辱自己，而是社会发展的客观规律的要求。”① 从来儒家教人，“身要严重，意要安定，色要温雅，气要和平，语要简切，心要慈祥，志要果毅，机要缜密”“大其心，容天下之物；虚其心，受天下之善；平其心，论天下之事；潜其心，观天下之理；定其心，应天下之变”（吕坤《呻吟语·修身》），而要达到这些素养境界，需要从后天的自我改造中来，这其中蕴含的自律精神和进取心，本身就建立在认定人可以改变、可以进步的基础上。

从根本上说，优秀党员的养成，是一个把外在的社会主义理论、党性要求内化为坚信不疑的认识和自然行为的过程。这个过程一般要经历学习认知、实践体验、思考认同、融为价值、自觉行动等环节。通过这个过程，党员可以逐步认识马克思主义所揭示的科学社会主义真理，逐步理解党组织对党员各项要求的内在根据，逐步把自己身上非党性的东西除去，按照党员的标准和事业的需要来调整自己的思想和行动，直至形成一种政治本能。有一次记者问伟大的绘画家、雕塑家、建筑师和诗人米开朗琪罗：“您是如何创造出《大卫》这样的巨作的?”他回答说：“很简单，我去采石场，看见一块巨大的大理石，我在它身上看到了大卫。我要做的只是凿去多余的石头，去掉那些不该有的大理石，大卫就诞生了。”党员修养就像雕刻雕塑，以修养之凿不断除去身上非马克思主义的东西，使党性的东西丰满起来，一个优秀的党员形象就会逐渐形成。

习近平总书记强调，“为政之道，修身为本。干部的党性修养、道德水平，不会随着党龄工龄的增长而自然提高，也不会随着职务的升迁而自然提高，必须强化自我修炼、自我约束、自我改造”。② 也就是说，党员干部、党员党性不是天生的，而是后天养成的，党性虽不会随着党龄的增长和职务的升迁而自然提高，但是可以通过自我修炼、自我改造来提高。革

① 刘少奇．论共产党员的修养［M］．北京：人民出版社，2015：3.

② 习近平关于“不忘初心、牢记使命”论述摘编［M］．北京：党建读物出版社、中央文献出版社，2019：387.

命前辈贺子珍，曾经在敌机偷袭时为了掩护一位师政委，头部、背部受了14处伤。贺子珍去世后，家人在清点遗物时发现她有一张1951年获颁的“三等甲级”革命军人残疾证。按照规定，她每年可以凭此领取330元的补助金。但在领取款项签名栏内没有一个字迹。从1951年到1984年去世，34年里她没有领取过分文。这张空白的残疾证写满了一位共产党人纯粹的党性。这种党性境界不是与生俱来的，而是在长期革命教育和实践中养成的。贺子珍出生于乡绅家庭，16岁加入中国共产主义青年团，18岁参与组织永新农民武装暴动并参加革命队伍，在几十年的革命磨炼中，从普通女子成长为一名立场坚定、忠贞不渝、心永向党的优秀共产党员。贺子珍逝世的第二天，新华社向全国播发电讯，评价说：“贺子珍同志是坚强的共产主义战士，中国共产党优秀党员，她的一生是革命的一生、艰苦奋斗的一生。”

二、共产党员必须改造

党员不仅是可以改造的而且是必须不断加强自我改造的，这不仅是党的性质和党的事业发展所需，也是党员个人成长所必需的。对此，习近平总书记强调，“广大干部特别是年轻干部要在常学常新中加强理论修养，在真学真信中坚定理想信念，在学思践悟中牢记初心使命，在细照笃行中不断修炼自我，在知行合一中主动担当作为，保持对党的忠诚心、对人民的感恩心、对事业的进取心、对法纪的敬畏心，做到信念坚、政治强、本领高、作风硬。”①

首先，党员的生成是一个过程，不是入了党甚至当了领导干部，党性就完美无缺、一劳永逸了，实际上要想成为优秀党员绝非易事，需要持续的自我革新改造。刘少奇讲：“无论是参加革命不久的共产党员，或者是参加革命很久的共产党员，要变成为很好的政治上成熟的革命家，都必须

① 习近平关于“不忘初心、牢记使命”论述摘编［M］．北京：党建读物出版社、中央文献出版社，2019：384.

经过长期革命斗争的锻炼，必须在广大群众的革命斗争中，在各种艰难困苦的境遇中，去锻炼自己，总结实践的经验，加紧自己的修养，提高自己的思想能力。”① 古语说：“事穷势蹙之人，当原其初心；功成行满之士，要观其末路。”（洪应明《菜根谭·概论》）对党员干部来说，应该是善始善终的，不到最后盖棺定论，不能说自己是合格的党员，所以“活到老，自新到老”，是党员特别是党员领导干部应有的人生状态。

其次，党员个人无论如何优秀，与全体党员所集中体现的各种先进性相比、与党伟大的理想追求相比，总是存在这样那样的不足或差距的，只有通过不断的自我改造才能“见贤思齐”，使个体党性与整体党性相匹配。古人尚且提倡“猥繁拂逆，生厌恶心，奋守耐之力；柔艳芳浓，生沾惹心，奋跳脱之力；推挽冲突，生随逐心，奋执持之力；长途末路，生衰歇心，奋鼓舞之力；急遽疲劳，生苟且心，奋敬慎之力”（吕坤《呻吟语·修身》），更何况我们今天的马克思主义者、共产党员呢？对此，刘少奇指出，“共产党员‘是近代历史上最先进的革命者，是改造社会、改造世界的现代担当者和推动者’，是在改造社会和世界的同时改造自己的”。②

再次，凡是积极追求进步的党员和党员干部，无论有着多么渊博的学识、高超的技能、出色的能力，都需要不断加强党性修养、提高党性觉悟，因为党性乃是共产党员的灵魂，是一切才能发挥的内在指挥官，如果它是有问题的，党性与能力不匹配，就很可能会剑走偏锋。思想主人心，道德范人行，二者不洁，遍地皆污。在我们这里，这个“思想道德”就是指党员党性。正如习近平总书记所说，要“成为好干部，就要不断改造主观世界、加强党性修养、加强品格陶冶”。③ 要时刻用党章、用共产党员标准要求自己，要有“与人不求备，检身若不及”的精神，时刻自重自省自警自励，锻炼成熟稳定的党性。

---

① 刘少奇．论共产党员的修养［M］．北京：人民出版社，2015：5～6.

② 刘少奇．论共产党员的修养［M］．北京：人民出版社，1997：3.

③ 习近平谈治国理政（第一卷）［M］．北京：外文出版社，2015：417.

最后，一旦入党，特别是身为党员领导干部，就必须为更好地适应党和人民事业需要，更好地履职尽责，为社会主义事业做出应有的贡献而不断修养提升自己。对此，邓小平指出，“在我们的社会主义社会里，人人都要改造”，“都应该不断地改造，研究新问题，接受新事物，自觉抵制资产阶级思想的侵袭，更好地担负起建设社会主义现代化强国的光荣而又艰巨的任务”。① 套用释昙积的话说，就是卿已入党，不可自宽。“形虽鄙陋，使行可观。衣服虽粗，坐起令端。饮食虽疏，出言可餐。夏则忍热，冬则忍寒。能自守节，不饮盗泉。不肖之供，足不妄前。久处私室，如临至尊。学虽不多，可齐上贤。”（释昙积《训门人遗诫九章》）

三、共产党员的改造是无止境的

党员的改造不仅是必须的，而且是没有止境的，因为我们的理论发展、事业实践、个人成长和困难挑战都是无止境的。首先，马克思主义、科学社会主义的理论发展是无止境的，从毛泽东思想、邓小平理论到“三个代表”重要思想、科学发展观再到习近平新时代中国特色社会主义思想，党在马克思理论中国化发展中，不断揭示和深化了对人类社会发展规律、社会主义建设规律、共产党执政规律、党的建设规律的认识。学习和运用这些不断发展着的新理论、新思想，是个持续不断的过程。理论的脚步永不停息，驻足不前者必会思想掉队。

其次，社会主义实践是无止境的。500 年来，人们对社会主义运动的实践探索没有停止过，将来也不会停止。新中国 70 多年来的探索曲折而富有成效，改革开放 40 多年来的实践世界瞩目，“两个一百年”奋斗目标、“四个全面”战略布局、“五位一体”发展布局等一系列继往开来的新战略、新布局、新任务的实施积极推进。实践洪流奔腾不息，故步自封者难立潮头。党员要适应今天宏大的实践场景，体现主动、有所作为，就

① 邓小平文选（第二卷）［M］. 北京：人民出版社，1994：93～94.

必须不断自我改造提高，使自己的党性和素质能力与实践发展相匹配。正所谓："熟思审处，德业之首务；锐意极力，德业之要务；有渐无已，德业之成务；深忧过计，德业之终务。"（吕坤《呻吟语·问学》）

再次，党员个人党性觉悟所能达到和需要达到的完善程度是无止境的，需要在党一日，修养不止。个体向完美党性的接近是没有终点的，需要终生自我改造，不断去非求是，完善自我，无论顺境逆境永不动摇。我们不赞同那种认为踏上工作岗位了、当上党员干部了、提拔无望了、快退休了，就可以船到码头车到站、放松修养的想法。因为人生价值的实现也好，党员修养也好，都是终生的事情，如果到中途某个节点上就停下来，势必影响责任的履行、价值的实现、发展的广度。古人讲："业有不得不废时，至于德，则自有知以至无知时，不可一息断进修之功也。""贫不足羞，可羞是贫而无志；贱不足恶，可恶是贱而无能；老不足叹，可叹是老而虚生；死不足悲，可悲是死而无闻。"（吕坤《呻吟语·修身》）生命的宽度本是无限的，自我停滞者如作茧自缚。

最后，在个人生活工作中所面临的挑战也是无限的。在党和人民的事业探索发展过程中，个人的具体工作、生活小环境也都会不断出现新情况、遇到新问题、面临新挑战。应对这些"发展的烦恼"，除了依靠组织、依靠群众之外，也需要党员个人自我改造，提高党性定力、理论鉴别力、问题分析力、实际行动力。据《汉书·陈平传》记载，一次文帝上朝时问右丞相周勃："全国一年判决多少案件？"周勃谢罪称不知。又问："国家一年钱粮收支多少？"周勃又谢罪称不知。弄得汗流浃背，惭愧不能应对。皇帝又问左丞相陈平，陈平答："有主管人。"皇上问主管人是谁，陈平说："陛下要问决狱之事，就问廷尉；问钱粮之事，就问治粟内史。"皇上说："既然各有主管人，那么你管什么呢？"陈平谢罪说："主管百官！陛下让我们担任宰相，宰相的任务之一就是使公卿大夫各尽其职。"皇上听了说"好"。周勃深感惭愧，出朝就埋怨陈平说："你平时怎么不教教我如何回答呢？"陈平笑道："你在这个职位上，难道不知道自己的职责？倘若皇上问起长安有多少盗贼，你也勉强回答吗?”于是周勃自知才能远不如陈平，不久便托病请求免去相位，陈平独自一人为丞相。可见，做个称职的领导干部要求是很高的，也很不容易，必须努力自我完善，练就与职务岗位相匹配的德才素养，否则总难免因为“道行不够”而遭遇尴尬，正如《红楼梦》中所说“尴尬人难免尴尬事”。

四、共产党员的改造离不开自我修养

马克思主义揭示事物发展变化的规律之一，就是事物的内在矛盾是推动它发展进步的根本力量，外部因素是发展变化的条件，内部因素是根本，外部因素最终要通过内部因素起作用。具体到党员干部的改造，除了组织加强教育管理、培训指导、压担子锻炼外，更为关键的是党员干部个人要自觉进行自我革新和完善。

孔子说：“仁远乎哉？我欲仁，斯仁至矣。”就是强调人发挥主观能动性进行道德修养的重要性，认为高尚道德并非遥不可及，只要不懈努力就能达到仁的境界。今天的党员修养也有类似道理，高尚的党性并非高不可攀，只要一心在工作学习中修养，就会达到优秀党员的境界，关键是有没有主观意愿和不懈的耐力。如果没有主观意愿，不仅会怠于自我完善党性，而且会对组织的教育管理充耳不闻、不以为然，甚至心生反感、口出牢骚，对于各项党建要求就会“虚心接受，坚决不改”“石头一块，绝难易变”。如果没有坚强的决心与恒心，一曝十寒，今日决心做个焦裕禄、孔繁森、郑培民式的好干部，明日见了现实工作的不如意、别人的投机专营、他人的炫富，又心摇意动起来，甚至忘了那做个好党员、好干部的决心，后天出来时，则还是那个见义转头、见利心动，在名缰利锁中前行的平庸人。

强调党员的自我修养，还有一层原因在于，党的建设、增强全党的看齐意识，巩固党的团结统一，客观上需要在允许党员干部有着自我个性的同时增强党的共性，比如，无论地位高低、个人际遇如何、个性特点怎样，都必须遵守党章党规党纪，不得违反中央八项规定精神、滋生“四风”、做出伤害党和人民事业的事。这就要求党员干部不断按照要求约束自己、规范思想行为，既保留自我活力，又使自己符合统一性、共性的要求，坚守并发扬共产党人的优秀品质。这样的工作，没有自我的主动努力是难以完成的。正如刘少奇所指出的那样，“我们的党员由于原来的社会出身不同，所受的社会影响不同，因而就有不同的品质”，“对待革命实践各有不同的态度、立场和认识”，“在革命实践中各有不同的发展方向”。[①] 因此，按照党和事业的要求，自觉在实践中改造和提高自己，是完全必需，绝不可少的。

总之，从建设的角度来看，党面临的长期执政、改革开放、市场经济、国际环境等方面的挑战主要属于外部的客观因素，而精神懈怠、能力不足、脱离群众、消极腐败“四种危险”则主要是内在的问题。外部的东西往往比较容易给予客观的认识、正确的对待和积极的应对，而对于可能从内部摧毁党、危及党的政治生命和执政地位的东西，人们却往往很容易视而不见、见而不动、动而不果，纠正起来极其困难。内在的东西，只有从内里进行改变才是最有效、最可靠、最持久的。所以加强党性修养，不仅是党员干部个人成长提高的需要，更是推进党的建设新的伟大工程、全面从严治党、消除“四种危险”、迎接“四个考验”，确保党始终作为各项事业领导核心的重要内容和必然要求。

---

① 刘少奇．论共产党员的修养［M］．北京：人民出版社，1997：5.

第三章

共产党员修养的原理及途径

马克思主义认为万物皆有规律，我国古人讲凡事皆有道，共产党员修养也有一些根本性的原理和途径。比如，这种修养要遵循人的后天养成阶梯，坚持理论修养与党性修养相结合，改造客观世界与改造主观世界的统一，主题努力与社会环境相作用，充分的党内严肃的政治生活等，都属于大的方法和原则性的指引。

第一节　人的后天养成阶梯

“玉不琢，不成器；人不学，不知道。然玉之为物，有不变之常德，虽不琢以为器，而犹不害为玉也。人之性，因物则迁，不学，则舍君子而为小人，可不念哉?”（欧阳修《诲学说》）就是说，虽然玉不琢不成器，但玉本质上就是玉，即使没有琢磨成美器，仍不失其为玉，而人的习性则很容易随着外界而改变，人如果不学就不懂得大道，就很可能跌入卑俗之列。这里的学，不只是学习知识，更是人的修养。而人的成长和修养是有着一些基本规律的，共产党员的修养具有自己的特点和具体规律，但也符合人之养成的一般性规律。

首先，人性是在遗传禀赋基础上后天养成的。马克思主义认为，个体人的基本属性体现着他之前人类进化的结果，他的社会特性则是在其后天生活中养成的。孔子说：“吾十有五而志于学，三十而立，四十而不惑，五十而知天命，六十而耳顺，七十而从心所欲，不逾矩。”可见，他并不认为自己是天生“圣人”，而是经过一生的学习修养，才日渐达到“从心所欲，不逾矩”的境界。荀子《劝学》谈到后天学养对人的重要性时说：“蓬生麻中，不扶而直；白沙在涅，与之俱黑。”“故君子居必择乡，游必就士，所以防邪辟而近中正也。”还说，“木受绳则直，金就砺则利，君子博学而日参省乎己，则知明而行无过矣。”也就是说，一方面要慎重选择“交往圈”，多多“就士崇圣”，以便“近中正”；另一方面要多加学习、省醒和磨炼，以便达到深明道理而行为无过的地步。孟子也认为圣贤本无种，人人可以做成，无论起点如何，只要努力人皆可以为尧舜。当然，其过程并非探囊取物那么容易，而是要经过艰苦的锻炼过程，也即“天将降大任于斯人也，必先苦其心志，劳其筋骨，饿其体肤，空乏其身，行拂乱其所为，所以动心忍性，曾益其所不能”（《孟子·告子章句下》）。所以，“天资美不足为功，惟矫恶为善，矫惰为勤，方是为功”（张载《经学理窟·气质》），也就是说，一个人天资好并不值得夸耀，只有去恶向善，戒懒为勤，有效改造自我，才算得上人中英雄。

其次，人的后天修养具有渐进性、阶梯性。就大的路径、过程来说，中国古代儒家总结了从认知到成长和成功实践的基本路径：格物—致知—诚意—正心—修身—齐家—治国—平天下。由格物认识道理开始，经由以道自新，做到意诚、心正、身修，再以身齐家、治国、平天下，是为人成长成功的大体途径。当然，具体过程是极其复杂的，各环节不仅相互交错、混合，而且齐、治、平本身也是格、致、诚、正的过程，格、致、诚、正、修、齐、治、平是个首尾衔接、循环发展的过程，也是个一代代接续实行的过程。

就人内在的身心过程来说，《礼记》提出了“知止而后有定，定而后能静，静而后能安，安而后能虑，虑而后能得”的阶梯，认为人的修养要经过“止、定、静、安、虑、得”等一些逐渐深入、由外及内的递进环节。有人还总结了中国古代儒家修养的常见阶梯，大体上是要通过“立志

—言诠—静境—实行—入化”的渐次努力过程，逐步达到“大定—解悟—证悟—彻悟—忘悟”的递进境界。简要地说，就是人一是要明志、立志，明白人生所止、所耻、所追求的东西，这样就能心志安定、坚定，即实现“大定”。二是要经历充分的“言诠”学教，即通过对相应理论、思想的学习交流，在已有信仰的基础上，深刻领会其理，知其所以然、其必然、其应然，从而实现“解悟”，从内心理解所皈依的学说、主义。三是要历经“静境”的沉淀，就是通过形体静处、内心沉静，心神专注地对道理、主义进行消化、思考、体认，从而使之在心脑中占据巩固的主导地位，与自身相融合，即实现“证悟”，当然，到此仍停留在学习思考的阶段，也还是不稳固的，容易见异思迁。四是要“实行”，通过在实践中真正执行道理和主义、在事故中考验磨炼对它们的坚持，才能实现将道理、主义内化于心、表现于行，达到“彻悟”的地步，即达到即使一时没有言教、没有自省，即使在重大得失安虞抉择之间，也能坚持和践行道理、主义。五是要追求“入化”，从道理外来入我转变为我融入道理，我与道理融释无二，身上再无被教化的痕迹、行中亦无自克和抉择上的犹豫痛苦，全然成了自然习惯，从而达到我即道、道即我的后天本能的“忘我”道行境界。

再次，人修养的过程充满着付出和自觉。上面总结的中国传统儒家的修炼历程，一般不是自发地实现而是需要人的自觉努力。《礼记》讲“如琢如磨”者，自修也，并说自新是家、国、人的本命，故君子于自新上无所不用其极。现实中人的成长成功往往不是直线性的，而是一个充满困惑、犹疑甚至反复的过程，而且不总是那么从容地让人从头到尾慢慢地来，往往是不得不在百般忙碌当中自我秉持，甚至在困厄重创里自我抚伤修炼，即司马迁所谓“《诗》三百篇，大抵圣贤发愤之所为作也”①。无论传统儒家的这些修养路径是否完全科学，它的确说明人的后天养成不是一个轻松的过程，需要很多条件和努力。比如，需要个体自觉启动和追求，

① 见司马迁《报任安书》.

没有发自内心地对真理和人生价值的主动追求，就无从谈起自我修养；需要有效地自我控制，调控自己循道而思、而行，否则随性而为，难以自改，终不能自新；需要做出牺牲，人我之际、公私之间、危亡关头、身仁取舍，无不是考验甚至是牺牲，如果不能选对、做对、坚持好，则终究脱不了一个卑俗我，甚至前功尽弃、“英名尽毁”。可见，一个人的修养，有些像制作珍贵玉器一样，需要耐心和不懈的雕琢和打磨，而且要竭尽心力、小心翼翼，从这个意义上来说，不管是否意识到，其实每个人一生中最重要的“产品”或“成果”正是他自己，其他如学问、事业、家庭等都是他自己的反映。

《史记·苏秦列传》载：“六国从（纵）合而并力，苏秦为从约长，并相六国。北报赵王，乃行过洛阳，车骑辎重，诸侯各发使送之甚众，疑于王者。苏秦之昆弟妻嫂侧目不敢仰视，俯伏侍取食。苏秦笑谓其嫂曰：‘何前倨而后恭也?’嫂委蛇蒲服，以面掩地而谢曰：‘见季子位高金多也。’苏秦喟然叹曰：‘此一人之身，富贵则亲戚畏惧之，贫贱则轻易之，况众人乎！且使我有洛阳负郭田二顷，吾岂能佩六国相印乎！’”于是散千金以赐宗族朋友。苏秦看到人们如此为物所累，由于财物而对自己的亲人都会世态炎凉，感慨自己当年如果不是一无所有，如果在洛阳有两顷田地，也可能就附薄田而度常日，不会有今天佩六国相印的成就了，于是自觉看轻了财物，散千金以赐宗族朋友。这个事例也说明人们总可以从现实中学习，改变自己、完善自己。

最后，人的后天养成是社会化的过程与反作用于社会的过程的统一。一方面，人的后天养成、一般意义上人的修养，简单地说，是个体从出生逐渐成长为一个至少对社会有相对客观正确认知的、符合社会道德法律等要求的、具有社会可接受的行为习惯和能力的成年人。这个过程和结果，就是一个人的社会化过程。另一方面，人的后天养成和修养过程，也总是一个反作用于社会的过程。他要学习知识、和人切磋道理，就会与人发生信息交流；他要践行他认定的道理、追求他认定的理想，就会构成整个社会实践的一部分、一个环节，如果他处于领导地位，还可能在一定范围内较大地影响社会发展的面貌。这就是个人对社会的“反化”。不存在在个人生活之外的、社会发展实践之外的个人养成与修养，人的生成及修养本身就是个体生命存续的过程，是社会中复杂实践活动的组成部分，这个过程中自己受到影响，也会影响他人和社会，我们说党风带动政风和社会风气，党员干部乃是净化风气的“头雁”，也正是这个道理。总之，生成是人生必需的历程，修养是人提升自己、改变世界的内在需要，其中的基本道理与党员修养的道理是相通的。

第二节　理论修养与党性修养相结合

理论作为人认识的成果，其价值和生命在于用以指导实践。一方面，党员修养党性，必须从懂得马克思主义理论开始，如果没有相当的理性认知，则党性的成熟和高水平几乎是不可能的；另一方面，共产党员加强理论武装的过程，本身便是一种思想的改造，是以理论认识改善主观世界的过程，并为党性修养提供有力的指导和支撑。

一、理论修养与党性修养是统一的，是党性修养的重要途径

古人说：“得罪于法，尚可逃避；得罪于理，更没处存身。只我的心便放不过我。是故君子畏理甚于畏法。”“大丈夫不怕人，只是怕理；不恃人，只是恃道。”（吕坤《呻吟语·性命》）崇尚真理、追求真理、捍卫真理是人类重要的美德，更是共产党员党性的核心内容和根本要求。真、善、美，其实是相通的，真了才能善，善了才是真正的美，善、美都只能在真中，如果不在真中，便很可能是伪善和妖美，要么如同水月镜花不能长久，要么如同罂花鸩饮实为毒物。而真理的获得，重要途径之一便是理论学习，从人类几千年的文明中、从马克思主义科学理论中、从不断的实

践检验中求得。

真理要靠不停的学习灌输，党性提升离不开持续的理论修养。苏格拉底说“人之不德，在于无知”，古罗马诗人卢克莱修说“心灵中的黑暗必须用知识驱除”，都是讲人的品德成长离不开知识的引领，党员修养也是如此。列宁说“只有了解人类创造的一切财富以丰富自己的头脑，才能成为共产主义者”①，这就深刻揭示了读书学习和知识素养对于成长为真正共产主义者的极端重要性。刘少奇提出：“我们共产党员不能把理论学习和思想意识修养互相割裂开来，而是要在学习马克思列宁主义理论的过程中改造自己，锻炼自己的无产阶级思想意识。”② 习近平总书记也明确指出，“读书学习是领导干部加强党性修养、坚定理想信念、提升精神境界的一个重要途径，领导干部要坚持在读书学习中坚定理想信念、提高政治素养、锤炼道德操守、提升思想境界，坚持在读书学习中把握人生道理、领悟人生真谛、体会人生价值、实践人生追求，努力使自己成为一个高尚的人、一个纯粹的人、一个有道德的人、一个脱离了低级趣味的人、一个有益于人民的人。”③

信念的坚定以理论的清醒、深刻为前提。应该说，科学社会主义不是宗教，不是为信而信，而是懂而后信。理论修养是党性修养的重要基础，只有不断提高马克思主义理论水平，才能懂得和把握社会发展规律，理解共产主义理想和中国特色社会主义共同理想的内在根据，促进主观世界的改造，确立科学世界观，以坚定的立场、科学的方法来看待、分析和判断流派纷呈的理论学说，进而坚定共产党人的理想信念，才能促进党员在思想上入党、在党、为党，解决“身在曹营心在汉”问题，才能始终坚持和发展马克思主义，做一个清醒、有为的马克思主义者。正如习近平总书记

---

① 列宁1920年10月2日在俄国共产主义青年团第三次全国代表大会上的演说.

② 刘少奇. 论共产党员的修养［M］. 北京：人民出版社，1997：21.

③ 习近平2009年5月13日在中央党校2009年春季学期第二批进修班暨专题研讨班开学典礼上的讲话，载2009年5月18日《学习时报》.

所说："理想信念的确立，是一种理性的选择，而不是一时的冲动，光有朴素的感情是远远不够的，还必须有深厚的理论信仰做支撑，否则一有风吹草动就会发生动摇。只要我们掌握了马克思主义基本原理，就能够深刻认识到实现共产主义是由一个一个阶段性目标逐步达成的漫长历史过程，需要若干代人接续奋斗、艰苦奋斗、不懈奋斗；就能够深刻认识到中国特色社会主义是实现中华民族伟大复兴的必由之路，也是中国共产党人带领人民追求崇高理想、开辟光明未来的成功道路。"①

当然，这当中还需要真正把理论的东西、学到的东西放在自己身上，融入自己的思想里，用在自己的实践中，须知"上吐下泻之疾，虽日进饮食，无补于憔悴；入耳出口之学，虽日事讲究，无益于身心""读书人最怕诵的是古人语，做的是自家人。这等读书虽闭户十年，破卷五车，成什么用"（吕坤《呻吟语·问学》）。所以，在学习理论上，干部要舍得花精力，全面系统学，及时跟进学，深入思考学，联系实际学。学习习近平新时代中国特色社会主义思想，要深刻认识和领会其时代意义、理论意义、实践意义、世界意义，深刻理解其核心要义、精神实质、丰富内涵、实践要求。要紧密结合新时代新实践，紧密结合思想和工作实际，有针对性地重点学习，多思多想、学深悟透。学习理论最有效的办法是读原著、学原文、悟原理，强读强记，常学常新，往深里走、往实里走、往心里走，把自己摆进去、把职责摆进去、把工作摆进去，做到学、思、用贯通，知、信、行统一。②

二、理论修养是提高能力的重要途径

"读书者不贱，守田者不饥，积德者不倾，择交者不败"，知识一旦被

① 习近平关于"不忘初心、牢记使命"论述摘编［M］．北京：党建读物出版社、中央文献出版社，2019：330.

② 习近平关于"不忘初心、牢记使命"论述摘编［M］．北京：党建读物出版社、中央文献出版社，2019：385.

人获得，便与人的灵魂融为一体，任何外力都不能剥夺，而物质财富则永远是人身外之物。所以，读书学习、理论修养，一直是中国人十分重视的才干增长渠道、兴家兴业兴国方式，一贯相信诗书传家最为长远。所谓“百姓冻馁，谓之国穷；妻子困乏，谓之家穷；气血虚弱，谓之身穷；学问空疏，谓之心穷”（吕坤《呻吟语·谈道》），便是将学问的培养和获得作为人生之宝，主张学问能力在身，方是人应世不败之道。其实，历史上真正创造宏伟事业的人物，很少不是博览群书的。尼克松就回忆说：“所有我认识的伟大的领导者几乎都有一个共同特征，那就是他们都是伟大的读书者。”拿破仑出身贫寒，但青年时刻苦自学，以至15年后，在主持讨论《拿破仑法典》的会议上，能随口引述查士丁尼的《东罗马法》有关条款，使在座的法学家们大惊失色。他一生指挥近60次战役，几乎每次都带着一个随军图书馆参战，在1807年法俄之战处于相持阶段时，拿破仑因在前线无书可读而大发雷霆。他特别重视向书籍寻求完成自己任务的钥匙，为了战争的需要，他大量反复地阅读各种军事著作，还说自己“一读再读他们（指亚历山大等世界名将）83次战役的历史，以他们为模范，此乃成为名将的不二法门”。

马克思更是以科学家潜心科研的方式，紧张地开展理论研究的，他做的笔记、写的著作，实在是比很多人一生所读的书还多。列宁能够继承和发展马克思、恩格斯的事业，缔造世界上第一个社会主义国家，在辩证唯物主义、科学社会主义、无产阶级政党建设等领域留下不朽的思想和著作，与他一生如饥似渴的学习研究是分不开的。毛泽东在紧张忙碌的一生中手不释卷，从读书中汲取的知识力量是形成他伟人光辉的重要来源。鲁迅一生在文学创作、文学批评、思想研究、文学史研究、翻译、美术理论引进、基础科学介绍和古籍校勘与研究等多个领域都有重大贡献，著译近1000万字。《鲁迅全集》引证过的古今中外书籍达550多种，书中涉及的古今中外人物有1000多个，这是他惜时如金、勤奋学习积累的结果，许广平说鲁迅是“用小跑步走完他的毕生”的。是谓学既无止境又给人以无限的境界，“根荄须栽入九地之下，枝梢须插入九天之上，横拓须透过八荒之外，才是个圆满工夫、无量学问”（吕坤《呻吟语·问学》）。

对此，习近平总书记强调：“全党同志特别是各级领导干部要更加自觉、更加刻苦地学习马克思列宁主义，学习毛泽东思想、邓小平理论、‘三个代表’重要思想、科学发展观，学习新时代中国特色社会主义思想。要深入学、持久学、刻苦学，带着问题学、联系实际学，更好地把科学思想理论转化为认识世界、改造世界的强大物质力量。”“要坚持和运用辩证唯物主义和历史唯物主义的世界观和方法论，坚持和运用马克思主义立场、观点、方法，坚持和运用马克思主义关于世界的物质性及其发展规律，关于人类社会发展的自然性、历史性及其相关规律，关于人的解放和自由全面发展的规律，关于认识的本质及其发展规律等原理，坚持和运用马克思主义的实践观、群众观、阶级观、发展观、矛盾观，真正把马克思主义这个看家本领学精悟透用好。”①

我们各级党员干部都要按照习近平总书记的要求，深刻认识现代领导活动与读书学习的密切关系，深刻认识领导干部的读书学习水平在很大程度上决定着工作水平和领导水平，自觉养成读书学习的习惯，真正把读书学习当成一种生活态度、一种工作责任、一种精神追求，成为工作、生活的重要组成部分，使一切有益的文化知识入脑入心，沉淀于血液，融会于从政行为，做到修身慎行，怀德自重，敦方正直，清廉自守，永葆共产党员的先进性。要坚持阅读与思考的统一，像朱熹所说：“举一而反三，闻一而知十，然后能融会贯通。”要坚持读书与运用相结合，联系思想、生活和工作实际，学以致用，推动工作，改造自我。要锲而不舍、持之以恒，“常惜朝霞勤起舞，难抛珠玑是光阴”。

---

① 习近平关于“不忘初心、牢记使命”论述摘编［M］. 北京：党建读物出版社、中央文献出版社，2019：350.

三、理论修养对党员修养的重要性根植于学习的本质

莎士比亚说："知识为升天之翼。"人的学习本质上是认知的提升和自我的改变。一方面，学习是认识已被揭示的知识、规律，认识世界、明白道理、照亮人生、掌握本领的主要渠道；另一方面，学习也是继承和发展知识理论、探索创新的重要路径。理论学习之所以成为党员修养的重要途径，是因为理论知识当中包含着被揭示的知识和客观规律，有助于引导人正确认识世界、认识社会、认识未来，把握纷繁复杂的社会发展，增强对信念的执着；包含着历来共产党员修养的要求、方法和实例，有助于为党员的修养明确方向、提供方法、强化激励；包含着社会主义以及无产阶级政党建设中的各种重大命题、时代课题、待解难题，有助于实现认识和理论的新发展、个人党性的新进步。宋代的黄山谷说"士三日不读，则其言无味，其容可憎"，也从侧面反映了理论修养对人修养的重要性。

刘少奇曾从本质意义上强调理论修养对增强无产阶级意识的必要性。他指出："一个共产党员如果没有明确而坚定的无产阶级立场，没有正确而纯洁的无产阶级思想意识，要彻底了解和真正掌握马克思列宁主义的理论和方法，并使之成为自己的革命斗争的武器，是不可能的。这也就是说，一个共产党员要有比较好的马克思列宁主义的理论修养，就必须有崇高的无产阶级的立场。同时，一个共产党员如果不努力学习马克思列宁主义的理论和方法，如果不用马克思列宁主义指导自己的思想和行动，他要在一切革命斗争中坚持无产阶级的立场，体现无产阶级的思想意识，这也是不可能的。"① "自德性中来，生死不变；自识见中来，则有时而变矣。故君子以识见养德性。德性坚定则可生可死。"（吕坤《呻吟语·问学》）总之，以识见养德行，以理论修养强化党性，乃是党员修养的必由之路。

① 刘少奇．论共产党员的修养［M］．北京：人民出版社，2015：25.

四、学习能力和习惯的形成本身就是一种修养

应该说，马克思、恩格斯、列宁、毛泽东、刘少奇、周恩来、邓小平等伟人留给我们的财富很多，概括起来主要有四层：一是他们所揭示、总结、发展的科学理论；二是他们用之有效的分析解决问题的基本立场、观点和科学方法；三是他们那种学习探索的科学态度和务求真知的精神；四是他们身上体现的革命风范和高尚品格。其中，养成科学精神、具备一定的学习能力，本身既是党员修养的重要内容，又是进行修养的必要手段。习近平总书记强调，“领导干部学习不学习不仅仅是自己的事情，本领大小也不仅仅是自己的事情，而是关乎党和国家事业发展的大事情”①，我们党在中国这样一个有着 14 亿人口的大国执政，面对着十分复杂的国内外环境，肩负着繁重的执政使命，如果缺乏理论思维的有力支撑，是难以战胜各种风险和困难的，也是难以不断前进的。②

“共产党人要把读马克思主义经典、悟马克思主义原理当作一种生活习惯、当作一种精神追求，用经典涵养正气、淬炼思想、升华境界、指导实践。”③ 某种程度上讲，在现代社会，进行自我理论学习、理论修养的能力，比现成的理论知识更为重要，是党员干部成长和履职尽责的一个根本要求。最初，世界上并没有专门的马克思主义学校，马克思、恩格斯、列宁、毛泽东等人能够成长为马克思主义理论家、思想家，无不与其极强的自学能力密切相关。从这种意义上说，提高自我理论武装的能力，是共产党员修养的基本途径之一。

---

① 习近平谈治国理政（第一卷）［M］．北京：外文出版社，2015：404.

② 习近平关于“不忘初心、牢记使命”论述摘编［M］．北京：党建读物出版社、中央文献出版社，2019：105.

③ 习近平关于“不忘初心、牢记使命”论述摘编［M］．北京：党建读物出版社、中央文献出版社，2019：350～351.

第三节 改造客观世界与主观世界的实践统一

实践是党员修养的根本途径。马克思说：人是在历史实践中形成并发展的，“个人怎样表现自己的生活，他们自己就是怎样”①，也有哲学家提出，一个人如何行动，他就是什么样的人。可见，社会实践是认识世界的基础，也是改造人自身的基础，是塑造人的最直接、最现实、最有效的途径。党性只有在火热的实践中才能不断提高，只有结合社会主义现代化建设才能完成，而在工作实践中锻炼和修养又是为了人民，为了党的事业。所以，党员干部要自觉用好实践这个最生动的课堂、群众这个最好的老师，满腔热情地深入基层、深入实践、深入群众，投入改革建设的大潮中，不断在实践和群众中汲取营养，提高党性觉悟。

我国古人讲“学，行之，上也；言之，次也；教人，又其次；咸无焉，为众人”（《扬子法言》），即认为人学习了知识、认识了道理，只有付诸实践，切身践行，修养心性，养成自我，才是头等的目的。又说“知是一双眼，行是一双脚，不知而行，前有渊谷而不见，旁有狼虎而不闻；知而不行，如痿痹之人；知也者，知所行也；行也者，行所知也；匪知之艰，惟行之艰，能行方算得知，徒知难算得行”（吕坤《呻吟语·谈道》），更加强调了“行”的重要性和终极性。我们知道，佛家不太讲“修炼”，而一般用“修行”，想来其中是有深意的，修炼多有闭门修养磨炼之意，而修行则更加强调把“修”体现在“行”上，通过规范其“行”来做“修”，落脚点都是在现实表现上、在行动上。不过佛家的“修”主要含义是“戒”，多有对心性进行修正、修理和剪除不当的意思，而我们讲的修养，则更多是要做加法，要增益党员的党性，使得党性于思想、意

① 马克思恩格斯选集（第1卷）［M］．北京：人民出版社，1995：67～68.

志、情感、行为上充沛起来，当然这当中也包括对非党性的革除问题，无论如何它的实现都是离不开实践活动的。

实践修养党性的根源在于它是改变人的最大力量。首先，实践活动促进人不断改善主观知识和思维能力。实践是认识的来源和动力，有史以来，人们总是在实践中提出并解决问题，在解决问题中发展科学技术、增强知识武装、提高思考能力，而思考能力是人超越自然界、追求完善人格的重要素质和表现。如果脱离社会实践，人就可能失去改造主观世界的动力，认识僵化，思想落后，所谓“水月难掬，梦食不饱”，没有行动便不会有任何实效。其次，实践活动有利于坚定理想信念。实践的效果是检验理论和主义是否正确的最终标准，通过参与社会主义建设活动、参与对外开放交流，可以在亲身体验中验证认识，认清各种理论的真伪优劣，坚定对社会主义的追求。当然，实践检验中要以是否有利于社会整体发展、有利于增进最广大人民群众的根本利益为标准，如果仅仅以个人、家庭的得失和“幸福”与否为标准，那就得不出科学的、令人信服的结论。最后，实践活动是增才、长志、进德的有效途径。党员干部在实际操作中，不仅可以增长本领才干，更可以磨炼党性意志，通过与各种挑战、冲击、诱惑“过招”，炼就坚强党性和“百毒不侵、金刚不坏”之身。可以在复杂的处理问题、工作生活中来检验、总结自我党性情况，验证自己能否真正做到践行宗旨、履行使命、服务群众，从效果检验和干部群众的反映当中，不断发现和清除思想上、习惯上的缺点，自我改进。

实践修养党性的根本要求在于，努力使自己的思想行为符合党的要求。儒家讲：“天命之谓性，率性之谓道，修道之谓教。道也者，不可须臾离也；可离，非道也。”（《中庸》）放在今天理解，所谓“天命”就是规律，包括自然规律、人类发展规律和个体成长完善规律等，社会人伦之“理性”乃“天命”，乃客观规律，“率性之谓道”就是说，遵循规律、代表规律、以自身作为规律的体现者，就是得“道”了，就是知道和行道了，而要使得自己能够遵循规律、代表规律、作为规律的体现者，就必须经过教育修养修炼才能达到，这就是“修道之谓教”了。古人还补充强调说，对于将规律与实践相结合，这个处世、做事、自持的基本方法——道，是一刻不能离开和背离的，否则就是“无道”了。古今修养的内容不同，但修养的基本路径方法，很多是相通的。今天党员修养中的“天命”“性”“道”就是无产阶级政党的炼成规律和要求，“率性”“得道”就是要把这些规律和要求贯彻到党的建设和个人党性修养之中，作为坚持和遵循，按照它来思考和行动，而要达到这种境界，就必须“修道”即加强教育和修养，而且这种教养、这种“循道而行”是坚持不懈的，对于党员党性要求的坚持和操行，应该是须臾不离的。

实践修养党性的要道是要使自我党性的提升与能力本领、工作成绩、职务的升迁等相匹配。一方面，从静态上看，“德不配位，必有灾殃。德薄而位尊，智小而谋大。力小而任重，鲜不及矣”。党员干部特别是领导干部要适应岗位，“坐得住”、做得好，就必须使自己的党员素养与岗位要求相匹配，满足相关领导岗位上处理事务、开展工作所需的党性觉悟和党员素养，否则就可能“干不了”“干不好”“干不长”。另一方面，从动态上看，党员干部特别是领导干部，要能够应对和驾驭自己的本领增长、事业发展、岗位变迁，必须使自己的党性修养、政治能力等不断相应地提升，“职务升一尺、党性提一丈”，使党性跟得上身体和事业前进的步伐。否则职务提升了，党性和能力本领没有长，反而“乌纱略戴心情变，黄阁旋登面目新”“官升脾气长”“官升架子长”“官升私心长”，都是“德不配位”的表现，都如同沙漠上建大厦，根基是很不稳固的，都会给自己和事业埋下隐患。而党性的修养要在实践中实现，需要在改造客观世界、干事创业过程中自觉磨炼、提升。

在实践中加强党员修养是个艰苦的过程。最强的灵魂出于忧苦，最伟大的个性灼满伤痕。实践活动作为现实的劳动过程，是辛苦甚至艰苦的。清代的袁枚就说过：“清角声高非易奏，优昙花好不轻开。须知极乐神仙境，修炼多从苦处来。”《菜根谭》也提出：“欲做精金美玉的人品，定从烈火中煅来；思立掀天揭地的事功，须向薄冰上履过。”在实践中锻炼成为坚定的马克思主义者、优秀的共产党员，是需要努力刻苦来做的，要在思想上、行动上改掉自己身上的非党性的东西，扩充克己为党为民的意识和现实行动，是需要经历复杂的思想斗争和实际付出的。

总之，就像刘少奇所指出的那样：“由一个幼稚的革命者，变成一个成熟的、老练的、能够‘运用自如’地掌握革命规律的革命家，要经过一个很长的革命的锻炼和修养的过程，一个长期改造的过程。……他除开要学习历史上的革命经验（前人的实践）而外，还必须亲自参加到当时的革命的实践中去，在革命的实践中，在同各种反革命进行斗争中，发挥主观的能动性，加紧学习和修养。只有这样，他才能够逐渐深刻地体验和认识社会发展和革命斗争的规律性，才能真正深刻地认识敌人和自己，才能发现自己原来不正确的思想、习惯、成见，加以改正，从而提高自己的觉悟，培养革命的品质，改善革命的方法等。”① 因此，党员干部要自觉通过艰苦复杂的工作实践来磨炼自己，把运用马克思主义的立场、观点、方法看待和解决问题，具体到“自己的生活、言论、行动和工作当中去，不断地改正、清洗自己思想意识中的一切与此相反的东西，增强自己无产阶级共产主义的意识和品质”②，时刻以党的先进性规范自己的言行，发挥先锋模范作用。

第四节　严肃充分的党内政治生活

开展严肃的党内政治生活是马克思主义政党的重要标志，根本上体现了党对于错误的斗争精神。恩格斯指出：“大国的任何工人政党，只有在

---

① 刘少奇．论共产党员的修养［M］．北京：人民出版社，2015：3～4.

② 刘少奇．论共产党员的修养［M］．北京：人民出版社，1997：18.

内部斗争中才能发展起来，这是符合一般辩证发展规律的。”① 列宁强调：“一个政党对自己的错误所抱的态度，是衡量这个党是否郑重，是否真正履行它对本阶级和劳动群众所负义务的一个最重要最可靠的尺度。”② 共产党人的责任不是隐讳自己运动中的弱点，而是公开地批评这些弱点，以便迅速而彻底地克服它们。刘少奇分析道：“因为各种党员看问题的方法不同，就使他们处理问题的方法也各不相同，就引起党内许多不同意见、不同主张的分歧和争论。”③ 这是整个革命斗争中不可缺少的必要的组成部分，我们对党内各种原则错误的思想和主张，对党内一切坏的现象，要进行不调和的斗争，以便不断克服错误现象，避免错误现象的发展损害事业。要真正负责地、正式地、诚恳地进行批评和自我批评，去揭发党内各种缺点、错误和一切坏的现象，从而加以改正和清除，特别是要进行由下而上的批评和自我批评。党员在党内受到各种正确的批评是必要的，对自己、对同志、对党都是有益的，有些同志在某些时候，在某些事情上，受到某些不正确的批评和打击，甚至受到某些委屈和冤枉也是难免的，要有承受力。

习近平总书记也指出：“党性是党员干部立身、立业、立言、立德的基石，必须在严格的党内生活锻炼中不断增强。”“党内要开展积极健康的思想斗争，帮助广大党员、干部分清是非、辨别真假，坚持真理、修正错误，统一意志、增进团结”，必须以整风精神严格党内生活。“严肃党内政治生活是全面从严治党的根本性基础工作”，是党组织教育管理党员和党员进行党性锻炼的重要平台，有什么样的党内政治生活，就有什么样的党员、干部作风；“批评和自我批评是解决党内矛盾的有力武器，也是保持党的肌体健康的有力武器”，这个武器我们要大胆使用、经常使用、用够用好，使之成为一种习惯、一种自觉、一种责任，使这个武器越用越灵、

---

① 马克思恩格斯选集（第 4 卷）［M］. 北京：人民出版社，1995：651.

② 列宁全集（第 39 卷）［M］. 北京：人民出版社，1984：37.

③ 刘少奇. 论共产党员的修养［M］. 北京：人民出版社，2015：73.

越用越有效果。党内生活要交心，党内同志要做诤友、挚友，“在党性原则基础上，不断增强能够掏心见胆、并肩奋斗的真正的团结”。“无论批评还是自我批评，都要实事求是、出于公心、与人为善，不搞‘鸵鸟’政策，不马虎敷衍，不文过饰非，不发泄私愤。”① 党的十八届六中全会制定了《关于新形势下党内政治生活的若干准则》，不仅是从严治党的重要法宝，也是党员干部加强修养的重要遵循。

要惯于进行彻底的自我批评。组织和同志的批评是进步的外力，自我反思和批评是进步的内力。放下身段，反身求己，全面准确认识自己的不足，拿出胆量进行自我批评，坚决改正缺点，是一种重要的政治素养，也是党员自我修炼的必经环节。要克服那种岗位越高就越是“完人”的错觉，无论身处多高的位置，均需保持自知之明，对自己的优缺点以及自己在群众中、社会中扮演的角色、所起的作用有充分清醒的认识和估计，避免妄自尊大，清醒对待巧言令色、吹嘘追捧。要敢于自我革新，摒弃怕丢“面子”而掩盖错误的倾向、怕被“抓辫子”而掩藏缺点的“鸵鸟”作风，诚实诚恳地自我批评、公之于众，事实上“剪掉辫子”后进步会更快。陈云说：“共产党员参加革命，丢了一切，准备牺牲性命干革命，还计较什么面子？把面子丢开，讲真理，怎样对于老百姓有利，怎样对于革命有利，就怎样办。”② 谢觉哉在60岁时，写出了《六十自讼》，对自己60年的经历做出了总检讨，他认为，缺点错误翻出来，不是为给人看的而是用来改正自己的。

李立三同志在1930年6月至9月任党中央负责人时，犯了“左倾”冒险主义的错误，使革命遭受损失。错误发生后，在党组织的帮助下，李立三丢掉“面子”，很快做了检查。此后，他利用一切可以利用的机会在各种场合襟怀坦白、积极主动地向同志们、向相识和不相识的人讲自己犯

① 习近平2013年9月23日至25日在河北参加省委常委班子党的群众路线教育实践活动专题民主生活会时的讲话.

② 陈云. 论党的建设［M］. 北京：中央文献出版社，1995：196.

过的错误，公开批判“立三路线”的错误与危害。他还不止一次地说：“如果党需要我当‘反面教员’，我一定当好这个‘反面教员’。”即使对子女也从不讳言自己犯过的错误。他在给儿子的信中说：“我少年时期狂妄自大的坏习气，使我吃了不少亏，后来犯错误和这个有直接关系。思之痛心，望你们千万引以为戒。”① 李立三犯错误时年仅30岁，犯错误的时间只有三个多月，他却坦率地检讨、自我批评了30多年。有人对李立三这种“三个月错误讲30年”的做法不理解，认为事过境迁，再讲就丢“面子”了。李立三却说：“一个人的面子和亿万人的面子哪个大？共产党员当然不可能不犯错误，只要他不搞阴谋，不谋私利，犯了错误首先想到党的面子、人民的面子，他就可以改正错误。犯了错误就要接受教训。好比墙上的钉子，碰了一个，扎破手，就不要再去碰它。不但自己不要碰，还要时刻提醒别人不要碰。大家都不要去碰，就保全了党。”李立三这种襟怀坦白、为党的利益不怕自己丢“面子”，坦诚对待自己错误的态度，正是他高尚无私品质和坚强党性的集中体现，令人肃然起敬。他的纯粹党性和高风亮节，也赢得了党组织的高度理解和信任，新中国成立前后，党对李立三同志都委以重任。他是中共四至八届中央委员，六届中央政治局委员，第三、第四届全国政协常委。党评价李立三同志为中国共产党的优秀党员、无产阶级革命家、中国工人运动杰出领导人之一。为纪念他的革命功勋，修复李立三故居，设陈列馆，向公众全面展示李立三光辉的一生。

要诚恳接受他人批评，就要善自新。“耳中常闻逆耳之言，心中常有拂心之事，才是进德修行的砥石。”共产党是为人民利益工作的，工作中由于主、客观不一致而出现缺点错误是难免的；党员成长是永无止境的，存在缺点不足也是必然的。要真诚欢迎他人指出自己的缺点错误，对于别人的批评帮助心存感激，有则改之，无则加勉，如果讳疾忌医，就会误人

① 李思慎．李立三在自我批评中度过后半生［J］．炎黄春秋，2004（9）．

误己误事业。正像毛泽东所说："因为我们是为人民服务的，所以，我们如果有缺点，就不怕别人批评指出。不管是什么人，谁向我们指出都行。只要你说得对，我们就改正。"① 陈云说："我们有了缺点错误，天天批评倒还好些。平时不批评，总有一天会来个大批评。""自我批评是共产党员学习的宝贵的武器，虚心地接受党的批评是一个党员进步的必要条件。好的共产党员，对党的每个批评都必须以诚恳的态度、愉快的态度去接受和了解，以改正自己的错误。"② 习近平总书记强调："对批评意见，要本着有则改之、无则加勉态度，绝不能用'批评'抵制批评，搞无原则的纷争。"③ 因此，要有事业第一、崇尚真理的勇气和心胸，不以批评的方式是否科学恰当以及批评者的地位等因素，影响我们对待批评的态度。不仅要受得住"和风细雨"的批评，还要受得住"狂风骤雨"的批评，不仅听得进与自己关系好的人的批评意见，还要听得进与自己有矛盾隔阂的人的批评意见；不仅听得进领导的批评意见，还要听得进平级和下级的批评意见。身为领导干部的党员，在党内接受批评时还要着力去傲气，须知任何人都会有其独到性，不可自以为是最高明的人；去官气，防止"权威"大于真理，"有权就有理"，惯于一言堂、让众人俯首听命，遇有反对意见，就认为他人是"不服管""不好管"；去霸气，不能官位高，脾气就大，惯于斥责别人，却容不得别人批评；去小气，不得对提反对意见、批评意见、"冒犯权威"的人耿耿于怀。这样，才能不断接近真理、贴近群众期望，进而提高工作成绩，不断成长进步。

1940 年 10 月，苏北参政员施文舫当面给陈毅提意见，指责东台县一个区委谭启民贪污腐化，瞒上欺下，言辞中有批评陈毅偏听偏信之意。陈毅很觉逆耳，脸色大变，当面怒斥，施文舫悻悻而去。后来陈毅察觉自己态度不妥，次日晨，他早餐未进，便步行到施文舫家登门道歉，施文舫热

---

① 毛泽东选集（第三卷）[M]．北京：人民出版社，1991：1004.
② 陈云文选（第 1 卷）[M]．北京：人民出版社，1995：143.
③ 习近平谈治国理政（第一卷）[M]．北京：外文出版社，2015：366.

情相待。事后，陈毅面嘱苏北临时行政委员会对谭启民给予了严肃查处。24年后的1964年8月，陈毅在《六十三岁生日述怀》中还提起这件事，写道："一喜有错误，痛改便光明。一喜得帮助，周围是友情。难得是诤友，当面敢批评。有时难忍耐，猝然发雷霆。继思不大妥，道歉亲上门。于是又合作，相谅心气平。大大开生面，红日散乌云。"我们许多老一辈革命家，都有着这种接受批评的胸怀和深刻自省、自改的高尚风范，这是他们在工作中得以少犯错误、及时发现错误、及时改进错误的重要法宝。

要按照党性原则积极大胆地批评纠正错误的思想和行为。能否以捍卫理想信念、坚持真理、维护党和人民利益、诚心帮助同志进步为重，大胆开展批评、同错误的东西做斗争，是党员干部党性高低的重要体现，也是磨炼提升党性的重要方面。要排除私心杂念和患得患失的干扰，勇于对一切违背党的章程、党的根本宗旨，违背党的正确路线、方针、政策的思想行为进行抵制和纠正。要排除庸俗"关系学"，讲关系感情应以不违背党和人民利益为前提，绝不能以个人感情代替党性原则，更何况帮助同志及时克服缺点、改正错误是真正的同志情谊，真正地对党负责、对同志爱护。要摒弃明哲保身的"世故学"，不能因为害怕被"穿小鞋"而不敢批评上级，帮助上级认识和克服缺点错误，才是更好地维护上级的权威。当然开展党内批评要坚持党的利益高于一切，讲原则、讲政治、实事求是，以党的基本理论、基本路线、基本经验、基本方略和工作实践作为判断是非对错的标准。要从大处着眼，不纠缠于细枝末节，允许别人有一个逐渐改正、提高的过程，不可求全责备，动辄"大帽子"压人，更不能挟私报复以发泄不满，以违法违纪的方式损害同志的合法权益乃至人身安全。要注意方式方法，既要敢于"仗义执言"，又要掌握一些实用技巧，懂得"扬善于公堂，规过于私室"等方式的妙用。

第五节　主观努力与社会环境相作用

党员修养的基本路径与人的本质相关。马克思主义认为，人的本质从两方面理解，在人与动物的区别上，人的本质表现为劳动，有意识地制造和使用工具进行劳动，是人与动物最大的不同。在人与人的区别上，人的本质是由一定的社会关系决定的，是一切社会关系的总和。“社会关系实际上决定着一个人能够发展到什么程度。”① “不管个人在主观上怎样超脱各种关系，他在社会意义上总是这些关系的产物。”② 从宏观上讲，人的社会地位、属性特点等，由所处的各方面社会关系，尤其是在生产关系、经济关系中的地位所决定。从微观上看，个人所依存的社会环境和社会关系决定了他的社会属性，即社会人性。因此马克思、恩格斯说：“一个人的发展取决于和他直接或间接进行交往的其他一切人的发展”“单个人的历史绝不能脱离他以前的或同时代的个人的历史，而是由这种历史决定的”③。

中国古人也特别重视社会关系、社会环境对个人成长的影响。孟母三迁的故事尽人皆知，割席断交的故事广为流传。《世说新语》中说，东汉灵帝时，管宁和华歆是好友。两人一起锄菜园，掘出一块金子，管宁视金子如同瓦砾，照常干活；华歆则将金子拿到手里看了看，然后才扔掉。一次两人同席读书时，忽然有坐轿的官员从门前经过。管宁仍然照常读书，华歆却忍不住放下书本跑出去看。管宁看他不专心读书，又羡慕富贵，便割断席子，彼此分开座位，并严肃地对华歆说：“从现在起，你不再是我的朋友了。”明代诤臣杨继盛，因上疏弹劾严嵩十大罪状，被世宗下诏处

① 马克思恩格斯全集（第3卷）［M］．北京：人民出版社，1979：295.
② 马克思恩格斯选集（第2卷）［M］．北京：人民出版社，1995：102.
③ 马克思恩格斯全集（第3卷）［M］．北京：人民出版社，1960：515.

死，他在给两个儿子的遗书中特别嘱咐说："你们两个年幼，恐油滑人见了，便要哄诱你们，或请你们吃饭，或诱你们赌博，或以心爱之物送你们，或以美色诱你们，你们一入圈套，便吃他亏，不惟荡尽家业，且使你们成为不好的人。若是有这样人哄你们，便想我的话来识破他。合你们好，若不好便远了他。拣着老成忠厚肯读书肯好学的人，与他肝胆相交，语言必信，逐日与他相处，自然成一个好人，不入下流也。"

中国人讲"社会关系"，很多时候具有贬义，这与"关系"文化、"后门"文化、宗派文化等糟粕文化有关。在马克思主义看来，社会交往、社会关系、社会环境，乃是一种客观的、具体的社会存在，而且在不同的生产方式作用下，总是有着多重作用。

第一，社会关系状况是社会发展状况、社会文明程度的指示器，社会关系文明是人类文明的综合反映和集中体现。实现人对社会关系的自觉科学引导和共同控制，乃是马克思追求人类解放和发展的崇高立意之一，主张人类只有不懈地扬弃社会关系的资本化、财物化、庸俗化取向，消除人际关系的对抗性和阶级分化，从而使人类不仅从物种方面，而且从社会关系方面从动物中提升出来，成为社会关系的主人，支配社会关系，才能达到使人自由全面发展的社会状态，社会才能最终走向自由人的联合体。同时，社会不是抽象的社会，而是人组成的社会，社会和社会关系的发展过程，也就是个人的发展过程，人们改进社会和社会关系的过程，也就是改造和提升人自身的过程。在中国社会的发展进步中，在努力建设富强民主文明和谐美丽的社会主义现代化强国过程中，中国共产党既是一切工作的领导力量，又是率先自我净化、自我完善、自我革新、自我提高的先锋队。

第二，共产党员修养离不开自觉创造先进的社会关系。应该说，社会关系本身有着先进和落后之分，有着社会道德评判下的好坏之别，真正的共产党员会自觉营造先进的社会关系、社会交往。共产党员不仅作为个体在塑造自我、提升自我中离不开社会关系，在发挥先锋模范作用、带动周围人干事创业中更离不开与人交往、离不开一定的社会关系。进一步讲，共产党员，不只是现有社会关系、人际关系的接受者，更是对它的科学认识和积极改造者。马克思、恩格斯说，社会主义事业是群众的运动，共产党人的使命就在于始终作为对这一运动理解最为科学并引领运动的人。①既然是“众人之事”，就离不开而且非常需要搞好“社会关系”，只有把人们团结起来才能完成人民群众共同的事业，而这个过程也是党员个人受到能力锻炼、党性熔炼、作风考验并实现党性提升的过程，当然也存在着在复杂的社会关系当中，名利诱惑、被不良关系笼络，误入歧途的危险。所以，唐诗有“终日帝城里，不识五侯门”之语，古人有“苍蝇附骥，捷则捷矣，难避处后之羞；茑萝依松，高则高矣，未免仰攀之耻”的警句。

第三，开创先进社会关系的前提是正确判断社会关系的优劣。关于对人和社会关系的评判，贾谊的《礼容语下》曾记载这样一个故事。周成王年20岁就即位享国，亲自到鬻子的家里请教为政之道，周成王问道：“寡人听说，人有上等下等、贤与不肖、智和愚之分，敢问人的高下怎么来判断呢?”鬻子说，从上古以来的为政经验看，人无论贵贱老幼，知道了人间大道就志记于心、坚守不渝，明白了善道就立即践行，这就是上等人，否则就是下等人；言谈皆为善道的可谓智者，言谈皆为卑恶的就是愚人；行为符合善道的可叫作贤人，行为恶劣者就是不肖，所以说，人的高下看其志向，智愚看其言辞，贤卑看其行为，这样就不难判断周围的人和人际关系环境了。这个故事也说明，古人就已经意识到，周围的人员情况和人际关系对个人的修养发展具有重要作用，要注意识别和亲近那些认知、志向、行为高尚的“贤达”之人。

那么，今天社会关系先进与否的标准是什么呢?根本上讲，首先要看是否与先进的社会生产、社会先进的发展方向相符合，是否符合建设中国特色社会主义的基本要求，其次还要看是否符合或代表先进的文化、社会

① 马克思恩格斯选集（第1卷）[M]．北京：人民出版社，1995：285.

文明、社会道德。那些代表落后生产方式、发展方式的社会关系必定没有生命力，那些有违公平正义、社会道德、社会主义核心价值的社会关系也是没有长久市场、不值得提倡的。在今天多元化的社会中，人们常常强调“情商”，对党员来说，最根本和重要的“情商”就是判别各种社会关系、各种社会交往并给予正向引导的能力，而不是那些是非不分、唯利是图、价值观扭曲、阴谋权术、误人误己的所谓的“关系学”“厚黑术”，否则一旦执迷于所谓“处世诀窍”“官场权术”，就很可能丧失党性、脱离正规，甚至“走火入魔”，害人害己。对此，荀子在两千多年前就说过：“君子居必择乡，游必就士，所以防邪辟而近中正也。物类之起，必有所始；荣辱之来，必象其德。肉腐出虫，鱼枯生蠹；怠慢忘身，祸灾乃作。强自取柱，柔自取束；邪秽在身，怨之所构。”（《荀子·劝学》）今天读来，依然令人警醒。

第四，党员干部对社会关系应当是积极向上的。既然“江湖险恶”“人心叵测”，远离普遍的关系和交往，只与少数“志同道合”的人来往，“躲进小楼成一统”，不是更好吗？这种“出世”的处世之道，的确是中国人自保的一种传统做法，也的确在一些人身上收到了躲避祸患、明哲保身的效果。但共产党是不同的，它是要改造自我、改造社会、追求崇高社会理想的，需要积极地“入世”。儒家说“学而优则仕”，这里边不仅有着“能者上”的意思，更有着天下兴亡，匹夫有责的意思，学而优者更当肩负天下、当仁不让的责任担当，所谓“身是心当，家是主人翁当，郡邑是守令当，九边是将帅当，千官是冢宰当，天下是天子当，道是圣人当。故宇宙内几桩大事，学者要挺身独任，让不得人，亦与人计行止不得”（吕坤《呻吟语·修身》），彰显了历史上儒家的家国情怀和责任担当。

所以，对那种“播布革，乱毛发，登高山，食木实，视之无优游之容，听之无仁义之辞，忽忽若狂痴，推之不往，引之不来，当世不蒙其功，后代不见其才，君倾而不扶，国危而不持，寂寞而无邻，廖廓而独寐”（陆贾《新语》）的做法，儒家是很不认可的，认为那是“避世而非怀道者也”，是“杀身以避难则非计也，怀道而避世则不忠也”。共产党要解放所代表的阶级，解放全人类，建设人类美好社会，是出于道义，更是基于对社会发展规律的科学认识与信仰，是一种作为阶级和人类历史工具的伟大使命，所以更要有“舍我其谁”、挺身而出、不怕牺牲的精神，更要牢记初心，勇担使命，努力在复杂斗争中改造世界，又怎么能离群索居、消极自保呢？“士不可以不弘毅，任重而道远。仁以为己任，不亦重乎？死而后已，不亦远乎？”这种以仁为任、死而后已的入世精神确实很值得当代借鉴。

第五，党员干部最重要的社会关系是与人民群众的联系。融入和创造先进的交往关系、社会关系，促进自我修养、发挥先锋模范作用，除了要严肃党内政治生活，积极参加组织生活，从党组织中汲取正能量，正确处理党内关系、政商关系、生活圈关系外，最为重要的是自觉贯彻党的群众路线，密切与人民群众的联系，与基层群众“发展关系”“结穷亲戚”，从广大人民群众的生产生活、喜怒哀乐、所思所盼、凡人善举中培养群众感情、净化精神灵魂、坚定理想信仰、汲取符合历史发展方向和规律的无限智慧和力量。人们常用希腊神话安泰俄斯的故事比喻无产阶级政党与人民群众的关系。希腊神话说，安泰俄斯是大地女神盖亚和海神波塞冬的儿子，他力大无穷，而且只要他保持与大地的接触就能量无限、战无不胜（因为接地气可以使他从母亲大地神那里持续获得力量），后来他的敌人设法让他脱离地面才击败了他。刘少奇在 1948 年 12 月对华北记者团谈话时也曾强调：“我们党必须和广大群众保持密切的联系，如果和群众联系不好，就要发生危险，就会像安泰俄斯一样被人扼死……党什么也不怕，就怕这一项。”① 可见，始终密切联系人民群众是党不可战胜的关键。具体到每位党员干部，要在伟大斗争中始终立于不败之地，就必须把自己深深根植在人民群众当中，只有这样才能战无不胜。

---

① 刘少奇. 对华北记者团的谈话（1948 年 10 月 2 日）［EB/OL］. 中国共产党新闻网—党史人物纪念馆，http：//cpc. people. com. cn/GB/69112/73583/73601/73623/5069101. html.

第六，进一步讲，共产党党性和人民性是高度统一的，坚持群众路线这个党的生命线和根本工作路线，也是坚持和提升党性的过程。因为坚持党性就是坚持人民性，坚持人民性就是坚持党性，党性寓于人民性之中，是对人民性的集中体现和升华，人民性以党性为引领，是党性的主要来源和根基，二者在利益追求和社会目标上是高度一致的。人民性的丧失总是伴随着党性的蜕变。苏联解体前，当时的苏联社会科学院曾经进行过一次“苏共究竟代表谁”的问卷调查，结果被调查者认为苏共代表工人的占4%，认为代表全体人民的占7%，认为代表全体党员的也只占11%，而认为苏共代表党的官僚、代表干部、代表机关工作人员的竟占85%，也就是说，绝大多数苏联人民认为苏共已经不再是他们的政党并代表他们的利益了。一定意义上，正是官僚特权阶级的形成和脱离群众所致的党群关系“解体”，导致了苏共的垮台和苏联的“解体”，不仅使党和广大党员受到了极大伤害，也使苏联人民、俄罗斯民族遭受了巨大损失。社会主义运动中的这种教训是极其惨痛的，必须引起我们党员干部的高度警惕。要切实引以为戒，始终把坚持党的人民性放在至高位置，坚持以人民为中心的发展思想，在与群众的密切联系中锻炼和增强党性。要牢固树立群众史观，坚持从群众中来，到群众中去，一刻也不脱离群众，把体现党性与反映人民心声统一起来，把最广大人民群众的根本利益作为出发点和落脚点，绝不能干那些只想讨领导欢心、让群众失望的蠢事；坚持将服务群众与教育引导群众相结合，与身边的群众一起思考、一起奋斗、一起品尝酸甜苦辣、一起推进经济社会发展，在这个过程中，自我的党性、境界、胸襟也就会悄然升华。

孔繁森说：“一个人爱的最高境界是爱别人，一个共产党员爱的最高境界是爱人民。”正是这种人民性的党性品质和精神境界，使他长期远离家人，扎根西藏，忘我工作，把全部身心奉献给了藏族群众。担任岗巴县委副书记三年，他跑遍了全县的乡村、牧区。1993 年春，年近 50 岁的孔繁森任阿里地委书记，在不到两年的时间里，全地区 106 个乡他跑了 98

个，行程达8万多公里，推进全区1994年国民生产总值增长37.5%。他无数次为贫困牧民送衣御寒，解囊解困。他扶贫济困的时候出手大方，少则百十元，多则上千元；他亲口为灾区病人吸痰，用怀抱给藏族老人暖脚；为了给抚养的两个地震孤儿添补营养，他三次偷偷卖血。他把工资相当大一部分用于帮助有困难的群众，平时根本就没有攒下几个钱。在外人眼里，一个共产党的中高级干部生活如此清贫，难以想象。1993年，妻子到西藏探亲，回去的路费要由自己筹措。由于看病花光了返程路费，妻子只好向孔繁森要钱，他东挪西借才勉强凑了500元，而机票要800元。妻子不忍心让丈夫为难，就自己找熟人借了一些。回到济南后，他妻子去看上大学的女儿，女儿一见面就对妈妈说："学校让交学杂费，我写信给爸爸，爸爸让我跟您要。"妻子一听，眼泪唰唰地流了下来——自己身上剩下的钱，连回老家聊城的车票都不够，哪里还有钱给女儿交学费！孔繁森因车祸牺牲后，人们在他身上只找到了8.6元现金，还有就是去世前四天写的发展阿里经济的12条建议，在场的每个人都忍不住流泪。这些事迹彰显了为民情怀和光辉党性在一名共产党员身上的深度融合与统一，值得我们每个党员领导干部学习。

第七，党员干部处理社会关系，关键之一是要处理好如何安放手中的"权力"问题。习近平对此明确提出："我们的权力是党和人民赋予的，是为党和人民做事用的，姓公不姓私，只能用来为党分忧、为国干事、为民谋利。要正确行使权力，依法用权、秉公用权、廉洁用权，做到法定职权必须为，法无授权不可为，保持如临深渊、如履薄冰的谨慎，做到心有所畏、言有所戒、行有所止，处理好公和私、情和法、利和法的关系。"① 这就告诫我们，党员干部生活在现实社会当中，在社会上行走，与人交往，务必牢记手中"权力"的神圣性，正确处理权、法与情的关系，将"权力"排除在交往内容之外，绝不能把任何"权能"用作私人交往的"筹

① 习近平谈治国理政（第二卷）[M]．北京：外文出版社，2017：147.

码”，不能因所谓“故谊交情”而枉法滥权。

唐太宗时，濮州刺史庞相寿坐贪污解任，他上表陈情曾在秦王幕府出力，望能念旧时功劳网开一面；上怜之，欲听还旧任。魏征谏曰：“秦王左右，中外甚多，恐人人皆恃恩私，足使为善者惧。”上欣然纳之，谓相寿曰：“我昔为秦王，乃一府之主；今居大位，乃四海之主，不得独私故人。大臣所执如是，朕何敢违！”赐帛遣之。相寿流涕而去。可见，领导干部特别是身居高位的人，尤其要注意不能因情枉法，不可顾念感情而徇私，否则就可能给自己和事业造成严重损害。

第八，党员干部处理社会关系，还要特别注意正确对待别人手中的“权力”，特别是比自己更大的“权力”。须知“栖守道德者，寂寞一时；依阿权势者，凄凉万古。达人观物外之物，思身后之身，宁受一时之寂寞，毋取万古之凄凉”；君子宁以风霜自挟，毋为鱼鸟亲人（洪应明《菜根谭·应酬》），“权贵之门，虽系通家知己，也须见面稀，行踪少就好”（吕坤《呻吟语·修身》）。要秉承“上交不谄，下交不渎”，不做阿谀之人，不擢谄媚之官，做到“一生无媚骨，至死不饶罪”“不曲道以媚时，不诡行以邀名”，防止带功利心、攀缘心去看待和处理所谓“关系”，更不能做权力崇拜的“权奴”，丧失宝贵的人格。一方面，趋炎附势、缘人上位本非直道，一入此途便容易化作他人裙裾及鹰犬；另一方面，宗派主义、山头主义、“关系网”，往往最容易损害社会公平正义，一旦陷入，就可能为虎作伥，遗羞后世，所谓“公平正论不可犯手，一犯则贻羞万世；权门私窦不可著脚，一著则沾污终身”（洪应明《菜根谭》）；再有，上人梯、乘凉树往往既是“便利”处也是危险地，一旦梯斜树倒，横被伤及，反不如未有攀缘之自在安全，古今中外，此类例证何可胜举！

北魏杨氏，是太监苻承祖的姨娘，家贫。后苻承祖得宠而显贵，亲戚姻眷们纷纷向他求取好处，唯独杨氏不求。杨氏经常对她姐姐说：“你虽然得到一时之荣耀，不如妹妹我无忧无虑之乐趣。”其姐常送给她衣服，她大多不接受，硬要给她，就说：“我夫家世代贫穷，穿上这等华贵的衣服，反倒使人心中不安。”又要送给她奴婢，说：“我家连吃饭都成问题，不能供养奴婢。”始终不肯接受。她经常穿着破旧衣服，自己从事劳作。苻承祖派人前往接杨氏，杨氏坚决不肯起身，来人把她强行抬到车上，她大哭说：“你们这是要杀我啊！”从此苻家内外都把她叫作痴姨。后来苻承祖事败，有司捉拿他的两个姨娘。一个姨娘受到惩处，而杨氏却因未沾苻承祖“权荫”而免于罪。

第九，影响党员党性修养的还有一个家庭环境和如何处理亲属关系问题。家庭、家族对一个人的影响是很大的，其中既有党员干部受到家庭家风影响的问题，也有党员干部自觉严格治家，营造良好“大后方”的问题，还有通过为父母、祖辈争光来自我激励的问题。吕坤说，朝廷法纪做不得人情，天下名分做不得人情，圣贤道理做不得人情，他人事做不得人情，我无力量做不得人情，以此五者徇人，皆妄也（《呻吟语·人情》），这是严格治家，防止因情而错的问题。三国曹植说“士之生世，入则事父，出则事君；事父尚于荣亲，事君贵于兴国”（《求自试表》），也就是说，在家孝亲、出外报国，它的成效标准就是通过努力有助于国家兴旺，为父母祖上添光彩。司马迁讲“祸莫憯于欲利，悲莫痛于伤心，行莫丑于辱先”（《报任安书》），这些都是强调不辱于先人、以为先人争光而自励的问题。

习近平总书记十分重视家风问题，多次强调“每一位领导干部都要把家风建设摆在重要位置，廉洁修身、廉洁齐家，在管好自己的同时，严格要求配偶、子女和身边工作人员”①，培养良好家风，净化朋友圈、交往圈。在2019年春节团拜会讲话时，总书记更是强调“要在全社会大力弘扬家国情怀”“提倡爱家爱国相统一，让每个人、每个家庭都为中华民族大家庭做出贡献”。所以，应该说“家”是党员党性修养的一个重要“道场”。明永乐年间王翱任吏部尚书，因政绩显著，他的孙子受庇荫可以入

① 习近平谈治国理政（第二卷）［M］．北京：外文出版社，2017：165.

太学，王翱不让去应试，说：“莫妨碍了寒士之路。”女婿贾杰在近畿为官，王翱的夫人思女，多次派人接女。贾杰愤怒地对妻子说：“你的父亲掌管选官之政，把我调到京师，易如反掌，像你这样来回奔波怎么也不嫌麻烦?”夫人听到后，找了机会求王翱。王翱大怒，把书案一推，打伤了夫人的脸。贾杰终不得调。这是古代官员秉公处理家庭关系的典型事例，很有启发意义。

第四章

共产党员修养的基本内容

对于党员修养的基本内容，党章等党内法规文献都有要求，党建学者也有广泛论述，总结大家的研究，从大的方面来说，主要有党员的政治修养、理论修养、道德修养、纪律修养、能力素质修养几方面。

第一节　政治修养

政治修养体现为一个人的政治观点、政治立场、政治道路、政治行为，事关领导干部如何看待事业、看待权力、看待阶级、看待是非，决定着干部的政治前途和命运。《荀子·劝学》中说："南方有鸟焉，名曰蒙鸠，以羽为巢而编之以发，系之苇苕，风至苕折，卵破子死。巢非不完也，所系者然也。"这就说明了道路的极端重要性。道路对了，越努力越趋向美好前景，否则越努力可能栽的跟头就越大。有人说20世纪的德国、日本在建国途中不是不努力，而是错走了法西斯侵略道路，努力的结果是一堆炮灰。足见一个国家、一个民族、一个人，尤其是一个领导干部，首先要有正确的道路和方向。曾国藩说："有志则不甘为下流。"我们说国、家、人不仅要有"志"，而且这个"志"要正确，要符合历史规律，客观上有着美好前景，才不至于自酿悲剧。

一、坚定共产主义的最高理想

简单地说，理想信念是人对一种生活、一种理论、一项事业坚信不疑、执着追求，并为之矢志奋斗的心理态度和精神状态，是人政治信仰和世界观、人生观、价值观在奋斗目标上的具体反映，是统领人身心的目标愿景和事业生活的精神支柱。就社会发展方面来说，理想是人们对美好社会的憧憬，信念是对那种美好社会必将实现的坚定信心，决定着人的行为方式和行动方向。习近平总书记指出，“理想信念决定着我们的方向和立场，也决定着我们的言论和行动”“是中国共产党人的政治灵魂。中国共产党能够历经挫折而不断奋起，历尽苦难而淬火成钢，归根到底在于千千万万中国共产党人心中的远大理想和革命信念始终坚定执着，始终闪耀着火热的光芒”①。《礼记》讲“修身在正其心，心不在焉，视而不见，听而不闻，食而不知其味”，即是说修身的关键在正人心志，如果思想意志没在那“道”上，即使“道”充实于四周、弥漫于日用举止之间，也会视若无睹，听若未闻，食而不觉其味，即便时时谆谆教导也全是枉然。因此“诵数以贯之，思索以通之，为其人以处之，除其害者以持养之，使目非是无欲见也，使耳非是无欲闻也，使口非是无欲言也，使心非是无欲虑也”（《荀子·劝学》），可以说是眼耳口欲、认识思想、举手投足都是围绕其展开，这才是时时之信和生生所念，即理想信念。

历史和实践反复证明，一个政党有了远大理想和崇高追求，就会坚强有力，无坚不摧，无往不胜，就能经受一次次挫折而又一次次奋起；一名干部有了坚定的理想信念，站位就高了，心胸就开阔了，就能坚持正确的政治方向，做到“风雨不动安如山”。信仰认定了就要信上一辈子，否则

---

① 习近平关于“不忘初心、牢记使命”论述摘编［M］. 北京：党建读物出版社、中央文献出版社，2019：177.

就会出大问题。① 这就深刻道出了拥有远大理想对于党、对于党员干部的极端重要性。

进一步讲，人的“荣辱系乎所立，所立者固，则荣随之，虽有可辱，人不忍加也；所立者废，则辱随之，虽有可荣，人不屑及也。是故君子爱其所自立，惧其所自废”（吕坤《呻吟语·修身》），也就是说人的荣辱很大程度上取决于他追求什么样的目标、为什么而活着，如果是为天下正道、大道，本身就是光荣的，即使有所失败，他人也会心存怜惜；如果是为歪门邪道、一己私利，本身就是卑陋的，即使成功了，别人也可能不屑一顾。因此，“将正其身，必治其心；将治其心，必固其道”，道且固矣，然后无凌替之惧（赵湘《本文》），也就是说，修身重在修心，修心重在树牢理想志向的“大道”，然后无论如何风雨，就不怕动摇反复了，所以党性修养，首先在理想信念的入脑、入心、入思想。

应该说，我们党之所以始终坚信并坚定追求共产主义理想，不是宗教的信奉，不是一般的政治追求，更不是心血来潮，而是因为共产主义社会是人类历史上最先进、最美好、最利于人类福祉和个体发展的理想社会。

共产主义理想是人类历史上最科学的社会理想。社会主义代替资本主义和共产主义的实现反映了社会发展的客观规律和必然趋势，是社会基本矛盾的最佳解决方案和运动指向，是现实生产力与生产关系、无产阶级与资产阶级矛盾运动的必然结果。共产主义是符合社会发展规律的科学理想，是实现社会的全面发展和人的自由全面发展的必由之路。我们对社会主义和共产主义的信念，是共产党人的命脉和灵魂，也是党整个道路、理论、制度的逻辑起点，是建立在对社会历史发展总趋势的科学认识和把握基础之上的。坚定理想信念、坚守马克思主义信仰，是共产党人的根本标志，是所有不懈追求的目标指向，也是党员干部应该带头修养和坚守的。“学者与天理处，始则敬之如师保，继而亲之如骨肉，久则浑化为一体。

---

① 习近平关于“不忘初心、牢记使命”论述摘编［M］. 北京：党建读物出版社、中央文献出版社，2019：124.

人虽欲乘间而入也，无从矣”（吕坤《呻吟语·修身》），共产主义作为人类发展的必然，可以看作古人说的“天理”，把这个融入思想灵魂了，他人即使想寻隙“围猎”，也就无从下手了。

共产主义是实现最大多数人最大利益的社会。马克思、恩格斯在《共产党宣言》中指出：“过去的一切运动都是少数人的，或者为少数人谋利益的运动。无产阶级的运动是绝大多数人的，为绝大多数人谋利益的独立的运动。”① 这是马克思、恩格斯对社会主义运动本质特征的科学揭示。共产主义是人类社会发展的高级社会形态，在发达程度上包括初级阶段（社会主义）和高级阶段（共产主义），它的基本特征是社会生产力高度发达；社会成员共同占有所有社会生产资料；实行各尽所能、按需分配原则；彻底消灭阶级差别和重大社会差别；全体社会成员有高度共产主义觉悟和道德品质；国家消亡。它消灭阶级、剥削和贫困，解放全人类，使世界人民自己掌控个人和社会的发展、创造美好幸福生活，这是有史以来最完全、最进步、最革命、能体现最大多数人根本利益的社会制度。实现共产主义这一全人类最崇高、最神圣、最远大的理想是共产党人的最高旗帜，是党员的“最大责任”，这一理想和事业，是人类历史上最伟大、最壮丽的事业，是最值得为之奋斗终身、引以为豪的理想和事业，每位党员干部都应该自觉而积极地充当前进中的“旗手”。

共产主义是人类历史上最美好的社会形态。它将从各方面实现人的全面解放：使人从自然界动物式的生存斗争中最终解放出来，成为自然界真正的自觉的主人；使人从社会剥削、压迫、对立的异己统治力量中解放出来，成为社会和社会关系的主人；使人更加科学地认识自我，改造主、客观世界的关系，从盲目的必然性中解放出来，成为运用必然和掌控自我的主人，摆脱片面畸形发展，实现人的自由全面发展。这是人类从必然王国向自由王国的飞跃，是人类社会真善美的境界，值得人类不懈地去追求。

---

① 马克思恩格斯选集（第1卷）［M］. 北京：人民出版社，1995：283.

共产党人特别是党员领导干部只有心怀共产主义理想，才能成为纯粹的人、脱离低级趣味的人，从内到外地保持党性的纯洁和先进。人们发现，从严治党中查处的大小贪腐人员的一个共同特点，就是放松了党性修养，甚至出现“思想脱党”，完全丧失理想信念，剩下的只是对权势的追求、对私利的固守、对金钱的贪婪、对美色的垂涎、对工作的敷衍、对事业的淡漠和对主义的“末世心态”，更无从谈起先锋队模范作用，他们被清除出党员干部队伍只是早晚的事。

共产主义理想是共产党人的精神支柱。习近平总书记指出，“坚定理想信念，坚守共产党人精神追求，始终是共产党人安身立命的根本”。[①] 对马克思主义的信仰，对社会主义和共产主义的信念，是共产党人的政治灵魂，是共产党人经受住任何考验的精神支柱。现实生活中，一些党员、干部出这样那样的问题，说到底是信仰迷茫、精神迷失。对共产党员而言，坚定共产主义信念重于生命，大于天地，它是党员在任何情况下坚持正确政治方向、不迷茫、不徘徊、不屈服、不悲观、不停顿的指路明灯和精神力量源泉。党的组织不仅是由有血有肉的热血之躯构成，更要由具有坚定的共产主义理想、不屈不挠的民族复兴精神、追求实现中国梦的民族脊梁构成。[②] 战争年代，中国共产党人在腥风血雨、白色恐怖、牢狱酷刑、常年反“围剿”、万里长征等艰难险阻中，从未被吓倒、被征服、被杀绝，最重要的就是共产主义理想和救亡图存大义的激励支撑。李大钊面对绞刑架和刽子手，大义凛然地说，敌人绞死他却绞杀不了必将在中国胜利的共产主义。方志敏在狱中说：“敌人只能砍下我们的头颅，绝不能动摇我们的信念。因为我们信仰的主义，乃是宇宙的真理!”理想动摇是最危险的动摇，信念滑坡是最致命的滑坡，一个党员最危险、最可怕的敌人莫过于对信仰的背叛，一旦丧失了对共产主义的坚定信仰，就从主观意识上把自己“开除了党籍”，就意味着对本阶级的脱离和红色政治生命的停止。

---

① 习近平谈治国理政（第一卷）［M］. 北京：外文出版社，2015：15.

② 董一潼. 中国共产党“从严治党”及其创新研究［D］. 长春：吉林大学，2015.

二、坚定建设中国特色社会主义社会的共同理想

作为共产主义的初级阶段，社会主义制度具有巨大优越性。它的建立和发展打破了资本主义大一统格局，瓦解了殖民体系，推动了国际政治经济秩序向更为公正、合理的方向发展，有利于人类社会的共同进步；它改变了世界力量对比，遏制了帝国主义的势力扩张，对“二战”以来的世界和平起到了决定性作用。它的根本优越性是能使社会生产较快地发展，更好地满足人民物质文化需要；最大优越性是共同富裕，减少贫富分化和阶级对立带来的人道主义不幸；社会发展上的优越性在于促进阶级社会种种腐朽现象的消除。它以经济的公有制为基础，生产的终极目的是最大限度地满足人民的物质文化需要而不是剥削，能够从根本上使人民有共同的政治立场、社会理想、道德标准，这些在资本主义社会是不可能实现的。这也说明坚持社会主义基本经济制度、毫不动摇地发展好公有经济对我国社会主义整个大厦的极端重要性。当然，初级阶段的社会主义还不是纯粹的社会主义，特别是像中国这样在半殖民地半封建社会基础上建立起来的社会主义，还必然存在着一些封建的和资本主义的因素，而且其消除将是一个漫长的过程。但这不是我们怀疑、否认社会主义的理由，相反恰恰是人们看到社会主义制度优越性、努力消除各种非社会主义因素、建设社会主义制度的渴望和动力。对此，每位党员干部特别是领导干部都应当有清楚而深刻的认识。

要正确看待和进行社会制度的横向比较。习近平总书记指出：“在相当长时期内，初级阶段的社会主义还必须同生产力更发达的资本主义长期合作和斗争，还必须认真学习和借鉴资本主义创造的有益文明成果，甚至必须面对被人们用西方发达国家的长处来比较我国社会主义发展中的不足并加以指责的现实。我们必须有很强大的战略定力，坚决抵制抛弃社会主

义的各种错误主张，自觉纠正超越阶段的错误观念。”① 过去讲社会主义与资本主义的优劣，主要是将社会主义与发达资本主义比，而将那些广大发展中的资本主义排除在外。其实世界上有180多个资本主义国家和地区，发达的资本主义国家和地区占比很小，绝大多数处于落后贫困状态，世界上最贫穷的41个国家都是搞资本主义的。一位尼加拉瓜的神父1994年撰文说：“新闻界得意扬扬地在全世界宣布社会主义的失败，但是他们不提资本主义的更大失败。资本主义只在世界10%或20%的人口中取得了成功。对于第三世界，对占人口大多数的穷人来说，资本主义是灾难性的，而资本主义的失败先于社会主义的失败。”② 而且社会主义与发达资本主义国家之间的比较要考虑许多因素，特别是经济发展的起点、原始积累方式、发展的时间、发展的环境等都有很大不同。应该说，将只有几十年发展历史、处于幼年时期的社会主义，同经过几百年发展的发达资本主义相比较是不公平的；把处于初级阶段的社会主义与将来要达到的理想目标相混同，以理想化的社会主义来苛求现实中的社会主义，也不是辩证唯物主义的科学态度。对此党员干部特别是领导干部要有清醒的认识，不为现实社会主义的种种不足而动摇，不被所谓的“对比”而迷惑。

要科学看待“二战”以来社会主义发展中的挫折。东欧剧变使得“二战”以来世界社会主义运动遭受重大挫折，但苏东社会主义失败只是一种实践模式的失败，而不是社会主义运动本身的消亡，更不是社会主义制度使然。社会主义发展的曲折前进性，是由其革命的彻底性、建设任务的艰巨性、巨大的实践探索性、资本主义不甘心灭亡的顽固性等因素决定的。但严重挫折使人们对社会主义理论和实践的规律性认识跃升到一个新境界，为社会主义的复苏和振兴积蓄了新力量。“人民经受锻炼，从中吸取

---

① 习近平关于“不忘初心、牢记使命”论述摘编［M］．北京：党建读物出版社、中央文献出版社，2019：75.

② 肖枫．两个主义一百年［M］．北京：当代世界出版社，2000：149.

教训，将促使社会主义向着更加健康的方向发展。”① 苏东剧变后，社会主义运动进入了一个总结反思、改革调整的阶段，并在相对低潮中继续向前发展，这种发展不像20世纪50年代表现为“数量增加”“面积扩大”，而是表现为“内涵深化”和“质量提升”。当更好地解决了“什么是社会主义，如何建设社会主义”这个首要问题后，世界社会主义运动就会更加健康地再次走向高潮，实现社会主义发展史上又一次伟大的历史性飞跃。邓小平说：“我坚信，世界上赞成马克思主义的人会多起来的，因为马克思主义是科学。”② 对此我们今天的党员干部特别是领导干部更要有充分的认识和信心。

只有社会主义才能救中国。新中国成立以前的历史表明，中国除了走社会主义道路没有别的路可以走。新中国成立之初的现实需要决定了不坚持社会主义方向和不采取社会主义方式，就不能解决中国的迫切问题；而实行了社会主义道路，其优越性就逐步显示出来了。世界各国经验表明，发展资本主义第一靠对殖民地的掠夺；第二靠剥夺本国的农民和其他小生产者，使之赤贫化；第三靠把大量小生产者变为无产者，即变成资产者及其国家的永久“拉纤人”。中国当时国内外的现实条件和环境都决定了，三者在中国都走不通或者走了之后会造成严重的社会后果，中国只能走社会主义，才能避免在求取复兴中的人道主义冲击，否则无论是对中国人民还是对全人类都会是一种大不幸。新中国成立70多年的发展成就，尤其是近些年越来越凸显的比较发展优势，使得中国共产党对中国特色社会主义道路有了更加清晰的认识，也越来越得到世界瞩目。对此，党的十九届四中全会总结提出了中国特色社会主义制度13方面的显著优势，都很有历史意义和现实价值。对此，习近平总书记强调：“要集中精力办好自己的事情，不断壮大我们的综合国力，不断改善我们人民的生活，不断建设对资本主义具有优越性的社会主义，不断为我们赢得主动、赢得优势、赢

① 邓小平文选（第三卷）［M］．北京：人民出版社，1993：383.
② 邓小平文选（第三卷）［M］．北京：人民出版社，1993：382.

得未来打下更加坚实的基础。"① 作为党员领导干部，在这方面，要认识更深、领会更透、信心更足。

三、正确看待和处理最高理想、共同理想以及阶段性发展目标之间的关系

实现共产主义理想的漫长历史进程是在曲折中逐步推进的。首先，这是由共产主义社会的性质及其在人类历史上的地位作用决定的。历史上任何一种社会形态的更替都经历了长期曲折的斗争，更何况共产主义要彻底消灭剥削制度、实现世界大同，这种社会革命比以往任何革命都要深刻和彻底得多，因而也艰巨得多，必然经历更加漫长曲折的过程。其次，社会主义首先在较为落后的国家建立，使得革命和建设的任务更加艰巨。这些国家既要完成资产阶级民主革命所遗留的任务，又要探索适合现实生产力的各种过渡形式，赶上并最终战胜资本主义。这种超越和战胜可能要经过若干阶段：如资本主义在世界范围占据优势的阶段（战略防御）、资本主义和社会主义势力均衡的阶段（战略相持）、社会主义在世界范围内处于优势的阶段（战略拓展）、社会主义在世界范围内代替资本主义的阶段（战略巩固）等，而目前总体判断，尚处于第一阶段当中。最后，具体到中国，这是由国内外发展阶段、发展形势和历史趋势决定的。从国内看，我国还处在社会主义初级阶段，生产力由不发达到高度发达、生产关系和上层建筑由不完善到相当完善都需要相当长的过程。从国际看，我们正处于并将长期处于资本主义在世界范围占据优势的阶段和环境之中，社会主义和资本主义长期并存、合作、竞争，发达资本主义国家在经济、科技等方面的强势地位，将持续相当长时期。各方面的渗透、演变不会停止，加上国内资产阶级思想的影响，执政党内部就难免会有滋生机会主义的土壤和条件，前行道路上必然充满复杂的矛盾和艰难的斗争。

---

① 习近平关于"不忘初心、牢记使命"论述摘编［M］．北京：党建读物出版社、中央文献出版社，2019：75.

现阶段我们追求的中国特色社会主义共同理想，是党的最高纲领和最低纲领的统一、理想与现实的统一，建设中国特色社会主义就是在朝着共产主义目标前进。今天我们所处的社会主义初级阶段，没有割裂与社会主义进而与共产主义的内在关联；今天从事的建设富强民主文明和谐美丽的社会主义现代化国家的伟大事业，没有割裂与共产主义伟大事业的内在联系。我们既要志存高远，始终坚持共产主义最高理想，又要脚踏实地，从完成当前任务、做好当下工作做起，把坚持最高理想同实现共同理想结合起来，在最高理想的指引下，推进现阶段各项事业发展。毛泽东强调，我们“现在的努力是朝着将来的大目标的，失掉这个大目标，就不是共产党员了。然而放松今日的努力，也就不是共产党员”①。习近平总书记指出，“实现共同富裕和人的全面发展是个漫长的历史过程，‘我国正处于并将长期处于社会主义初级阶段，我们不能做超越阶段的事情，但也不是说在逐步实现共同富裕方面就无所作为，而是要根据现有条件把能做的事情尽量做起来，积小胜为大胜，不断朝着全体人民共同富裕的目标前进’”②。

要坚持远大理想、共同理想与阶段性历史发展目标的统一。结果根植于过程，未来萌发于当下。要把共产主义、社会主义信念与实现中华民族伟大复兴的中国梦统一起来，将“中国梦”与党的十九大确定的全面小康之后“两步走”的发展战略结合起来，把到新中国成立100周年时要实现的宏伟目标与个人的职业生涯连接起来。深刻理解到2035年基本实现社会主义现代化和到21世纪中叶“把我国建成富强民主文明和谐美丽的社会主义现代化强国”这“两步走”的奋斗目标，正是实现“中国梦”伟大目标的战略部署和坚实步伐，“两步走”的目标实现了，“实现中华民族伟大复兴”这个鸦片战争以来中国人民的伟大梦想也就接近了。待“中国梦”化为现实，中国特色社会主义将发展到更高的全新境界，并将对世界

---

① 毛泽东选集（第一卷）［M］．北京：人民出版社，1991：267.

② 习近平关于“不忘初心、牢记使命”论述摘编［M］．北京：党建读物出版社、中央文献出版社，2019：220.

社会主义运动产生积极而深远的影响。对此，每个共产党员要有深刻认识和坚定的信心，万万不可心存犹疑、见异思迁，须知“大火流金，而清风穆然；严霜杀物，而和气蔼然；阴霾翳空，而慧日朗然；洪涛倒海，而砥柱屹然，方是宇宙内的真人品”（洪应明《菜根谭·评议》）。

四、切实增强理想信念的历史定力

总的说来，理想信念修养是共产党员修养的首要内容和终身任务。习近平总书记指出：“理想信念坚定，是好干部第一位的标准，是不是好干部首先看这一条。如果理想信念不坚定，不相信马克思主义，不相信中国特色社会主义，政治上不合格，经不起风浪，这样的干部能耐再大也不是我们党需要的好干部。只有理想信念坚定，用坚定理想信念炼就了‘金刚不坏之身’，干部才能在大是大非面前旗帜鲜明，在风浪考验面前无所畏惧，在各种诱惑面前立场坚定，在关键时刻靠得住、信得过、能放心。”① 应该说，一些党员出现问题，根子还是理想信念的“压舱石”发生了动摇，世界观、人生观、价值观的“总开关”出现了松动。理想信念，源自坚守，成于磨砺。必须教育引导广大党员、干部筑牢信仰之基、补足精神之钙、把稳思想之舵，坚守真理、坚守正道、坚守原则、坚守规矩，明大德、严公德、守私德，重品行、正操守、养心性，做到以信念、人格、实干立身。② 而检验党员干部理想信念是否坚定，“主要看干部是否能在重大政治考验面前有政治定力，是否能树立牢固的宗旨意识，是否能对工作极端负责，是否能做到吃苦在前、享受在后，是否能在急难险重任务面前勇挑重担，是否经得起权力、金钱、美色的诱惑。这样的检验需要一个过程，不是一下子、经历一两件事、听几句口号就能解决的，要看长期表现，甚至看一辈子”③。

① 习近平谈治国理政（第一卷）[M]. 北京：外文出版社，2015：413.
② 习近平谈治国理政（第二卷）[M]. 北京：外文出版社，2015：180～181.
③ 习近平谈治国理政（第一卷）[M]. 北京：外文出版社，2015：413.

要做到理想信念的始终坚定，就必须从认识上、思想上、意志上、情感上深刻把握，实现共产主义和社会主义理想的历史漫长性，清醒地认识“渺茫论”“失败论”的错误性，增强六方面的定力：

一是自觉把理想信念作为党组织和个人的“命门”，无论何时都把理想信念作为党建的首要问题，作为党员个人修养的统揽，“只隔一丝，便算不得透彻之悟，须是入筋肉、沁骨髓”（吕坤《呻吟语·谈道》）。须知对个人而言，理想信念不仅是组织要教给我的东西，而是自我离不开的东西，是关系个人命运的东西。命运本不神秘，不过是客观规律的作用。个人有什么样的信仰、选择什么样的道路，就会有什么样的“命运”，即古人所说命本在我，也就是取决于主观努力与客观世界的交互情况。

二是清晰地认识当前社会主义发展阶段的方位和水平，党的内部要防止过高估计的“左”倾思维，组织外要警惕“捧杀”的阴谋诡计，始终对中国特色社会主义发展特有的艰巨性，保有客观、科学、清醒的认识。

三是清楚人类社会发展是一个自然的历史过程，充分认识社会主义和共产主义的漫长性、复杂性，既要防止简单用马克思主义经典作家对共产主义社会特征的理论推断，丈量今天社会主义发展状况，进而出现消极迷茫，又要防止夸大主观因素的作用，进而产生急躁冒进情绪。

四是科学认识社会主义和共产主义的必然性，善于从政治上认识国内外形势和人类社会发展的历史走势，防止把改革开放中出现的问题看作对社会主义的背离，把世界社会主义运动的挫折看作社会主义和制度本身的失败，从而出现社会主义旗帜能打多久的疑惑。

五是牢记行百里者半九十的道理，深刻警醒通向伟大目标的漫漫征途中，最大的危险是忘记目标、偏离航向、中途迷失或者自我摒弃，做到“无终食之间违仁，造次必于是，颠沛必于是”（《论语》）。要把握好社会历史发展的总趋势与社会主义运动暂时挫折之间的关系、中国社会主义发展大好局面与面临困难问题之间的关系，认清事物的本质与现象、主流与支流、大势与局部，在任何困难挫折中都不失光明与希望，不为历史长河的漩涡和逆流所迷惑，不被一时的困难问题所吓倒，不为曲折反复、外在干扰而动摇，沉着应对、坚定前行。

六是要切记“合抱之木，生于毫末；九层之台，起于累土；千里之行，始于足下”，胸怀理想，脚踏实地，栉风沐雨，坚忍前行，日进不止。正如习近平总书记所说，“党员特别是党员领导干部要做共产主义远大理想和中国特色社会主义共同理想的坚定信仰者和忠实践行者”“既要坚定走中国特色社会主义道路的信念，也要胸怀共产主义的崇高理想，矢志不移贯彻执行党在社会主义初级阶段的基本路线和基本纲领，做好当前每一项工作”。“革命理想高于天。没有远大理想，不是合格的共产党员；离开现实工作而空谈远大理想，也不是合格的共产党员”。①

五、要始终自觉讲政治

列宁指出，“政治就是参与国家事务，给国家定方向，确定国家活动的形式、任务和内容”②，本质上就是参与和主导国家的发展，直接影响国家以什么指导思想立国、为谁存在、为谁服务的问题。个人政治表现是其理想信念的标志性反映。习近平总书记强调：“作为党的干部，不论在什么地方、在哪个岗位上工作，都要增强党性立场和政治意识，经得起风浪考验，不能在政治方向上走岔了、走偏了。”③ “奋始怠终，修业之贼也；缓前急后，应事之贼也；躁心浮气，畜德之贼也；疾言厉色，处众之贼也。”（吕坤《呻吟语·修身》）坚持理想信念，就要树立共产党人的世界观，坚持无产阶级属性和人民性，坚持正确的政治方向、政治立场、政治观点、政治纪律，保持高度的政治鉴别力、政治敏锐性，在大是大非面前不迷失，在风险考验面前不动摇，这也是党性的集中体现。

我们讲的政治不是别的政治，而是马克思主义的政治，是建设中国特

---

① 习近平谈治国理政（第一卷）[M]．北京：外文出版社，2015：23.
② 列宁文稿（第2卷）[M]．北京：人民出版社，1978：407.
③ 习近平谈治国理政（第二卷）[M]．北京：外文出版社，2017：143.

色社会主义的政治，是高举马克思列宁主义、毛泽东思想和中国特色社会主义理论伟大旗帜，把中国特色社会主义事业全面推向前进的政治，是我们党作为社会主义大国的执政党的政治，是不断推进新时代改革开放、全面实现民族复兴的政治，是科学应对复杂多变国际形势的政治，是马克思主义基本原理与当代中国实际和时代特征相结合的政治。孟子说："自暴者，不可与有言也；自弃者，不可与有为也。言非礼义，谓之自暴也；吾身不能居仁由义，谓之自弃也。仁，人之安宅也；义，人之正路也。旷安宅而弗居，舍正路而不由，哀哉！"（《孟子·离娄章句上》）可以说，理想信念就是我们今天共产党人的"仁"，讲"仁"、讲政治，就是我们今天的"义"，如果身心不在理想信念当中，言行偏离政治要求，就是自暴自弃，偏离大道，最终落个组织"不与言""不与有为"的结果，是十分可悲的。

讲政治的根本是始终坚持人民性。中国共产党是为实现广大人民的政治利益、经济利益、社会利益等根本利益而生的，为人民谋幸福、为民族谋复兴是每位党员的终极使命。代表最广大人民最根本利益的社会主义现代化是我们当前最大的政治，观察和处理各种问题，都要始终着眼于全面推进建设中国特色社会主义的伟大事业。习近平总书记强调，党的干部必须矢志不渝为中国特色社会主义而奋斗，全心全意为人民服务，求真务实、真抓实干，坚持原则、认真负责，敬畏权力、慎用权力，保持拒腐蚀、永不沾的政治本色，创造出经得起实践、人民、历史检验的实绩。[①]坚持人民性，集中体现在领导干部有无强烈的责任感上，就是要看能否坚守自己对党的承诺并忠诚践约。责任感是一种精神，是一种潜在的为民意识，是主动担当和自觉付出，是衡量领导干部精神素质的重要尺度，是领导干部对履职尽责的一种自我要求和鞭策，是一种必须干事和干成事的敬业精神。有没有足够的责任意识，是领导干部政治境界高不高、人民性强

① 习近平谈治国理政（第一卷）［M］．北京：外文出版社，2015：412～413.

不强的“试金石”。

讲政治的核心是坚持正确的政治方向、政治立场、政治观点。坚持正确的政治方向，就是要坚持社会主义道路和方向；坚持正确的政治立场，就是在观察和处理问题时，坚定地站在党性和党的政策立场上，站在维护党和人民利益的立场上；坚持正确的政治观点，最根本的就是要坚持党的基本路线、基本理论、基本方略，把以经济建设为中心同四项基本原则、改革开放两个基本点统一于建设中国特色社会主义的伟大实践当中。讲政治必须讲纪律，党的纪律从来都不是单纯的组织问题，还是严肃的政治问题，也是落实政治要求的重要保证。

讲政治的关键是要坚持党的团结统一和党中央权威，增强“四个意识”，坚定“四个自信”，做到“两个维护”。刘少奇指出：“党的利益高于一切，这是我们党员思想和行动的最高原则。根据这个原则，在每个党员的思想和行动中，都要使自己的个人利益和党的利益完全一致。在个人利益和党的利益不一致的时候，能够毫不踌躇、毫不勉强地服从党的利益，牺牲个人利益。为了党的、无产阶级的、民族解放和人类解放的事业，能够毫不犹豫地牺牲个人利益，甚至牺牲自己的生命，这就是我们常说的‘党性’或‘党的观念’‘组织观念’的一种表现。这就是共产主义道德的最高表现，就是无产阶级政党原则性的最高表现，就是无产阶级意识纯洁的最高表现。”① “党的利益高于一切”，这是讲政治的最高体现，有了这种党性品质，就能有力保障一个党员在政治上合格，在思想上、政治上、行动上同党中央保持高度一致，坚决维护党中央权威，保证党的路线和党中央的决策部署有效执行。

讲政治要有高度的政治鉴别力和政治敏锐性。一个清醒的马克思主义者，不仅要有正确的政治方向、坚定的政治立场和鲜明的政治观点，还要有较强的政治鉴别力和政治敏锐性。善于从政治上提出、看待和处理问

① 刘少奇选集（上卷）［M］. 北京：人民出版社，1981：130～131.

题，保证党中央决策部署的落实。否则就不能及时察觉问题、明辨是非，就不能驾驭复杂局面，所以政治鉴别力和政治敏锐性是领导干部必备的“看家本领”。当然党员干部讲政治敏锐性，绝不是要回到“阶级斗争为纲”上去，也不能简单重复一些政治口号、搞空头政治，更不是“政治挂帅”、动辄用政治帽子压人，而是要使政治同经济、同各项工作结合在一起，保证它们沿着正确的方向更好更有序地前进。

讲政治必须解决世界观问题。政治性根本上是由世界观决定的，世界观决定着人的政治方向、政治立场和政治观点。对社会历史发展规律的认识和对历史发展趋势的把握，对唯物史观的掌握和对马克思主义群众观点的信服，是人们拥有正确的政治信念和政治倾向的前提。没有正确的世界观，不可能有正确的政治观点，就会在错误思想和错误倾向面前发生动摇，就不可能始终不渝地坚持党的基本路线。刘少奇指出：“我们共产党员的世界观，只能是共产主义的世界观。这种世界观是无产阶级的思想体系，也就是我们共产党人的方法论……我们共产党员最基本的责任是什么呢？就是要实现共产主义。”① “我们党员在思想意识上的修养，就是要自觉地以无产阶级的思想意识、共产主义的世界观，去克服和肃清各种不正确的非无产阶级的思想意识。”② 对共产主义远大理想和中国特色社会主义共同理想，一旦认定和接受了，就要做到“权力不能倾也，群众不能移也，天下不能荡也。生乎由是，死乎由是”，是为德操，是为成人。也就是说，我们一旦确立了无产阶级世界观，即确立了党的理想信念，就不能因为权力胁迫或利益诱惑而屈服，不能因为社会的普遍压力而改变，不能因为一时的天下形势不利而动摇，而是要生死不渝，这就是讲求政治了，是理想信念坚定了，是成熟的共产党人了。

---

① 刘少奇．论共产党员的修养［M］．北京：人民出版社，2015：33.

② 刘少奇．论共产党员的修养［M］．北京：人民出版社，2015：66.

第二节 理论修养

“马克思主义政党的先进性，首先体现为思想理论上的先进性。注重思想建党、理论强党，是我们党的鲜明特色和光荣传统。”① “学者，所以修性也”，领导干部理论修养，是指通过对马克思主义理论的学习，完整准确地理解把握马克思主义的科学体系，学会运用马克思主义的基本立场、观点、方法观察分析事物，研究解决事业推进中的困难问题，不断提升自我理论素养和党性觉悟，增强“四个意识”、坚定“四个自信”、做到“两个维护”。

一、科学理论是历史发展最高意义的革命力量

马克思主义视科学理论为历史发展的杠杆、最高意义的革命力量。科学理论是对客观现实的理性反映，它具有高度抽象的事物规律性、科学的预见性和对实践的指导性等本质特征，是指导事业发展和工作实践得以正确进行的根本法宝。回顾中外社会主义运动史，不管是在哪个国家、不管是什么时候，不管是面对和要解决什么样的时代任务，凡是创造性地发展运用马克思主义理论，坚持马克思主义基本原则方法，结合具体环境条件来开展革命和建设的，都能够比较顺利、比较成功，反之，缺乏马克思主义修养、违背马克思主义基本原理、理论上出现背离或错误，都很容易导致事业的失利，甚至严重挫折。中国社会主义发展的曲折历史，东欧及苏联社会主义运动的发展与剧变等，正反两方面的例子举不胜举。

思想是一种巨大力量。革命理论能够使人们团结起来，确立并坚定理想信念，明确斗争的目标方向，提出斗争的战略战术和方式方法，使得斗

① 习近平 2020 年 1 月 8 日在“不忘初心、牢记使命”主题教育总结大会上的讲话.

争更加正确、坚强而有力。重视理论修养是我们党的宝贵经验和优良传统，是党领导革命和建设不断取得胜利的保证，是党员干部保持先进性和纯洁性、适应事业发展需要、全面履岗尽责的根本条件。1957 年 10 月 9 日，毛泽东在中国共产党第八届中央委员会第三次扩大会议上强调："我们要振作精神，下苦功学习。下苦功，三个字，一个叫下，一个叫苦，一个叫功，一定要振作精神，下苦功。我们现在许多同志不下苦功，有些同志把工作以外的剩余精力主要放在打纸牌、打麻将、跳舞这些方面，我看不好。应当把工作以外的剩余精力主要放在学习上，养成学习的习惯。"在中国特色社会主义新时代的伟大长征中，我们党面临的困难挑战一点也不比革命时期少，提高每名共产党员的党性修养，尤为迫切和重要。

刘少奇在《论共产党员的修养》中把理论修养摆在党性修养的重要位置。要求党员干部认真学习马列主义的理论和方法，掌握精神和实质；在革命斗争中认真地去进行自我修养，去检查自己处事、处人、处己是否符合马列主义的精神；把马列主义普遍真理和本国革命的具体实践结合起来，坚定地站在马列主义立场上，运用其基本观点方法，身体力行，灵活地去指导一切的革命斗争，改造现实，同时改造自己。我们看到，习近平同志对中国特色社会主义理论做出的巨大贡献，不仅来源他领导治国理政的伟大实践，也与他深厚的马克思主义理论修养、对马克思主义世界观和方法论的科学运用密不可分，这是当代发生在我们身边的光辉典范，是值得全党同志学习的。如果我们的党员干部埋身于具体事务，轻视理论的巨大作用，缺乏应有的理论修养，没有相当的思想理论武装，不善于用科学的理论来指导自己认识事物、分析情况、解决问题，事事假人之手，自己只做个"播音员"，就不能胜任复杂的社会治理工作，就不是合格的共产党员，更难以成为优秀的领导干部。

二、加强马克思主义理论修养是党员干部的政治任务

掌握和运用马克思主义理论是党员干部的根本任务。以马克思主义哲

学、马克思主义政治经济学和科学社会主义为主体的马克思主义，是反映世界运动和人类历史发展规律的科学体系，本质特征是在科学认识世界的基础上革命地改造世界，是工人阶级及其政党的科学世界观，是人民群众根本利益的科学体现，是党员干部观察事物、处理问题的思想武器。马克思主义理论的武装是工人阶级政党生存、发展、成熟的基本条件，是党员干部党性成熟的重要标志。列宁指出，无产阶级政党是工人运动与科学社会主义相结合的产物，“没有革命理论，就不会有坚强的社会主义政党”①，就不会有工人阶级政党自身。为什么这么说呢？因为无产阶级、共产党人实行的是真正的社会革命，而真正的社会革命必须按照事物和社会的本来面目去认识它，按照其内在的发展规律去改造它，这就需要借助理论的武装和指导，就需要把理论与具体实际结合起来采取创造性的实践，就需要通过理论的修养不断提高党员干部的党性和能力本领，以便与革命建设的艰巨任务相适应。

加强马克思主义理论修养是党员干部的政治任务。每位党员领导干部都肩负着人民赋予的职责任务，肩负着为社会主义事业奋斗的责任。加强理论修养，提高思想理论水平，绝不仅仅是党员干部个人的事，而是党的事业的需要，是履职尽责、服务群众的要求，是提高党组织整体素质的需要，也是党员个体能否坚持理论联系实际原则和有无党性、党性强弱的大问题，是每个共产党员特别是领导干部一项必须完成好的政治任务。比如，我们常说，党员干部要坚持马克思主义指导、贯彻落实习近平新时代中国特色社会主义思想，但是如果不学习、不了解、不掌握这些理论，不领会其精神实质，又怎么能抓好贯彻落实呢？又怎么能完成党中央关于贯彻落实的任务要求呢？

提高理论修养特别是马克思主义理论修养，掌握科学世界观、方法论，是党员领导干部统揽全局的“金钥匙”。只有具备相当的马克思主义

---

① 列宁选集（第1卷）[M]．北京：人民出版社，2012：203.

理论修养，才能增强政治敏锐性和鉴别力，通过事物表面现象看到本质，把握事物的内在联系和客观规律，在错综复杂的局面当中保持清醒认识，提出具有前瞻性、科学性的工作思路，开创工作局面，推进事业发展。否则一个理论修养不足的人，理论水平与岗位需要不匹配，头脑空空如也、盲人骑瞎马，是无法在复杂的社会主义事业中当好领导的，就像一个不熟悉交通规则的人不能当好司机一样。正如毛主席所说："有了学问好比站在山上，可以看到很多东西；没有学问，如在暗沟里走，摸索不着，那会苦杀人。"①

理论修养是坚持政治清醒、永葆政治本色的重要前提。邓小平深刻指出，过去之所以出现许多毛病，就是因为有些同志不重视学习，"陷于事务主义的泥坑，不能经常吸收新的营养""不注意学习，忙于事务，思想就容易庸俗化。如果说要变质，那么思想的庸俗化就是一个危险的起点"②。理论修养是干部思想政治素质的重要组成部分，是政治修养的基础，政治上的成熟、清醒与坚定，离不开理论上的深刻与彻底。一个干部要走向政治成熟、提高本领，成为出色的领导干部，离不开马克思主义理论的修养和指导。提高理论修养也是培养和保持高尚境界的必要条件。理论是管方向、管全局的，也是管思想、管心灵的。人的精神境界不是天生的，而是在学习和实践中培养塑造的。一个人要保持高尚的精神境界，离不开从科学理论上把握世界，进而形成并保持正确的世界观、人生观、价值观。信奉庸俗的理论认识和价值观念的人，是难以有高尚境界和情操的。实际上，没有深厚的理论修养，什么坚定理想信念、执行党的决定、发挥先锋模范作用、发扬党的道德、遵守党的纪律都无从谈起，或者说都只能是表面的、肤浅的、一时的。

① 毛泽东1939年1月28日在第十八集团军延安总兵站检查工作会议上的讲话.

② 邓小平文选（第一卷）［M］. 北京：人民出版社，1994：316.

三、中国特色社会主义理论是党员干部的首门必修课

马克思列宁主义中国化的理论成果——毛泽东思想和中国特色社会主义理论，具有符合中国革命建设实际且与时俱进的理论品质。在马列主义、毛泽东思想指导下加强中国特色社会主义理论武装，是我们加强理论修养的首门必修课，是党员干部修养党性、保持先进性和纯洁性的关键环节。同时，加强马列主义、毛泽东思想和中国特色社会主义理论武装也是党巩固团结统一、实现科学领导的根本保证。无论哪个级别的党组织、政府组织，要在大事要事和根本问题上统一认识、实现团结、增强集体领导力，都离不开一定的理论基础，没有相同和相应水平的理论修养，就难以有相近的立场、观点和认识，就难以有真正的团结统一。领导干部要真正“抓好班子、带好队伍”，就需要用统一的理论武装大家、修养自己，否则将“道不同，难相为谋”。

从党员干部现状看，的确有一些同志在理论素养和知识结构上，与新时代中国特色社会主义建设的伟大历史任务、与党中央的要求、与人民群众的期待存在不适应的地方。由于理论修养欠缺，有的人口中讲在思想上、政治上、行动上与党中央保持高度一致，却没有真正去保持一致的思想水平和能力本领，结果只能“纸上谈兵”；有的人经常讲维护中央权威，却不能正确处理维护权威与实事求是的关系，结果“好心办坏事”，反而损害了党和政府的形象乃至中央权威；有的人经常讲敢于担当，却不能把担当建立在科学精神之上，结果大包大揽、急躁冒进、好大喜功，以致在工作中不得要领、四处碰壁、吃力不讨好。

解决这些问题就要不断提高马克思主义理论修养，加强对中国特色社会主义理论体系的学习。这一理论体系的思想基础是毛泽东思想，它是马克思列宁主义在中国的运用和发展，是被实践证明了的关于中国革命和建设的正确的理论原则和经验总结。这一理论的开创之作是邓小平理论，它系统回答了建设中国特色社会主义的路线、方针、政策，阐明了在中国建

设、巩固和发展社会主义的基本问题，是马克思列宁主义的基本原理同当代中国实践和时代特征相结合的产物，是毛泽东思想在新的历史条件下的继承和发展，是马克思主义在中国发展的新阶段，是当代中国的马克思主义。这一理论的重要内容是“三个代表”重要思想，它加深了对什么是社会主义、怎样建设社会主义和建设什么样的党、怎样建设党的认识，积累了治党治国新的宝贵经验，是对马克思列宁主义、毛泽东思想、邓小平理论的继承和发展，反映了当代世界和中国的发展变化对党和国家的新要求，是加强和改进党的建设、推进我国社会主义自我完善和发展的强大理论武器。这一理论的重大成果是科学发展观，它深刻认识和回答了新形势下实现什么样的发展、怎样发展等重大问题，提出了以人为本、全面协调可持续发展的总要求，是同马克思列宁主义、毛泽东思想、邓小平理论、“三个代表”重要思想既一脉相承又与时俱进的科学理论，是马克思主义关于发展的世界观和方法论的集中体现。这一理论的最新成果是习近平新时代中国特色社会主义思想，它从理论和实践结合上系统回答了新时代坚持和发展什么样的中国特色社会主义、怎样坚持和发展中国特色社会主义的重大时代课题，是对马克思列宁主义、毛泽东思想、邓小平理论、“三个代表”重要思想、科学发展观的继承和发展，是马克思主义中国化的最新成果，是全党全国人民为实现中华民族伟大复兴而奋斗的行动指南，必须长期坚持并不断发展。

这些都是中国共产党集体智慧的结晶，是发展中国特色社会主义必须坚持和贯彻的指导思想，是党员干部理论学习的核心内容。党员干部要强化“理论带头”的责任意识，把学习马克思主义经典理论和中国特色社会主义理论作为学习的第一责任；强化提高素质的竞争意识，促进执政能力的提升；强化为党分忧、为民尽责的使命意识，确保学以致用、落到实处。要注重学习规律，掌握科学方法，老老实实、原原本本研读经典著作，把系统掌握党的创新理论作为看家本领，不断提高用以武装头脑、指导实践、推动工作的质量水平。

第三节　道德修养

“有两样东西，我们愈经常愈持久地加以思索，它们就愈使心灵充满始终新鲜不断增长的景仰和敬畏：在我之上的星空和居我心中的道德法则。”康德这句名言表达了对大自然的敬畏和对道德的推崇。中国人更是历来强调道德修养特别是社会管理者的道德修养，认为道德乃是领导干部必需的重要素质之一，提出了“福在积善，祸在积恶”“诗书非药能医病，道德无根可树人”“存道德者，则匹夫之身可荣；忘大伦者，则万乘之主犹辱”等无数名言警句。今天我们重视党员道德修养，是因为它决定着人的生存状态和意义，是党员干部党性的重要组成部分和党性强弱的重要体现。

一、社会主义和共产主义道德是共产党人的标志

道德是人们共同生活和活动的行为准则，是维系社会和谐稳定的重要力量。中华民族有许多仁义礼智信、忠孝勇恭廉的传统美德和道德标准，也把道德修养作为各个时代、各级社会管理者的核心要求，在几千年的文明发展中发挥了重要的引导维系作用。道者到也，到其所应至，即古所称至善；德者得也，得其于心行，即古人所谓化身入圣，是为中国古代士大夫道德修养的功夫。“德者事业之基，未有基不固而栋宇坚久者；心者修行之根，未有根不植而枝叶荣茂者”（洪应明《菜根谭·概论》），都是在说道德修养的无穷魅力。我们今天所说的党员干部的道德修养，是党员干部在工作生活中按照社会主义道德要求进行自我教育和改造的过程，这种改造是党性修养的重要内容，也是提高党性的重要动力，还是党完成历史使命、党员干部履职尽责的内在要求。习近平总书记指出：“从思想道德抓起具有基础性作用，思想纯洁是马克思主义政党保持纯洁性的根本，道

德高尚是领导干部做到清正廉洁的基础。”①

比如，《礼记·大学》提出：“尧、舜率天下以仁，而民从之。桀、纣率天下以暴，而民从之。其所令反其所好，而民不从。是故君子有诸己而后求诸人，无诸己而后非诸人。所藏乎身不恕，而能喻诸人者，未之有也”，是故君子先慎乎德。也就是说对执政党和党员干部而言，如果在道德义利追求上自相矛盾，倡导群众做的是一套，而自己做的却是另一套，人们就不会按照你所说的去做而会效仿你的行为，为政者必须先有其德而后要求别人有，先去其非而后要求别人去其非，如果自己道德卑陋，却口口声声教人高尚伟大，是不会成功的。因此，党员干部只有将社会主义和共产主义先进道德内化于心、外化于行，才好教育引导群众，否则一开口、一举手投足，便露出自己“皮袍下面藏着的‘小’来”，哪里还会有领导权威、号召力、领导力呢？还怎么能教育引导他人呢？

共产主义是共产党人的远大理想，也是讨论党性修养的前提，有关党员干部党性修养的一切讨论都是指向这一目标的，如果没有了这一追求，则一切讨论也就没有了意义。但共产主义绝不是抽象的，而是很具体、实在的，共产主义道德即无产阶级道德，反映的是无产阶级和劳动人民的根本利益和要求，本质特点是追求我为人人、人人为我的理想社会和人的自由全面发展，它把为人民谋利益、推动社会进步并最终实现全人类解放，视为最大的幸福和快乐，具有高尚性、先进性、个人与集体的和谐性，与剥削阶级道德有着根本差别。作为共产主义第一阶段，社会主义道德、社会主义核心价值观与社会主义制度一样，是一种以公有制为根基的新型道德观念，是当今世界上具有先进性和优越性的道德标准，这种先进性不是说教也不是神秘之物，而是根植于公有制经济基础之上，向着人类小康、世界大同迈进的道德特性。用社会主义道德、共产主义道德作为自己的言行规范，是党性的一个基本要求，凡是入党当了干部的人，都应当自觉地

① 习近平谈治国理政（第一卷）［M］. 北京：外文出版社，2015：391.

向共产主义道德观努力和看齐，这是衡量一个人是“真共产党人”还是“假党员”的重要标志。

共产党人的党性道德是优良作风的根基。习近平总书记指出：“什么是优良作风？优良作风就是我们党历来坚持的理论联系实际、密切联系群众、批评和自我批评以及艰苦奋斗、求真务实等作风。”① 寓于中而形于外，个人和组织的作风，是他们内在本质和特点的外在表现。党的优良作风根植于良好的党性道德修养。如果没有高尚的内在党性支撑和道德修为，想要一个人一贯地有良好的表现和作风，是很不现实的。优良作风是党的事业、党组织和合格党员所需要的，而优良作风的培养，需要外在的教育、引导和纪律约束，更需要内在的自我修为。加强共产主义道德修养，培养共产党人的道德修为，是党员干部能够天下为公、实事求是、理论联系实际、密切联系群众、批评和自我批评以及艰苦奋斗、廉洁自律的长效根基。

党性道德是崇高人格和党格的内在支撑。习近平总书记强调，“人格是一个人精神修养的集中体现。光明磊落、坦荡无私，是共产党人的光辉品格，也是干部应该锤炼的品质修养。要坚守精神追求，见贤思齐，见不贤而内自省，处理好公与私、义与利、是与非、正与邪、苦与乐的关系。要立志做大事，不要立志做大官，保持平和心态，看淡个人进退得失，心无旁骛努力工作，为党和人民做事”②。作为共产党人，尤其是作为党员领导干部，应该有不媚流俗的独立人格和党格，而且不断追求人格和党格的崇高。做到自尊自重，不论职位高低、资历深浅，不论在什么情况下，都能固守共产党人的高尚情操和精神家园；对那些“身外之物”，都能不生卑陋的贪心、不低高贵的头颅，不为名利向他人卑躬屈膝、阿谀奉承，也不容许他人轻蔑和歧视自己；对品格操守做到固守不失，能够上交不谄，

---

① 习近平谈治国理政（第一卷）［M］．北京：外文出版社，2015：366.

② 习近平关于“不忘初心、牢记使命”论述摘编［M］．北京：党建读物出版社、中央文献出版社，2019：387.

下交不傲，憎恶人，亲贤人，远小人，帮穷人，顺利时不狂妄、不仗势，失势时不沮丧、不附势，不妒贤能、不歧弱者。要一贯地做到这些，没有高尚的道德修养是不可能的，没有道德修养的纯熟稳定、通透贯体也是不可能一以贯之的。郑板桥 61 岁时罢官归里，曾画竹题诗留别潍县父老：“乌纱掷去不为官，囊橐萧萧两袖寒。写取一枝清瘦竹，秋风江上做渔竿。”试想，如果没有翠竹清风般坚贞高洁的个人品德，又怎么能够展现出如此坦然洒脱、自信优雅的官场背影呢？

党性道德是党员干部脱离束缚、防止卑俗人生的重要支点。党员干部特别是党员领导干部，都是经过磨炼选拔的，可以说都有着不一般的追求目标的内在力量。但这些才能和热情必须加以正确引导，用于履职尽责、服务党和人民的事业，否则如果用错了地方甚至产生执念，不仅会损害事业，也会损害个人人生。对这种现象，柳宗元曾写过一篇《蝜蝂传》的寓言：“蝜蝂者，善负小虫也。行遇物，辄持取，卬其首负之。背愈重，虽困剧不止也。其背甚涩，物积因不散，卒踬仆不能起。人或怜之，为去其负。苟能行，又持取如故。又好上高，极其力不已，至坠地死。今世之嗜取者，遇货不避，以厚其室，不知为己累也，唯恐其不积。及其怠而踬也，黜弃之，迁徙之，亦以病矣。苟能起，又不艾。日思高其位，大其禄，而贪取滋甚，以近于危坠，观前之死亡，不知戒。虽其形魁然大者也，其名人也，而智则小虫也。亦足哀夫！”这就刻画了古代官场中那些执迷于财物和功名的人，贪婪成性，见败不警，至死不悟，虽金玉其外而卑渺其中的悲剧人生，今天读来依然振聋发聩，发人深省。

二、党员干部加强道德修养是个人和党的事业的迫切需要

习近平总书记指出，“干部要想行得端、走得正，就必须涵养道德操守，明礼诚信，怀德自重，保持严肃的生活作风、培养健康的生活情趣，

特别是要增强自制力，做到慎独慎微”①。五代的冯道在当时凶险的宦海沉浮中，既能灵活处世又能坚守道德，成为政治“常青树”。他在《偶作》中讲“道德几时曾去世，舟车何处不通津。但教方寸无诸恶，狼虎丛中也立身”，在《天道》中说“穷达皆由命，何劳发叹声。但知行好事，莫要问前程”，这种坚守道德、持心以正、为民办事、淡对前程的操守，值得今天的党员干部借鉴。② 人的高尚品德不是天生就有的，也不是随着岁月自然生成的，而是后天教育和修养的结果。

官德高度集中反映着一个社会的政治清明程度和整体道德面貌。特别是在中国特色社会主义蓬勃向上的新时代，干部品德事关党性，官德化育民德，官风带动世风，官意引领民意；党性决定党风政风，党风政风引领民意民风，而民风民意则映照国运、关乎兴衰，绝不是干部个人的“私事”。一项调查显示，90%以上的人认为，社会诚信体系的缺损，是从官德缺损开始的。所以，加强道德修养、不断提升官德是领导干部掌权用权的前提，是党员干部为民务实清廉的根基，也是衡量党员干部先进性的一把尺子，直接关系到党的形象和威望，关系到党和政府的凝聚力、战斗力，甚至影响着党的事业的前途命运。习近平总书记反复强调：“要抓好思想理论建设、抓好党性教育和党性修养、抓好道德建设，教育引导广大党员、干部认真学习和实践马克思列宁主义、毛泽东思想、中国特色社会主义理论体系，牢固树立正确的世界观、权力观、事业观，模范践行社会主义荣辱观，以理论上的坚定保证行动上的坚定，以思想上的清醒保证用权上的清醒，不断增强宗旨意识，始终保持共产党人的高尚品格和廉洁操守。”③

在长期的社会主义初级阶段和复杂的市场经济条件下，社会上滋长的

① 习近平关于“不忘初心、牢记使命”论述摘编［M］．北京：党建读物出版社、中央文献出版社，2019：387.

② 于立志．党员干部从政史鉴［M］．北京：中国方正出版社，2010：268～269.

③ 习近平谈治国理政（第一卷）［M］．北京：外文出版社，2015：391.

极端自私、虚伪冷漠、一切商品化和拜金主义、享乐主义等消极思想，形成扭曲的人生观、价值观、道德观，淡忘中华民族传统美德，冲击着社会主义社会道德。这些难免对领导干部队伍造成影响，殃及党员特别是党员领导干部的道德水准。比如，党的十八大以前有个调查显示，有64.6%的党员对于社会上的分配不均表示不满，对择业和就业、孩子上学、医疗、住宅等的压力表示忧虑，60.3%的党员对自己的岗位没有信心；33%的党员认为一个人的价值取决于金钱多少或权利（力）大小，43.5%的党员认为一个人的价值取决于生活的舒适潇洒，24%的党员认为一个人的价值取决于个人利用价值的大小；有24.4%的党员认为个人利益至上，而有27%的党员认为目前个别党员宗旨意识、公仆意识不强。① 这表明个人利益至上等功利思想的意识，确实在一定比例的党员干部当中存在和流行着。

马克思指出，革命胜利之后，只有执政党及其政府率先成为社会的德行楷模，以自己虚心、诚恳、敬业、奉献而卓有成效的表率行为给社会做出榜样，才能有效防止“全部陈腐的东西”死灰复燃。② 邓小平也告诫说：“党和政府愈是实行各项经济改革和对外开放政策，党员尤其是党的高级负责干部，就愈要身体力行共产主义思想和共产主义道德。”③《礼记》讲：“德者本也，财者末也。外本内末，争民施夺。是故财聚则民散，财散则民聚。是故言悖而出者，亦悖而入；货悖而入者，亦悖而出。”党员干部特别是领导干部是事业的骨干力量，担负着设计、组织、引导社会事务的重大责任，大多掌握着一定的权力和社会资源，一旦信仰迷茫、道德滑坡，与一般人相比，往往会在堕落的道路上走得更远更极端，不仅身入“魔狱”，而且给党和政府形象、给周围的社会风气、给家人造成巨大伤害，真可谓“坏了一个干部，熏臭一方水土”！所以，加强道德修养，培养优秀共产党员的情操，是领导干部谨防蜕变、德才相配、人岗适配的

---

① 钱茜．新时期中国共产党党员党性修养问题研究［D］．长春：长春理工大学，2012.

② 王燕文．领导干部要有更高的道德境界［J］．求是，2015（10）．

③ 邓小平文选（第二卷）［M］．北京：人民出版社，1994：367.

重要条件，是我们亟须加强的一项党建工程。正如习近平总书记所说，成为好干部，就要不断改造主观世界、加强党性修养、加强品格陶冶，时刻用党章、用共产党员标准要求自己，时刻自重自省自警自励，老老实实做人，踏踏实实干事，清清白白为官。①

总之，党员干部加强社会主义道德修养的必要性、紧迫性是多方面的。首先，是保持党先进性和纯洁性的需要。在社会主义初级阶段，要求党员干部力行共产主义道德与落实现行政策并不矛盾。现行社会主义政策是根据社会生产力发展总体状况和全社会道德总体水平制定的，党员干部作为无产阶级先进分子在执行这些政策的同时，应表现出更高的思想境界和行为标准。我们不能要求每一个社会成员都成为共产主义者，但必须要求党员干部全心全意为人民的根本利益而奋斗，党员的个人利益只有在实现人民的根本利益中得以实现，这是由党的性质和宗旨决定的，也是逐步向社会主义更高级形态乃至共产主义过渡的一个必要条件。无论党和国家的具体政策如何调整变化，党的性质、宗旨和最终目标都不可能改变，也绝不能使党员的政治思想觉悟和道德品质降到普通群众甚至低于群众的水平，否则党的先进性、纯洁性也就荡然无存。

其次，是带领群众建设社会主义的需要。“惟命不于常”，道善则得之，不善则失之。在建设社会主义的艰苦漫长过程中，党的道德风貌很大程度上影响着广大群众支持和参与的积极性。先进道德对社会发展的促进作用，最终表现在对生产力发展的促进上，但共产主义思想道德不会自发地在群众中产生，而需要外来引导、灌输。党是整个社会的表率，党的各级领导干部又是全党的表率，这些人身体力行共产主义道德、以实际行动影响社会，是最有效的灌输方式，有利于将道德的先进性与广泛性结合起来，逐步将先进道德推广到民间去，变为人民群众的行为规范，激发积极向上的社会力量。是为“玉在山而草木润，渊生珠而崖不枯。为善不积

---

① 习近平谈治国理政（第一卷）［M］．北京：外文出版社，2015：417.

邪，安有不闻者乎”！

最后，是抵御“西化”“分化”风险，克服腐朽道德观念的需要。“士君子澡心浴德，要使咳唾为玉，便溺皆香，才见工夫圆满。若灵台中有一点污浊，便如瓜蒂藜芦，入胃不呕吐尽不止，岂可使一刻容留此中耶？夫如是，然后溷厕可沉，缁泥可入。”（吕坤《呻吟语·修身》）党员干部加强道德修养、以共产主义道德为言行规范，不仅是个人成长的需要、党性原则的基本要求，也是决胜意识形态斗争、逐步消除封建等腐朽道德观念、应对复杂文化环境的重要途径。所以党组织对党员特别是领导干部的道德标准，在社会主义核心价值观之上有着更高的要求，要求大家不仅要守住道德底线，更要屹立于道德高地，开良好风气之先、树高尚道德之标、守社会主义道德之义、扬共产主义道德之风。

三、党员干部道德修养的内容和目标

关于从政人员道德修养的内容和标准，杨玉清先生曾提出了作为政治家的条件，他说作为政治家的一般条件是不私、不邪、不息、不欺。我们理解，共产党人既然是为着消灭私有制的共产主义而奋斗的，自己首先就不能自私，否则便是与理想背道而驰；既然是追求崇高事业的，就要心存正道，正人先正己，否则便是口是心非；既然发誓要为理想信念奋斗终身，就要孜孜以求、不停不息，否则就是知行不一；既然要做先锋模范，就首先要有基本的诚信，光明磊落，诚实守信，不骗人不欺己，否则奸诈成性，终成异类。他进一步说政治家的特殊条件，是要立大体、忍大辱、用大人、成大事。我们理解，立大体就是要坚定理想信念，胸怀抱负，志在为党为国；忍大辱就是要有义勇，为国家民族和党的事业，再大的委屈也受得，哪怕是奇耻大辱或者牺牲一切也义无反顾；用大人就是坚信伟大的事业需要亿万力量的参与，把树立正确用人导向、用对用好人才作为重要的任务责任；成大事就是要坚持动机与效果的统一，不怕舍生取义但更追求成大事、立大功，造福于国家民族。当然这些还是对领导干部通用的标准，深入来说还有以下几个要求。

第一，党员干部加强道德修养，首先要以集体主义为原则，以为人民服务为核心，努力践行全心全意为人民服务的根本宗旨。毛泽东说，“为什么人服务的问题是一个根本的、原则的问题”①；邓小平也讲，“世界观的重要表现是为谁服务”②。立党为公、执政为民、谋求最广大人民的根本利益是共产党根本宗旨所在，是我们党同一切剥削阶级政党的根本区别。为人民服务在共产党员思想道德中居于核心地位，毛泽东强调，“共产党人要有无产阶级的彻底革命精神，不为名，不为利，不怕苦，不怕死，一心为革命，一心为人民，完全、彻底地为中国人民和世界人民服务，对革命无限忠诚，为人民鞠躬尽瘁”。③ 邓小平指出，“中国共产党员的含义或任务”，概括说“只有两句话：全心全意为人民服务，一切以人民利益作为每一个党员的最高准绳”④，这些都明确了为人民服务在共产党人价值观念中的核心地位。

作为党员领导干部，加强党性道德修养，发扬集体主义，“就是要讲大公无私、公私分明、先公后私、公而忘私，只有一心为公、事事出于公心，才能坦荡做人、谨慎用权，才能光明正大、堂堂正正。作风问题都与公私问题有联系，都与公款、公权有关系。公款姓公，一分一厘都不能乱花；公权为民，一丝一毫都不能私用”。领导干部必须时刻清楚这一点，做到公私分明、克己奉公、严格自律。⑤ “官”者“公”也、“大众”也，党员领导干部必须有强烈的公心，放弃自私的心，把人民的利益作为最高利益，淡泊名利、克己奉公，不为私利服务；必须加强党的宗旨修养和先进性修养，始终走在时代前列，勇立时代潮头，做人民事业发展的先锋队、开路者；必须在现实工作生活中，发扬大公无私、克己奉公，埋头苦

---

① 毛泽东选集（第三卷）［M］．北京：人民出版社，1991：857.
② 邓小平文选（第二卷）［M］．北京：人民出版社，1994：49.
③ 向毛泽东同志的好学生——焦裕禄同志学习［N］．人民日报，1966－02－07.
④ 邓小平文选（第一卷）［M］．北京：人民出版社，1994：257.
⑤ 习近平谈治国理政（第一卷）［M］．北京：外文出版社，2015：394.

干、艰苦奋斗，吃苦在前、享受在后的精神，以这些精神洗礼和鞭策自己；必须在任何时候都坚持尊重社会规律与尊重人民主体地位的一致性，为崇高理想奋斗与为最广大人民谋幸福的一致性，完成党的各项工作任务与实现人民利益的一致性，一切为了群众、一切相信群众、一切依靠群众，从群众中来，到群众中去，永葆党工人阶级先锋队的性质。

第二，党员干部加强道德修养，就要养成正确的权力观、地位观、利益观。“财色名位此四字，考人品之大节目也。这里打不过，小善不足录矣。自古砥砺名节者，兢兢在这里做工夫，最不可容易放过。”（吕坤《呻吟语·修身》）要增强这样的权力意识，即人民是我们国家权力的法定所有者，党员干部手中的权力是人民赋予的，必须用来为人民服务、为人民谋福利，在党和群众监督下，掌好权、用好权，坚决反对把权力作为个人、家庭乃至小团体的私产，作为享有特权的“资本”，作为为所欲为的“帮凶”。要坚持党员干部是人民公仆的地位观，无论职务多高、地位多重，都谨记自己在事业上是群众的勤务员，在生活中是普通百姓的一员，根除官僚主义恶习，反对那种在群众面前居高临下、飞扬跋扈、麻木不仁的官僚，在人后大搞人身依附、投机钻营、弄虚作假的政客，更不能以“父母官”“治人者”自居，反客为主，主仆颠倒，走到人民的对立面去。要正确处理个人能力、个人努力与组织需要的关系，须知个人的才能离不开组织和人民的培养，再大的本事也只有在党和人民的事业中才更有意义，无论做出多大贡献都是党领导的结果，都是应该的，不是居功自傲、以权谋私的“本钱”。正确处理岗位与责任的关系，职务的设置源自事业的需要，职务的权力、责任、义务都是成正比的，只盯着权力，不注重责任义务，一心做官、敷衍做事，最终会被权力所伤。正确处理对下级的关系，把握上下级关系是同志关系的本质，尊重下级的独立人格，须知“任何一个身居高位的人，都无权要求别人对自己采取与众不同的恭顺态度"①，防止把所领导的干部看成私有财产、摆架子、耍威风、颐指气使的做法。

要树立共产党人的利益观，像刘少奇所指出的那样："无产阶级解放的利益，人类解放的利益，共产主义的利益，社会发展的利益，就是共产党的利益。党员个人的利益服从党的利益，也就是服从阶级解放和民族解放的、共产主义的、社会发展的利益。"② 要将自己的利益追求限定在法律制度规定之内，使个人的理想、抱负和追求符合党的共同理想；使自己正当的利益服从人民利益，融入党、国家和人民利益之中，吃苦在前、享受在后、甘于奉献，绝不能把商品交易原则带进政治领域，甚至权钱交易、与民争利。

第三，党员干部加强道德修养，要始终葆有洁身自好的操守。"人只一念贪私，便销刚为柔，塞智为昏，变恩为惨，染洁为污，坏了一生人品。故古人以不贪为宝，所以度越一世。"（洪应明《菜根谭·概论》）"坚决反对腐败，防止党在长期执政下腐化变质，是我们必须抓好的重大政治任务。"③ 我们党反对党员干部腐败的态度是一贯的、坚决的。就是在革命战争年代，无论战功多么显赫，都不是贪污腐败的"免罪牌"，都要受到坚决反对、严厉打击。谢步升是中国共产党反腐败历史上枪毙的第一个"贪官"。这个人时任江西瑞金叶坪村苏维埃政府主席，他利用职权贪污打土豪所得财物，偷盖苏维埃临时中央政府管理科公章，伪造通行证，私自贩运物资到白区出售，牟取私利，为了谋妇夺妻和掠取钱财，秘密杀害干部和红军军医。事发后，查办案件遇到一定阻力。毛泽东很关注谢步升案并力主严惩。1932 年 5 月 9 日，以梁柏台为主审的中华苏维埃共和国临时最高法庭二审开庭审理该案，对谢步升处以枪决并没收个人一切财产。这是红都瑞金苏维埃临时中央政府打响的惩治腐败分子第一枪。1937

---

① 马克思恩格斯全集（第 38 卷）[M]. 北京：人民出版社，1972：72～78.

② 刘少奇. 论共产党员的修养 [M]. 北京：人民出版社，2015：44.

③ 习近平谈治国理政：第一卷 [M]. 北京：外文出版社，2015：394.

年10月，黄克功因逼婚未成，枪杀陕北公学学员刘茜，震惊边区。因黄多次立功，有人以其功为其求情，毛泽东表示，黄克功是一个多年的红军和共产党员，不同于一个普通人，共产党与红军，对于自己的党员与红军成员不能不执行比一般平民更加严格的纪律，并坚持将其处以极刑。“黄克功事件”再次彰显了毛泽东坚决打击腐败的鲜明态度。①

在1940年陕甘宁边区经济最困难的时候，组织安排老战士肖玉璧到清涧县张家畔税务所当主任。肖玉璧打过多次仗，身上伤疤有90多处，颇有战功。上任后，肖玉璧以功臣自居，贪污受贿，利用职权私自做生意，甚至把根据地奇缺的食油、面粉卖给国民党破坏队，影响极坏。案发后，边区政府依法判处他死刑。他不服，托人向毛泽东求情。毛泽东问：“肖玉璧贪污了多少钱?”林伯渠答：“3000元。他给您写了一封信，要求看在他过去作战有功的情分上，让他上前线，战死在战场上。”毛泽东没有看信，沉思了一阵，对林伯渠说：“你还记得我怎样对待黄克功吧?”林伯渠说：“忘不了!”毛泽东接着说：“那么，这次和那次一样，我完全拥护法院判决。”② 就这样，贪污犯肖玉璧被依法执行枪决。1942年1月5日的《解放日报》专门发表社论指出：“在‘廉洁政治’的地面上，不容许有一个‘肖玉璧’式的莠草生长。”这些例子，生动地诠释了我们党对廉洁用权的根本要求、对腐败蜕变的零容忍基因。而今天的党员领导干部，依托党和人民提供的良好条件，无论在和平建设中创造了如何显著的业绩，都不是逾越廉政红线的借口和资本，党组织更没有理由为其网开一面，所以廉政的底线，是领导干部破不得的生命线。

第四，领导干部修养道德要自觉践行社会主义核心价值观。这个是写入党章的，做不到就是没有遵守和贯彻党章。一要慎权、慎欲、慎微、慎独、慎交、慎始、慎终，坚持“三严三实”、为民务实清廉。对此宋代哲

① 薛鑫良．延安时期的“黄克功案件”及其现实警示［EB/OL］．人民网－中国共产党新闻网，2015－09－15.

② 肖玉璧案：抗战时查处的最大贪污案［M］．检察日报，2014－07－30.

学家王廷相讲过一则寓言：轿夫穿着新鞋进城，始而小心翼翼，生怕弄脏新鞋，后来一分心踩进水塘，由此便高一脚低一脚地踩过去，再也无所顾忌了，这种“一脚不慎，身心俱落”的现象，尤其值得每个党员干部警惕。二要有过硬的人品，律己守节，坚持“良将不怯死以苟免，烈士不毁节以求生”的操守，秉承“财贿不以动其心，爵禄不以移其志”的品行，谨记“以名为炭而灼心，心之液涸矣；以利为蚕而蟄心，心之神损矣”的道理，淡泊名利、克己奉公。三要有较好的家庭道德，防止低级生活情趣，坚持恋亲不为亲徇私、念旧不为旧谋利、济亲不为亲撑腰，防止将社会恶俗带进家庭生活，杜绝用“一人得道鸡犬升天”“等价交换”等方式处理亲属关系，更不能搞“亲属组团腐败”。四要格外注重官德，切记“吃百姓饭，穿百姓衣，莫道百姓可欺，自己也是百姓”“得一官不荣，失一官不辱，勿说一官无用，地方全靠一官”的古训，无论处在什么岗位、什么位置、什么环境，都保持立党为公、执政为民的本质和舍我其谁的使命感、责任感。五要带头讲求社会公德，担当社会公德的标杆表率，要求人民群众做到的，自己首先做到，不让人民群众做的，自己坚决不去做，不能怀着瞒天过海的侥幸心理，对群众高要求，给自己留余地，对他人讲道德，给自己开“暗道”。

第五，领导干部加强社会主义道德修养，还要正确处理爱好问题，防止爱好成“软肋”。一方面，领导干部作为血肉之躯，因为任务繁重，责任重大，压力超常，心理健康问题十分重要。可以通过琴棋书画、文体活动等方式培养生活情趣，调试心理状态，丰富精神世界，促进高尚人格。另一方面，要谨防爱好变成“贪好”。南宋权臣贾似道以好斗蟋蟀而闻名，于是和他斗蟋蟀的官宦便络绎不绝。令人奇怪的是，所有来斗的蟋蟀都无一例外地大败而归，贾似道于是大发横财。当然，那些故意斗败输钱的主，也都分别根据输钱的多少得到了相应的官职和好处。清末杭州知府陈鲁本不贪钱财、不嗜烟酒，素为百姓拥戴，却喜好古字画，于是，为杨乃武、小白菜案而企图行贿的余杭知县就送来一幅唐伯虎的真迹。陈鲁爱不释手，慨然笑纳，结果徇情枉法，酿成大错。案发后，陈鲁愧疚难当，自缢而亡，令人唏嘘不已。在近年来被查处的违法违纪官员中也不乏这样的例子，比如，河南省新乡市曾有一位贪腐书记酷爱钓鱼，其“密友”冯某就专门为其建了一个占地数百平方米的鱼塘……厦门海关曾有一位副关长酷爱书法，写得一手好字，也因此颇为清高。但当赖昌星送来一套100多万元的古籍善本，送来一幅九位名家合作的牡丹图时，副关长开始把持不住了，最终与赖昌星同流合污。可见，对普通百姓来说，爱好什么，爱好到什么程度，并无大碍。然而一旦为官，特别是一旦位高权重，个人的爱好就应慎之又慎了，很可能成为最容易被“攻克”的突破口。所以，领导干部可以培养健康的兴趣爱好，养情怡性，但要把握好度，不可把爱好当“主业”，把休闲当“光环”，防止因爱而贪，走向反面，反为自己的“爱好”所伤。

第四节　纪律修养

共产党的纪律是党内各种规定、规范、规矩的总称，是党要管党治党的各种规章制度的总和。在本质上，它是无产阶级政党性质、革命意志、高度的组织性和权威性的体现，是党团结统一和路线得以执行的保证，是党的各级组织和全体党员必须严格遵守的言行规范。① 党的纪律处于社会公德和职业道德之上，是对共产党员这个先进群体特殊的、具有较高水准的规范要求。中国共产党是靠革命理想和铁的纪律组织起来的马克思主义政党，严明党的纪律是党战胜各种艰难险阻的基本条件，是党员修养的重要方面。一个没有纪律观念、目无党纪的人，不会是合格的党员，更不会是合格的领导干部。

① 汪家镠等. 党性和党性修养干部读本［M］. 北京：中共中央党校出版社，2002：241 ~ 242.

一、党员干部加强纪律修养是党完成历史使命的关键保障

纪律修养就是党员干部在生活和工作中通过自我教育和自我改造，不断增强组织纪律观念，强化遵守党的纪律、自觉地服从组织安排、严格按照党的要求做事、贯彻党的民主集中制原则、维护大局和中央权威的自觉性，这不仅是党员的重要责任义务，也是党性修养的重要内容。

第一，强化纪律修养是全面从严治党、保证和提升党的战斗力的需要。放松党的纪律就等于放松党的战斗力。列宁曾说，谁要是把无产阶级政党的铁的纪律哪怕是稍微放松一点，“那他实际上就是帮助资产阶级来反对无产阶级。”① 同样，在改革开放和市场经济环境下，放松党的纪律，就等于解除了无产阶级武装而有利于资产阶级，为渗透演变打开方便之门，就会使小资产阶级的散漫、动摇、自由主义、虎头蛇尾、不能统一行动的本性大行其道，使党成为一盘散沙。党的十八大以来，严肃党纪已取得显著成效，但少数党组织纪律松弛、少数党员纪律性淡薄的现象仍有存在。少数党员干部政治纪律意识依然薄弱，政治问题上认识模糊、立场摇摆，个别党组织对中央决策部署依然轻拿轻放，落实上做表面文章；有的党员干部个人主义、自由主义、官僚主义依然严重，目无组织纪律，我行我素，对工作安排讨价还价，甚至对组织的纪律要求满嘴牢骚。有的党组织和领导干部对于一些应该由中央或上级党组织决定的事项，不请示不报告，擅做擅为，等等。据调查，对于“是否自觉服从组织安排，严格按照党的要求做事”的问题，曾有 37.9% 的党员表示有利就干，无利就不干。② 而且在正风肃纪的由上向下传递中，越到基层难度越大，层层递减问题突出。应该说党执政的时间越长，发生精神懈怠的危险、能力不足的危险、脱离群众的危险、消极腐败的危险的可能性就越大，巩固党执政地位的问题就越紧迫，严明党的纪律、维护党的集中统一的任务就越艰巨。

---

① 列宁短篇哲学著作［M］. 北京：人民出版社，1993：424.

② 钱茜. 新时期中国共产党党员党性修养问题研究［D］. 长春：长春理工大学，2012.

第二，党的纪律特别是政治纪律是党的最高利益所在。党的团结是党的生命。切实维护党中央的集中统一领导是实现伟大中国梦的根本保证。同党中央保持高度一致，是全体党员一项根本的政治纪律。马克思、恩格斯指出："我们现在必须绝对保持党的纪律，否则将一事无成。"① 因此，能否严格遵守党的纪律，自觉维护党的团结统一，是判断一个党员党性高低的重要标准。"芳草无根醴无源，志士当勇奋翼。彩云易散琉璃脆，达人当早回头。"（洪应明《菜根谭·评议》）党员要加强纪律自觉，自设"防火墙"，时时铲除心灵的杂草，日日修炼高尚的道德情操，事事坚守党纪国法的底线，不为蝇头小利而坏了清白，不为声色犬马而失守名节，不为出格的欲望而触犯法纪，始终做到"政治上跟党走、经济上不伸手、生活上不丢丑"，永葆共产党人的政治本色。《汉书·周亚夫传》说，文帝六年，匈奴大举入边。乃以周亚夫为将军，军细柳，以备胡。上自劳军。之细柳军，军士吏披甲，锐兵刃，彀弓弩，持满。天子先驱至，不得入。先驱曰："天子且至!"军门都尉曰："将军令曰'军中闻将军令，不闻天子之诏。'"居无何，上至，又不得入。于是上乃使使持节诏将军："吾欲入劳军。"亚夫乃传言开壁门。天子为动，成礼而去。既出军门，群臣皆惊。文帝曰："嗟乎，此真将军矣！……可得而犯邪?"称善者久之。月余，乃拜亚夫为中尉。因此，纪律严明乃治军理政要道，一贯坚持政治纪律、政治规矩，可能会使一些人感到不太"舒服"，却是事业所需，最终也会令人叹服。

第三，党的纪律是贯彻落实党的路线方针政策的重要保证。党的路线方针政策的贯彻执行，是党的奋斗目标得以实现的关键，其中增强纪律性是重要保障。毛泽东曾指出，"纪律是执行路线的保证，没有纪律党就无法率领群众与军队进行胜利的斗争。"② 今天，党要团结带领全国人民开启

① 马克思恩格斯全集（第29卷）[M]．北京：人民出版社，1972：413.

② 毛泽东1938年10月14日在党的六届中央委员会扩大的第六次全体会议上的政治报告《论新阶段》.

建设社会主义现代化国家的新征程，在新的阶段推进中国特色社会主义走向更加光辉的未来，其历史任务是极其艰巨复杂的，尤其需要加强党的纪律性、维护党的集中统一，确保全党统一意志、统一行动、步调一致向前进。我们越是比历史上任何时期都更接近中华民族伟大复兴的目标，就越要百倍地谦虚谨慎，越要坚决加强全党的纪律性，加强党员干部的纪律修养，这既是事业发展的需要，也是使自己与党的建设、党的事业一同进步而不至于掉队的客观要求。

第四，党的纪律是密切党同人民群众血肉联系的重要安排。无产阶级政党的纪律要求，从不同方面体现着党的宗旨性质和理想信念，与人民群众的利益要求具有根本一致性。严格的党规党纪是党在人民群众中光辉形象得以形成的重要因素，是党赢得人民群众信赖和拥护的一个重要原因。任何破坏党的纪律的行为，最终都会损害党为群众服务的水平，违背群众意愿和利益，损害党群关系。要高度警惕那些日常生活中看似“小事”的违规违纪现象，因为量变带来质变，日积月累它们会渐进式引发背离党的宗旨、破坏党群干群关系的危险。事业越发达，越要强化法治思维，谦虚谨慎，依法办事；仕途越顺利，越要管好自己，注重名节，遵守法纪；权位越高，越要警钟长鸣，抵制诱惑，严格约束自己；个人越“成功”越要有“忧己”意识，经常审视自己身上的不足、缺点和潜在风险，自警自改，坚守纪律规矩，始终与人民群众想在一起、走在一起、干在一起。

第五，加强党的纪律修养是克服各种非无产阶级倾向的需要。曾经一个时期，一些党员干部纪律意识淡薄，党性随之弱化，各种非无产阶级的东西甚嚣尘上。有的不遵守政治纪律，自由主义泛滥，不分场合乱发议论，热衷于传播道听途说的“小道消息”“内部消息”；有的在原则问题和大是大非面前旗帜不鲜明，甚至丧失党性原则，跟着错误的东西乱跑；有的搞“上有政策下有对策”“当面一套背后一套”，当“两面派”，做“两面人”；有的把财经纪律、廉政纪律抛在脑后，“四风”泛滥，权钱交易，贪图享受，顶风违纪，走向犯罪道路。曾有一位贪腐的副市长，在北京搞了许多豪华私家园林供个人享用；有一位市委书记，出国要让人带上厨师、锅碗瓢盆、柴米油盐，肆无忌惮地表达对烹饪文化的喜爱；一位地级市的市长热衷于当“发型哥”，派公车往返千里接送理发师给自己理发；2019 年 7 月查处的旺苍县委原书记则特权思想严重，在公共区域设置独立卫生间，并安装指纹密码锁，供己专用。这些人的腐败花样百出，实则是纪律松弛，非无产阶级观念泛滥，党性蜕化，立场转变。毛泽东早在土地革命时期就深刻指出：“腐败不清除，苏维埃旗帜就打不下去，共产党就会失去威望和民心！与贪污腐化做斗争，是我们共产党人的天职，谁也阻挡不了！”① 党的十八大以来，党中央在全面从严治党中坚决把党的纪律规矩挺在前面，有力克服和扭转了党内纪律松弛的局面，取得了反腐败斗争的压倒性胜利，但严肃纪律、建设具有铁一样纪律的党员干部队伍，依然挑战重重、任重道远。

二、要深刻认识共产党纪律观念的本质特征

理解纪律是执行纪律的前提。要深入了解共产党纪律的特殊性，提高纪律意识和遵守纪律的自觉性。

（一）组织纪律性是工人阶级政党团结统一的内在保证

党必须有严格的组织纪律，这是共产主义运动实践经验得出的科学结论。早在 1859 年马克思就指出：“我们现在必须绝对保持党的纪律，否则将一事无成。”加强纪律性革命无不胜，这在中国革命战争年代已成为全党的共识。无产阶级政党的团结统一，要靠思想共识和组织统一的有机结合，思想统一是组织统一的基础，组织统一是思想统一的物质保证。一名党员不仅要承认党章，还必须参加党的一个组织并在其中工作，执行党的决议。服从党的组织纪律，是党员个人服从组织、个人利益服从党的利益，决心把个人的一切交给党安排、为实现党的纲领而奋斗终身的必然要

---

① 转引自郭晨．中共反贪第一案［J］．廉政与法制，2009（8）．

求和具体表现。

（二）党的纪律既是“铁”的又是自觉的

工人阶级政党是工人阶级和广大人民利益的忠实代表，维护绝大多数人的共同利益正是共产党制定纪律的前提和依据，而党的纪律又是在广泛听取党员意见基础上形成的，是广大党员共同意愿的体现，集中了全党的共同意志，每个真正的党员无论在何种情况下，都应该是愉快地服从组织的决定、遵守党的纪律的。也就是说，共产党的纪律不是奴隶主的棍棒纪律，也不同于资本家的饥饿纪律，而是建立在共同理想信念基础上的铁的和自觉的纪律，是排除各方面干扰破坏，保证党的路线方针政策得以执行的纪律。“坚定的革命者视纪律为自由”，而不是一种约束。

（三）党的纪律的基本原则是民主集中制

党的纪律实质上是要把党的思想权威变成组织的物质权威。民主集中制是党的群众路线在党的组织原则上的体现，是健全党内政治生活和组织制度的根本依据，也是每个党员规范自己言行、加强组织纪律性的基本原则。一方面，党的纪律由民主集中制的程序和机制产生，在制定过程中广大党员可以充分发表意见，一旦通过实施就要严格遵守，维护党的集中统一领导和党中央定于一尊、一锤定音的权威。另一方面，党的纪律的实施过程，也贯穿着党组织权威、党的纪律与党员权利的统一，既是党中央领导全党的过程，也是党组织教育管理党员的过程，还是党员民主管理、自我管理的过程。

（四）坚持党纪面前人人平等，反对个人专断和特权

这是无产阶级政党与剥削阶级政党的一个重要区别，也是党内政治生活正常与否的一个重要标志。党是由党员在共同的纲领和章程下志愿组织起来的整体，每个党员无论在党内职位高低，都是同志和人民勤务员，在纪律面前是完全平等的，反对高人一等的特权思想。特权思想实际上包含着对法纪的漠视，具有“刑不上大夫”“我与众不同”“法纪对人不对我”的潜意识，对纪律破坏性极强，也是伤害自我的“快捷方式”。只有全党

坚持纪律面前人人平等、没有特殊，纪律才能得以更好地实施。

昔日，汉武帝的妹妹隆虑公主的儿子昭平君，娶了汉武帝的女儿夷安公主。隆虑公主病危时，曾拿出黄金千斤、钱一千万替昭平君预先赎免死罪，武帝允准了她的要求。隆虑公主死后，昭平君日益骄纵，喝醉酒杀死了夷安公主的丫鬟，被捕入狱。因他贵为国婿，左右大臣纷纷求情："以前隆虑公主拿重金为他赎过死罪，陛下批准了公主的请求吧。"武帝说："我妹妹老年才有这么个儿子，临死把他托付给我，但法令是先帝制定的，要是因为同情妹妹而违背先帝的法令，我还有什么脸面进高帝的祠庙呢！再说也对不起老百姓。"最终还是批准了廷尉定罪处死的奏请。可见，法纪面前人人平等，为严肃法纪大义灭亲，中国自古就不乏其人，更何况我们今天的党员干部呢！

（五）增强纪律观念的根本在于坚定理想信念和党的根本宗旨

只有真正树立起共产主义远大理想和中国特色社会主义共同理想，真正把一心一意为人民服务作为毕生的核心追求，才能真正化纪律为自觉，将党的纪律内化于心，外化于行，"随心所欲，不逾矩"。否则，嘴里念的是主义，心里想的是功利；面前见的是纪律，背里苦苦寻空隙，到头来偏偏挣脱法纪的缆索，跌入恢恢天网，哪里知道富贵最是无情物，看得它越重，它害人越大；贫贱是耐久之交，处得它越久，它益人反深（洪应明《菜根谭・评议》）。因此，共产党员在任何情况下都要做到政治信仰不变、政治立场不移、政治方向不偏。①

（六）理解改革开放、建设社会主义市场经济与严肃党纪的统一性

党的纪律对于在改革开放和市场经济的复杂形势下，维护党的团结统一，保持党的先进性和纯洁性，增强党的凝聚力和战斗力，确保党奋斗目标的实现极为重要。所以它不仅不是"过时的""多余的""左"的东西，恰恰是我们党领导改革开放和建设社会主义市场经济不可少的安全保障。

① 习近平谈治国理政（第一卷）［M］. 北京：外文出版社，2015：386.

绝不能有那种把党纪国法看作束缚改革创新和市场经济的“条条框框”的思想，相反，越是在改革开放和市场经济的复杂环境中，越需要通过加强纪律使党员干部在思想和行为上有所遵循和自我保护，做到“常在河边走就是不湿鞋”。因受贿罪被判处无期徒刑的一位省交通厅厅长，在悔过书中曾经把企图腐蚀拉拢领导干部的行为概括为 12 个“一下”，即“逢年过节看望一下，住院治病慰问一下，家人生日祝贺一下，出国考察支持一下，家有丧事凭吊一下，乔迁新居意思一下，孩子结婚（升学）表示一下，已提拔者感谢一下，想提拔者争取一下，关系好的加深一下，关系一般的亲近一下，暂无求者铺垫一下”。这 12 个“一下”没有一个是在做公益慈善，每一个都是按照“市场交换规则”，要求在一定时候给予“回报”的，所以这里每个“一下”都是严峻的考验和关口，需要旗帜鲜明地把纪律规矩挺在前面，使自己处于党纪国法的堡垒之中，抵御那些花样百出的糖衣炮弹。

（七）增强党的纪律观念要修出“有所怕”的意识，有一种敬畏心理

“天下之事，成于惧而败于忽”“官有所畏，业有所成”。清代纪晓岚也有句名言：做人要记住一个“怕”字。恐惧是理智的开端。锡金谚语说：“恐惧和羞耻心能使人不为非作歹。”南宋著名文学家洪迈曾记载一首《油污衣》云“一点清油污白衣，斑斑驳驳使人疑。纵使洗遍千江水，争似当初不污时”，蕴含的战战兢兢、慎初慎微的道理，对于为人做官、立身行事很有启发和警示意义。面对违法违纪的诱惑，今天的党员干部更应该常用“怕”字约束自己，如临深渊，敬畏法纪之利剑，存忌惮之心；敬畏组织之严正，存恭诚之心；敬畏群众之至上，存公仆之心；敬畏人生之短暂，存洁身之心；敬畏前车之遗辙，存镜鉴之心；敬畏历史之审视，存善终之心。正像邓小平所说：“共产党员谨小慎微不好，胆子太大了也不好。一怕党，二怕群众，三怕民主党派，总是好一些。”① 如果“权、财、

---

① 邓小平文选（第一卷）［M］．北京：人民出版社，1994：271.

色壮人胆”，无视党纪国法，任性而为，违法乱纪，终将远离党和人民，落得个“船到江心补漏迟，事到临头后悔晚”的结局。

三、把握加强纪律修养的基本内容和要求

党的纪律包括在政治方向、政治立场、政治观点和路线、方针、政策上同党中央保持高度一致的政治纪律，坚持党的民主集中制、维护党的团结和统一的组织纪律，密切联系群众、维护人民群众利益的群众纪律，严格保守党和国家秘密、维护党和国家安全与利益的保密纪律，以及财经纪律、人事纪律、外事纪律、宣传纪律等内容。

（一）要严守党的政治纪律

政治纪律是各级党组织和全体党员在政治方向、政治立场、政治言论、政治行为方面必须遵守的纪律规矩，是最重要、最根本、最关键的纪律。习近平总书记强调，讲规矩是对党员、干部党性的重要考验，是对党员、干部对党忠诚度的重要检验；严明党的纪律，首要的是严明政治纪律。[①] 世界政党史证明，没有政治纪律的政党就像没有共同目标的船队，必然七零八散，溃不成军。要坚持党的全面领导和党的基本理论、基本路线、基本方略，自觉服从和服务于事业大局，无条件服从党的决定，防止有令不行、有禁不止；坚持四项基本原则，自觉与违反四项基本原则的言行做斗争，坚决反对任何改变我国社会主义制度性质的企图和行为；不断增强“四个意识”，在重大政治斗争中立场坚定，在重大原则问题上旗帜鲜明，在贯彻党的路线方针政策上坚定不移。这些要求在党员遵守各种纪律中处于核心和首要地位，是党员干部把牢方向的根本遵循。

具体来说，现阶段党员干部遵守政治纪律和政治规矩，重点要做到以下五方面。一是必须维护党中央权威，任何时候任何情况下都必须在思想上、政治上、行动上同党中央保持高度一致，坚决听从党中央指挥，决不

---

① 习近平2015年1月13日在第十八届中央纪律检查委员会第五次全体会议上的讲话.

允许背离党中央要求另搞一套，不得阳奉阴违、自行其是，不得对党中央的大政方针说三道四，不得公开发表同中央精神相违背的言论。二是必须维护党的团结，坚持五湖四海，团结一切忠实于党的同志，团结大多数，决不允许在党内培植私人势力，不得以人划线，不得搞任何形式的派别活动。三是必须遵循组织程序，决不允许擅作主张、我行我素，重大问题必须按照规定请示、汇报，不允许超越权限办事，不能先斩后奏。四是必须服从组织决定，决不允许搞非组织活动，不得跟组织讨价还价，不得违背组织决定，遇到问题要找组织、依靠组织，不得欺骗组织、对抗组织。五是必须管好亲属和身边工作人员，决不允许他们擅权干政、谋取私利，不得纵容他们影响政策制定和人事安排、干预正常工作运行，不得默许他们利用特殊身份谋取非法利益。①

（二）要增强党的组织纪律

组织纪律是规范和处理党的各级组织之间、党组织与党员之间以及党员与党员之间关系，维系党团结统一的行为准则。增强组织观念、组织意识，要牢记第一身份是党员，第一职责是为党工作、为民谋利，相信组织、依靠组织、服从组织，自觉接受组织安排和纪律约束。要贯彻“四个服从”这一最基本的组织原则和组织纪律，遵守组织程序、组织制度，决不容许把所管理的地方、部门搞成不听中央指挥、不受党组织约束和党员监督的“领地”。落实各级党委（党组）集体领导与分工负责相结合的制度要求，坚持重大问题集体决策，党的会议讨论问题少数服从多数的原则。自觉服从党的工作安排，无论职位高低，都不能拒绝组织调遣，不能拈轻怕重、公开要官要权，更不能自我膨胀，目无组织纪律，凌驾于组织之上。正确处理组织行为与个人行为的关系，该以组织名义的就不以个人名义，该以个人名义的就不以组织名义，该集体研究的个人就不擅自表态，任何时候都要防止以个人代替组织、包办组织事务。严肃党内政治生

① 习近平谈治国理政（第二卷）［M］．北京：外文出版社，2017：154～155.

活，落实党的人事纪律，反对任何任人唯亲、拉帮结派、团团伙伙；每个党员干部，无论党龄长短、职务高低，都必须接受党组织的教育和监督，绝不能自认为“位高权重”或者“天高皇帝远”而刚愎自用，抵制监督。

（三）要增强党的群众工作纪律及其他相关纪律

要把对上级负责与对群众负责统一起来，把维护群众利益作为思考问题、制定政策的基本出发点，杜绝与民争利、以权谋私、侵犯群众合法权益，坚决严惩骑在人民头上称王称霸、欺压群众的党员干部。要严格遵守宣传纪律和外事纪律，自觉遵守党的财经纪律和廉政纪律，维护社会主义市场经济秩序，模范遵守宪法和法律，自觉在法治框架内活动。谨记马克思“不可收买是最高的政治品德”① 的名言，越是困难的时候越要守纪律，越是深化改革、创新发展，越要坚持依法依规办事。否则，目无法纪，不愿不能不会自律，最容易出问题。须知天将降大祸于斯人也，必先骄其心志，奢其热望，强其诱惑，长其躁气，使其重外轻内，急功近利，或忽小节而坏大德，贪小利而悖大道，亲钱财而疏亲友，趋淫逸而乱大伦；或不堪于卑微，难耐于穷厄，丢掉理智，言行乖张；或痴迷功名，狂追不止，幻想当真，荒唐迭出，身心分裂，铤而走险，众叛亲离。虽善劝而无益，以自孽而悔迟。

（四）要模范遵守和维护党章

党章是党的根本大法，是我们立党、管党、治党的总章程，集中体现了党的性质、宗旨和党的理论路线方针政策，规定了党组织的重要制度和体制机制，对于党的建设、党员修养和党的事业发展具有重要引领作用。党的十三大提出：“共产党员同非党员相比，任何时候都必须为着国家和人民的利益，自觉地更多地牺牲个人的利益。共产党员的称号之所以光荣，就在这个地方。党章对党员的要求，当然不能要求非党群众做到，但党员必须做到。如果不能做到，不履行党章规定的义务，经过教育，仍不

① 马克思恩格斯全集（第3卷）［M］．北京：人民出版社，2002：129.

能改正的，就要劝他们退党，或者从党内除名。”今天的党员干部更要自觉学习党章、遵守党章、维护党章，自觉增强党章意识、党员意识、宗旨意识、执政意识、大局意识、责任意识，坚持把党章作为党性修养的根本标准，作为指导党的工作、党内生活、党的建设，解决党内矛盾的根本遵循。严格按照党章规定的党员领导干部必须具备的六项基本条件提升自身能力素质，严格执行党章关于理想信念、指导思想、基本方略、民主集中制、政治生活、群众路线等规定，切实做模范党员，用忠诚讲政治，用信念主思想，用正心守道德，用敬畏存法纪，在党为党，为党分忧、为国尽责、为民奉献。

（五）恪守党的纪律要注重克服“当官”容易滋生的危险心态

要防止“特权”心态，自觉坚持职务越高，权力越大，责任越大，牢固树立法律面前人人平等、制度面前没有特权、制度约束没有例外的意识，带头遵法守纪。防止“攀比”心态，避免看到一些有钱人一掷千金、灯红酒绿的生活而心理失衡，由想不通到羡慕，思想蜕变、行动模仿，直至丧失免疫力，面对党纪国法铤而走险。防止“不占无过”心态，警惕只要“不装进自己口袋就没事”的误区，避免为给小集团、本单位、身边的人谋取私利而触犯法纪。防止“小贪无碍”心态，当心那种得个小恩小惠、占个小便宜无伤大雅的观念和侥幸心理，须知“轻者重之端，小者大之源”，小贪无碍和侥幸的心态是极其危险的。防止“哥们义气”心态，避免乱交朋友、傍大款、媚商媚权，为了所谓“哥们义气”而不惜违反规定，牺牲原则，触犯法纪，甚至被所谓“好友”“好哥们”拉下水而全然不知。

第五节　能力素质修养

当今时代，知识更新的周期大大缩短，各种新知识、新科技、新业态、新事物层出不穷，对全党加强能力修养提出了紧迫要求。党员干部需要提升的能力素质内容很多，党的十九大报告强调，新时期党员干部要着力增强学习本领、政治领导本领、改革创新本领、科学发展本领、依法执政本领、群众工作本领、狠抓落实本领、驾驭风险本领八种本领。在各种能力素质中，我们认为十分重要而又容易被忽视的是，干部的科学思维能力或者说科学思想方法问题。它是介于世界观、方法论与具体知识技能之间的中观层次能力，是将世界观、方法论进行具体化，更好地运用具体知识技能的能力素质，是干部综合素质的一个核心环节。

一、高度重视思想方法问题

（一）科学思维能力是构成人综合素质能力的核心因素

理性思维是人与动物的重要区别之一，车尔尼雪夫斯基说："使人成为真正有教养的人，必须具备三个品质：渊博的知识、思维的习惯、高尚的情操。"高尔基说："要培养一个人成才，很重要的一个因素在于思维、在于科学的思维。"1972 年 2 月 27 日，周恩来陪来华访问的尼克松一行到上海，双方发表了《上海公报》，美国宣布从中国台湾撤军，与中国和平共处。28 日，尼克松满意地离华返美，周恩来也从上海飞回北京，从机场直驱中南海，向毛泽东汇报说："尼克松高兴地走了，他说他这一周改变了世界。"毛泽东抽了口雪茄说："哦?！是他改变了世界？哈哈，我看还是世界改变了他。要不，他隔海骂了我们好多年，为什么又要飞到北京来?"① 毛泽东没有否认尼克松（包括他自己）的主观能动作用，但总的认为尼克松访华、中美关系的改善，是因为世界形势的变化，不是尼克松改变了世界，而是世界的变化改变了尼克松。伟人在轻松谈话间，指出了问题的根本所在，这就是用马克思主义科学思维方法，客观地看待和分析问题的光辉典范，没有长期的科学思想方法积累和高超运用能力，是难以做到的。

① 2016 年 5 月 18 日《中华读书报》第 12 版.

科学思维能力包括思维的深刻性、广阔性、灵活性、敏锐性和想象力。思维的深刻性在于运用逻辑的、辩证的思维方式，揭示事物的真相、本质和规律，预见事物发展过程。德谟克利特讲："行动之先，以深思为佳。"普希金说："不要急着做决定，因为你经过一夜的深思之后，会涌现出更好的智慧。"思维的广阔性就是拓展思维范围，发散性、多维度、全方面思考，考虑多种情况、多种可能，提出多种备选方案，而不是单线性、非此即彼地、唯一答案地思考。思维的灵活性，即能够根据变化的情势在思维上快速从一个系统跳转到另一个系统，随机应变地、不固定在一处地采取措施，而不是禁锢于他人经验、固有套路、死搬硬套。思维的敏锐性，在于能够快速、准确、见微知著地捕捉事物、做出判断，是所谓"绿叶忽低知鸟立，青萍微动觉鱼行"的头脑敏锐。想象力也是基础性的思维能力，它是在感性印象的基础上，在头脑中创造出新形象的心理过程。亚里士多德说："想象力是发现、发明等一切创造活动的源泉。"想象力有赖于知识和经验的积累，正所谓"捉襟见肘难为舞，点水涸泽何来波"。党的十九大报告对新时期党员干部培养和坚持战略思维、创新思维、辩证思维、法治思维、底线思维等思维能力提出了具体要求。领导干部要加强思维训练，不仅要勤于动口、动腿、动手，更要习惯动脑，提高思维水平，开展艰苦的思想劳动，提升领导能力和水平。

（二）掌握并运用科学方法，是提高工作效能的重要方面

简单地说，"方法"就是依据普遍而客观的形式法则，针对具体问题提出解决方案的技巧和办法。方法论已成为一门日益重要的科学，美国称之为"政策科学"，中国和日本称作"软科学"。方法科学综合运用自然科学、社会科学，特别是数学与哲学的理论和方法，研究经济、科学、技术、管理、教育等社会环节之间的内在联系及其发展规律，从而为解决各种复杂的社会问题、推动发展提供优化方案和决策。它不仅对单项工作和问题有实用价值，而且从宏观上对经济政策、发展决策、军事战略都具有实践意义，备受各国重视。

俗话说，成功者依赖方法，失败者钟情于借口。中国古语讲事半功倍，那也是要靠科学方法的。白波所著的《真理就这么简单》中讲了一件趣事：18 世纪末，英国人开发澳大利亚之初，主要依靠流放犯人到澳大利亚来实现移民，一些私人船主承包了大规模运送犯人的工作，但由于当时船舶航运条件落后简陋，加之承包商拿了钱后，苛刻压低生活标准，疏于经管，犯人在漫长海途中的死亡率很高，朝野上下极为不满。对此先后提出了三种解决方法。一是医疗救命法，政府出资给每船加派一名医生和官员全程监督跟进，但死亡率并没有降低，反而增加了成本，还死了一些官员。二是道德教育法，把船主们召集起来，进行思想上的宣传教育，但情况依然没有好转。三是点货付款法，把付款方式由离岸付改为到岸付，按照运到澳大利亚的犯人人数计付费用，这样一来船主们就千方百计降低了海运途中犯人的死亡率。这个故事看似简单，却证明了有效激发人的内在积极、主动性是社会建设和管理的黄金法则，道出了科学方法的重要性。传统上，中国人也重视方法，运用多种方法，但以经验性为主，自觉从科学理性角度加以总结研究的比较少，这不能不说是一个缺陷。

（三）加强思想方法修养，重在注意克服各种非理性、非逻辑的、僵化的思维模式

中国台湾杰出方法论学者刘胜骥总结道，在思想方法上，人们有时候不遵循逻辑和事实的发展，而是拘泥于各种非逻辑的传统或思想方法。比如，在 19 世纪，一次英国进行军事演习，邀请各国使节观阅，一位美国将军对发炮时先有一位军士跨前一步双手自上而下重重一拉的动作百思不解，问英国将军，他答道“历来如此”并不知缘由，两人只好向老将军讨教，老将军说“很久以前，炮是由马托运的，发炮时怕马受惊吓乱窜，必须把马拉紧”，如今早已用汽车托运了，这个动作却莫名其妙地被保留了下来。有位中国媳妇，每次煎鱼总是剁头去尾，婆婆看在眼里憋在心里，终于有一天实在憋不住了，装作不经意地问：“煎鱼为何去头去尾?”媳妇毫不迟疑地说：“我娘家都是这么做的，可能是传统吧。”婆婆只好笑道：

"下次回去，问问你妈，看她是否知道原因。"媳妇心想婆婆着急，就给娘家打电话，一问之下，连她自己都不好意思说了，原来当时因为家里锅小，不去头去尾就煎不下，想不到换了大锅却忘了原因，旧习惯一直沿袭下来。种种类似情形，说明人们有时候会拘泥于祖宗遗训和习俗惯例，一味地沿用历史传统；或拘泥于社群积习，秉持已有的偏颇成见；或拘泥于宗教和已有理念，充满教条与武断，抵制批判；或拘泥于感情和同情，以情代法代理代公正；或拘泥于权威和世俗偏见，不唯真唯实①，这是很不利于正确看待事物、分析事情、制定措施、推进工作的，如果发生在领导改革发展中，难免会造成不必要的成本或浪费，甚至遭受到失败。

二、传承老一辈革命家宝贵的思想方法和工作方法

毛泽东、周恩来、刘少奇、朱德、邓小平、陈云等老一辈革命家非常重视思想方法问题，并在长期领导党和人民革命建设实践中，积累了很多宝贵的思想方法和工作方法，今天依然具有重要指导意义，值得我们学习和发扬。

（一）凡事要讲求学习方法

在革命和建设的艰巨任务面前，老一辈革命家反复强调重视和学习思想方法、工作方法问题。一是工作方法是十分重要的。毛泽东在1934年1月强调："我们不但要提出任务，而且要解决完成任务的方法问题。不解决方法问题，任务也只是瞎说一顿。"（《关于工作方法的问题》）在1938年5月又指出，"一切事情都是要人做的""做就必须先有人根据客观事实，引出思想、道理、意见，提出计划、方针、政策、战略、战术，方能做得好。"（《论持久战》）周恩来在《怎样做一个好的领导者》中，从领导者的立场、领导者与领导机关、什么是正确领导、领导者的任务、工作方法和工作作风等九方面，详细介绍了做好领导工作应当讲求的方法。陈

① 刘骥胜．科学方法论——方法之建立［M］．湖北：武汉大学出版社，2014：10～12.

云也在 1957 年 1 月强调："学习理论，最要紧的，是把思想方法搞对头。"（《最要紧的是把思想方法搞对头》）二是要有自觉讲求方法的观念意识。毛泽东在 1944 年 4 月《学会分析事物的方法》一文中，专门强调了领导干部要自觉强化思想方法问题，指出，我们"对于任何问题应取分析态度，不要否定一切。我们许多同志缺乏分析的头脑，对于复杂事物，不愿做反复深入的分析研究，而爱做绝对肯定或绝对否定的简单结论"。在 1949 年 3 月的《党委会的工作方法》中，他进一步强调："领导工作不仅要决定方针政策，还要制定正确的工作方法。有了正确的方针政策，如果在工作方法上疏忽了，还是要发生问题。我们一定要讲究工作方法，把党委的领导工作提高一步。"三是必须加强思想方法和工作方法的学习。毛泽东 1936 年 12 月指出，"做一个真正能干的高级指挥员""必须在战争中学习才能办到"（《如何研究战争》）。刘少奇在 1939 年 7 月强调，共产党员要努力学习马克思列宁主义的理论和方法，用马克思列宁主义指导自己的思想和行动（《理论学习和思想意识修养是统一的》）。陈云在 1987 年 7 月再次紧迫地指出："现在我们在新的形势下，全党仍然面临着学会运用马列主义、毛泽东思想的立场、观点、方法分析和解决问题这项最迫切的任务。"（《身负重任和学习哲学》）可见，老一辈革命家一贯提倡把革命热情和科学精神结合起来，主张用科学方法谋划和推进工作，强调重视、学习和自觉运用马克思主义思想方法。在中国特色社会主义新时代，进行伟大斗争、建设伟大工程、推进伟大事业、实现伟大梦想，面临的形势更加复杂多变，担负的任务更加艰巨繁重，必须在不断提高政治站位的同时，自觉重视和学习运用科学的思想方法和工作方法，防止只讲任务不讲方法，只提要求不提方案，只管号召不管落实，只强调目的不重视规律的种种形式主义、官僚主义、唯心主义倾向。

（二）要坚持使用调研方法

调查研究是马克思主义基本工作方法，也是中国共产党最为强调的科学方法和优良作风之一。毛泽东一生对调查研究极其重视，他在 1930 年 5

月指出："离开实际调查就要产生唯心的阶级估量和唯心的工作指导，那么，它的结果，不是机会主义，便是盲动主义。我们要时时了解社会情况，时时进行实际调查。"（《反对本本主义》）而且进一步强调，不做调查没有发言权，不做正确的调查同样没有发言权。他在1941年5月高屋建瓴地指出："共产党领导机关的基本任务，就在于了解情况和掌握政策两件大事，前一件事就是所谓认识世界，后一件事就是所谓改造世界。任何一个部门的工作，都必须先有情况的了解，然后才会有好的处理。"（《改造我们的学习》）他在谈到自己的实践经验时说："我的经验历来如此，凡是忧愁没有办法的时候，就去调查研究，一经调查研究，办法就出来了，问题就解决了。"在三次提倡全党大兴调查研究之风期间，毛泽东特别强调："现在我们中央搞的文件，如果没有具体措施也是不可能实现的。要有正确的措施，就要做调查研究工作。""一切从实际出发，不调查没有发言权，必须成为全党干部的思想和行动的首要准则。"刘少奇在1948年10月谈做好工作的四个条件时，第一条就是强调要有正确的态度，在政策制定和落实中坚持调查研究、实事求是的态度，他指出："唯物论者是有勇气的，绝不要添加什么，绝不要带着成见下乡。一个政策在执行时，要看各方面的反映，如果该拥护的却反对起来了，就要看是政策的问题，还是执行的问题。问题不在于人家是不是相信，而在于你是不是把事情搞得清楚。"陈云在1957年1月深刻指出："只要弄清了情况，不难决定政策，我们应该用百分之九十以上的时间去弄清情况，用不到百分之十的时间来决定政策，这样决定的政策，才有基础。"（《最要紧的是把思想方法搞对头》）毛泽东等老一辈革命家是调查研究的典范，他们深入实际、深入群众调查研究的精神以及方法值得我们学习借鉴。不仅要加强调查研究，还要认真贯彻习近平总书记关于调查研究的重要论述和指示精神，发扬求真务实的调研作风，坚持实事求是，坚持深入群众，力戒形式主义、官僚主义，坚持问题导向，确保察实情、问实政、出实招、见实效。

（三）要坚持唯物史观和群众路线

唯物史观和群众路线是我们党思想路线的基础、根本的观点方法和认识改造世界的法宝，老一辈革命家不仅注重这方面的理论修养，更注重用于指导实践、推动工作。毛泽东在1943年6月谈到领导方法时强调："从群众中集中起来又到群众中坚持下去，以形成正确的领导意见，这是基本的领导方法。"1945年4月进一步指出，"我们共产党人区别于其他任何政党的又一个显著的标志，就是和最广大的人民群众取得最密切的联系"。"经验告诉我们，凡属正确的任务、政策和工作作风，都是和当时当地的群众要求相适合，都是联系群众的；凡属错误的任务、政策和工作作风，都是和当时当地的群众要求不相适合，都是脱离群众的"。要热爱人民群众，"细心地倾听群众的呼声；每到一地，就和那里的群众打成一片""根据群众的觉悟程度，去启发和提高群众的觉悟，在群众出于内心自愿的原则之下，帮助群众逐步地组织起来，逐步地展开为当时当地内外环境所许可的一切必要的斗争"（《中国共产党的三大作风》）。1964年9月毛泽东再次指出："我们的干部中，自以为是的很不少。其原因之一，是不懂马克思主义的认识论。简单地说，就是从群众中来，到群众中去。下决心长期下去蹲点，就能听到群众的呼声，就能从实践中逐步地认识客观真理，变为主观真理，然后再回到实践中去，看是不是行得通。如果行不通，则必须重新向群众的实践请教。这样就可以解决框框问题，即教条主义问题了，就可以不信迷信了。"（《向群众的实践请教》）朱德在1942年11月总结军事问题时强调："要想做成几件事只有老老实实，实事求是，这是八路军的传统方法。"（《实事求是，同群众相结合》）邓小平在1978年指出："按照实际情况决定工作方针，这是一切共产党员所必须牢牢记住的最基本的思想方法、工作方法。实事求是，是毛泽东思想的出发点、根本点。"（《实事求是是毛泽东思想的根本观点》）陈云同志也强调："要解决依靠群众的问题。疑难不决的事情，要请教群众。没有这一条，不能算马克思主义者。"（《最要紧的是把思想方法搞对头》）我们今天更要坚持马克思主义唯物史观，尊重人民群众的历史主体地位，全面贯彻党的群众观点、群众路线，牢固树立和执行发展为了人民、发展依靠人民、发展成果由人民共享的执政理念和根本工作方法，始终让新时代中国特色社会主义事业成为全体中国人民的自觉行动，凝聚起无穷的智慧和力量。

（四）要自觉运用唯物主义辩证方法

唯物主义辩证法揭示了世界普遍联系和永恒发展的矛盾运动规律，是正确认识事物、科学开展实践的基本原则和方法，是老一辈革命家工作思想方法的重要精髓。比如，他们强调要用发展变化的思路对策，来适应发展变化的需要。毛泽东在 1936 年 12 月指出："一切战争指导规律，依照历史的发展而发展，依照战争的发展而发展；一成不变的东西是没有的。"（《如何研究战争》）在 1937 年 7 月又指出："任何过程，不论是属于自然界的和属于社会的，由于内部的矛盾和斗争，都是向前推移向前发展的，人们的认识运动也应跟着推移和发展。真正的革命的指导者，不但在于当自己的思想、理论、计划、方案有错误时须得善于改正，而且在于当某一客观过程已经从某一发展阶段向另一发展阶段推移转变的时候，须得善于使自己和参加革命的一切人员在主观认识上也跟着推移转变，即是要使新的革命任务和新的工作方案的提出，适合于新的情况的变化。"（《论认识和实践的关系——知和行的关系》）朱德在 1933 年论述战术原则时也提出："事物是变动的，情况是迁移的，决不容由一成不变的老章法来指挥军队。作战的决心必须根据任务、敌情和地形等的时常变换而改变。"（《谈几个战术的基本原则》）他们强调必须辩证地看待问题，毛泽东在 1957 年 2 月指出："我们必须学会全面地看问题，不但要看到事物的正面，也要看到它的反面。在一定的条件下，坏的东西可以引出好的结果，好的东西也可以引出坏的结果。"（《坏事能否变成好事?》）在 1963 年 12 月又指出："一个共产党人必须具备对于成绩与缺点、真理与错误这个两分法的马克思主义辩证思想。""任何一个过程，都是由矛盾着的两个侧面互相联系又互相斗争而得到发展的。这应当是马克思主义者的普通常识。"（《采取马克思主义的辩证分析方法》）朱德在 1942 年 11 月也指出："一切最好的战略战术都是实事求是合乎辩证法的，有什么样的武装，有什么样的敌人和地理条件，就必须打什么样的仗。”（《实事求是，同群众相结合》）他们强调，要善于聚焦主要矛盾，以重点带全局。毛泽东在《矛盾论》中就强调：“对于矛盾的各种不平衡情况的研究，对于主要的矛盾和非主要的矛盾、主要的矛盾方面和非主要的矛盾方面的研究，成为革命政党正确地决定其政治上和军事上的战略战术方针的重要方法之一，是一切共产党人都应当注意的。”朱德在1933年谈到战术的基本原则时也指出，“无论大兵团、小部队，在进攻中每一个动作，都要选定主要突击方向而集中其最大兵力在这一方向来决战”。“如有人想处处顾全，平分兵力，结果到处没有力量，将演出东不成西不就甚或失败的结果。”（《谈几个战术的基本原则》）邓小平注重坚持重点论与两点论的有机统一，坚持改革开放与四项基本原则的统一，坚持独立自主、走自己的路与充分运用国际资源的统一，表现出对唯物主义辩证方法的深刻理解和高超驾驭能力。陈云在1940年12月强调：“工作要抓住中心，照顾其他。中心为主，做到全局与局部的一致。”“不忘记经常工作，但必须抓住中心，防止事务主义，乱无头绪。”“平均使用力量，瞎抓一气，必无成效。”（《学会领导方法》）这些在革命、建设和改革的实践中，活学活用，关注发展变化，辩证分析事物，抓住主要矛盾，统筹推进工作的观点方法是老一辈革命家创造的宝贵思想财富，我们要自觉学习、运用和发扬，不断提升完成历史使命的能力本领。

（五）要注重把握和运用事物规律

揭示、把握和运用事物内在规律是保证实践成功的重要前提。老一辈革命家十分重视认识和运用事物的规律，把坚持正确政治方向与按规律办事结合起来，把理想信念与科学真理结合起来。毛泽东在1936年12月提出：“不论做什么事，不懂得那件事的情形，它的性质，它和它以外的事情的关联，就不知道那件事的规律，就不知道如何去做，就不能做好那件事。”（《如何研究战争》）在1941年进一步强调，“我们‘应当从客观存在着的实际事物出发，从其中引出规律，作为我们行动的向导。’”“要从国内外、省内外、县内外、区内外的实际情况出发，从其中引出其固有的而不是臆造的规律性，即找出周围事变的内部联系，作为我们行动的向导。”“应当说没有科学的态度，即没有马克思列宁主义的理论和实践统一的态度，就叫作没有党性，或叫作党性不完全。”（《改造我们的学习》）陈云在 1940 年 12 月也指出：“不仅要有听的时间，而且要有想的时间。从感性到理性，这是思维的过程。会要少开，开会要有准备，出文件要解决问题，否则无结果。”（《学会领导方法》）在强化规律性上，老一辈革命家还特别强调政治方向、政治路线与科学规律的有机统一。如毛泽东在 1958 年 1 月强调：“政治和经济的统一，政治和技术的统一，这是毫无疑义的，年年如此，永远如此。”（《又红又专》）周恩来在 1943 年 4 月提出，“要‘使组织领导提到政治领导的水平’，把一切工作提到原则的高度，‘要与政治任务联系起来’；‘要使一切组织和实际工作保证党的政治任务和工作计划的实现’；‘要注意日常党的领导，使党的组织接近于下层，工作更具体化。’”（《怎样做一个好的领导者》）陈云也在 1940 年 1 月指出，既要对政治路线有正确了解，又要对具体情况有切实了解。“只谈路线，不了解具体情况，是空谈。只知道具体情况，不了解路线，是盲目。要克服‘上级只谈政治路线，下级只谈具体工作’的缺点，计划要适合于路线，又要适合于客观实际情况。”（《学会领导方法》）我们要学习老一辈革命家这种重要的思想方法和工作方法，坚持坚定理想信念与重视运用客观规律的统一，建设新时代的热情干劲与政治要求的统一，奋斗蓝图、政治方向、科学精神的统一，校准方向、不务虚名、求真实干，不断创造经得起人民和历史检验的工作成绩。

（六）要善于团结带领大家一道工作

社会主义事业是人民群众的事业，每个党员干部都必须善于团结周围的群众和一切积极力量共同工作并在其中发挥先锋模范作用，才能为事业的发展汇聚巨大力量。毛泽东早在 1938 年 10 月就强调，“共产党员绝不可脱离群众的多数，置多数人的情况于不顾，而率领少数先进队伍单独冒进；必须注意组织先进分子和广大群众之间的密切联系，必须善于照顾全局，善于照顾多数，并善于和同盟者一道工作。”（《照顾全局，照顾多数及和同盟者一道工作》）刘少奇在 1939 年 7 月指出，“无产阶级的坚定立场，必须同关门主义、宗派主义严格区别开来，”在进行斗争的时候，“必须同广大劳动人民建立密切的联系，同各革命阶级和革命党派建立革命联盟，领导广大劳动群众和一切同盟者同自己一道前进”，“同时又必须同一道前进中的迁就主义、投降主义严格区别开来。”（《理论学习和思想意识修养是统一的》）朱德在 1942 年 11 月更加直接地说，“革命是群众干的，没有群众什么也干不成。”“要领导群众前进，也只要比一般群众高过一个指头就行，不要高得太多，跑得太远，处处卖弄教条，搬运走不通的最高原则，那样是会把事情弄坏的。”（《实事求是，同群众相结合》）陈云在 1940 年 12 月也强调，干部“不仅自己会干，而且会推动别人干，要改变那种一人忙众人闲、上忙下闲的状况。”（《学会领导方法》）善于调动一切积极力量投入党和人民的事业，团结带领大家一起工作，这是唯物史观和群众路线在党领导方法上的具体体现，对于今天克服孤立主义、个人英雄主义、风头主义，更好地发挥党员干部在各项工作中的模范带头作用，具有重要启示意义。

（七）要善于使用干部

干部是我们革命、建设、改革的中坚力量，培养和使用干部是各级领导者的重要政治责任，老一辈革命家们对干部问题极为关注。1938 年毛泽东在《领导者要善于用干部》中强调，要善于识别干部，“不但要看干部的一时一事，而且要看干部的全部历史和全部工作，这是识别干部的主要方法。”要善于使用干部，领导者的责任，归结起来，主要是出主意、用干部两件事。要善于爱护干部，指导他们能在党的政治路线下创造性地放手工作；要给予学习教育的机会，使其在理论和工作能力上不断提高；要检查他们的工作，帮助总结经验、发扬成绩，及时教育纠正错误；对干部的疾病、生活、家庭等各种困难问题，要在可能限度内用心给予照顾。周恩来在1943年4月指出，要慎重地挑选干部，政治标准与工作能力二者缺一不可，“而政治上可以信任是先决问题。”（《怎样做一个好的领导者》）在干部问题上，老一辈革命家还特别强调上下级的通力合作，毛泽东在1949年3月强调，上级不懂得和不了解的东西要问下级，做出的决定如果包括了下面干部提出的意见人家自然拥护，对下面干部的话无论是否正确都要倾听，听了要加以分析，正确的就要采纳，并且照它做。如果下面不来材料，不提意见，领导机关就很难正确地发号施令”（《党委会的工作方法》）。邓小平在1962年2月指出：“做领导的‘总要取得大多数人的同意事情才好办，绝不能一个人讲了就算数’；领导同志的度量要大一点，‘要善于倾听反面意见，倾听不同意见，’要听老实人的话、听老实话，平等待人，谦虚谨慎，这也是我们的传统。”（《怎样当好班长》）陈云也提出，“领导方式的中心问题，是正确处理上下级关系。上级的基本态度是帮助下级，吸收下级的经验来改善领导。上级决定本身有缺点，完全由领导负责；下级执行中有缺点，领导也要负教育不够的责任。不能只批评下级，上级不做自我批评”（《学会领导方法》）。干部选拔任用和干部队伍建设问题，始终是政治生态建设和事业成败的大问题，也是各级党组织、各级领导干部的重要任务，是极为重要的“政绩指标”，老一辈革命家这方面的宝贵经验，值得深入学习借鉴。

（八）要以良好的作风推进事业发展

领导干部的良好工作作风，是构成我们党战斗力、长期执政能力的核心要素，老一辈革命家们在长期革命建设实践中，十分注重以作风建设推进工作。1945年4月，毛泽东提出了我们党以理论结合实践、密切联系群众、批评和自我批评三大作风为核心的新的工作作风。周恩来在1943年4月强调，领导干部要“反对一切实际工作中的机会主义（如马虎主义、空谈家、妄自尊大者、官僚主义、形式主义、文牍主义、事务主义等）”，以及破坏党和军队传统、蜕化或腐化思想等。他还总结了领袖人物的可贵作风，指出：“列宁的工作作风是：俄国人的革命胆略，美国人的求实精神。

毛泽东同志的工作作风是：中华民族的谦逊实际，中国农民的朴素勤勉，知识分子的好学深思，革命军人的机动沉着，布尔什维克的坚忍顽强。”（《怎样做一个好的领导者》）邓小平也分析道，在毛泽东同志倡导的作风中，“群众路线和实事求是这两条是最根本的东西”。每一个党员都必须养成“为人民服务、向群众负责、遇事同群众商量和同群众共甘苦的工作作风”（《党的工作中的群众路线》）。他还强调，我们党的各级领导同志，特别是主要领导人的威信也主要“建立在思想、工作、言论的正确上，建立在民主作风上，建立在批评和自我批评的作风上”（《怎样当好班长》）。陈云则强调，工作中要善于听取不同意见，这样能使自己的意见更加完整，“能够听到不同声音，绝不是坏事。这与同中央保持一致并不矛盾”（《身负重任和学习哲学》）。越是在夺取新时代中国特色社会主义事业伟大胜利的关键时期，全党上下尤其是各级领导干部，就越要重视干部的作风问题，越需要从老一辈革命家那里汲取无穷力量、传承红色基因，使党员干部队伍始终保持高尚的精神和行动。

此外，党员领导干部还应掌握一些工作方法。在历史上，实验、比较、分类、归纳、演绎、分析、综合、观察以及数学等方法，从古希腊时代已得到系统运用，在 18 世纪前占据方法的主体，近现代以来方法科学突飞猛进发展，国内外著述很多，对方法的总结分类也各有不同。刘胜骥在其所著的《科学方法论——方法之建立》一书中，系统整理了 17 种方法及其使用原则，他把它们归为两类：一类称之为科学的方法，包括观察法、实验法、文献法、数学法、统计法、抽样法、调查法、访问法、计算机法、比较法 10 种；另一类叫作哲学方法，包括归纳法、演绎法、辩证法、批判法、分析法、综合法、直觉法 7 种。科学的方法强调定量研究，注重实证、量化的观察以及数理工具的分析，求取事物的量度、表现、内在定律等；哲学方法专注于性质研究，注重事物的意义、本质、规律等。两类方法各有优劣，就像各味中药，各有特性和效用，并无高低优劣之分，关键在于如何处方，如何综合使用。方法给人探讨、追求的工具和准绳，助人了解和改造世界，但方法的选择本身也是个复杂的问题，一般对某一问题，所采取的方法应该是能够怀疑和求证的、可以检验印证的、客观透明的、能够实施应用的。有一些内在的规律机制也可以提供参考，比如，顺势而为法则，奖善惩恶原则，得到鼓励、奖赏或报酬的行为，人们倾向持续为之，受到惩罚、苛责或监禁制裁的行为，人们倾向戒除、不为之；比较利益法则，在多种方案中，人们总是青睐节省成本、综合效益最大的方案；尊重自然法则，无论做人做事，在积极进取的同时，都要重视和尊重自然法则、自然规律，防止违反自然规律而遭到自然的报复，等等。

总之，就像习近平总书记所说，当前“改革发展稳定任务之重、矛盾风险挑战之多、治国理政考验之大都是前所未有的。我们要赢得优势、赢得主动、赢得未来，必须不断提高运用马克思主义分析和解决实际问题的能力，不断提高运用科学理论指导我们应对重大挑战、抵御重大风险、克服重大阻力、化解重大矛盾、解决重大问题的能力，以更宽广的视野、更长远的眼光来思考把握未来发展面临的一系列重大问题，不断坚定马克思主义信仰和共产主义理想”①。

① 习近平关于“不忘初心、牢记使命”论述摘编［M］. 北京：党建读物出版社、中央文献出版社，2019：350.

第五章

共产党员修养的传统借鉴

以儒家修齐治平为代表的中国传统修养文化，对“君子”尤其是当官为政者的修养有着系统要求，并在长期积淀中总结提炼了一些基本修养目标和努力方向，概括起来主要包括真诚、明强、坚忍、勤廉、谦敬、达观等。这些古人经验智慧的结晶，对我们今天党员干部的修养，依然很有借鉴意义。

第一节　要真诚

不伪、不假、不谎，如实不虚为“真”；真实、不妄、不欺，坦荡无遮掩为“诚”。真诚自古就是中华文化教人的核心要求之一，也是一切道德素质的根基。习近平总书记强调：“讲实话、干实事最能检验和锤炼党性。”① 可以说，真诚、诚信、对党忠诚老实，是党对党员干部的一个最为基本的重要要求，看似简单，但做起来并不容易。

一、真诚是处世的基本

诚、伪是品行也是态度。诚者，不自欺、不欺人，亦不为人所欺。有人说一个人欺骗别人顶多欺骗五分钟，人与人的聪慧程度只相差五分钟，

① 习近平谈治国理政（第二卷）［M］. 北京：外文出版社，2017：189.

五分钟之前你看到的别人还没有看到，可是五分钟之后别人也会看到，你的欺骗就会被拆穿，所以没有人可以骗得长久。《礼记·大学》说："小人闲居为不善，无所不至，见君子而后厌然，掩其不善而著其善。人之视己，如见其肺肝然，则何益矣!"也就是说，或许自认为对诈伪的举动掩盖得很好，别人不知道，殊不知别人看我们，如同直接看到我们的心、肝、肺，那种对诈伪之举掩耳盗铃式的掩盖又有什么意思和好处呢?

一个人要顶天立地，必须有一个"诚"字，否则就顶天不了，最多立地而已。荀子说"君子养心莫善于诚"，周敦颐讲"诚，五常之本，百行之源也"，也就是说"诚"是仁、义、礼、智、信的基础，亦是人各种善行的根源。古人进而提出："才自诚出，才不出于诚，算不得个才，诚了自然有才。今人不患无才，只是讨一'诚'字不得。"要想展现才华、有所作为，必基于诚恳，如果诈伪成性，无论多么有才，都会处处狭路，难以通达。所以为人要有四真——真心、真口、真耳、真眼。真心，无妄念；真口，无谎语；真耳，无邪闻；真眼，无错识。曾国藩说"诚于中，形于外"，根心生色，古来有道之士，其淡雅和润，无不达于面貌。内心真诚与否，会影响到人的气色面貌、言谈举止，久而久之，就会影响人自身。党员干部为人真诚、对党忠诚老实，是安身立命的基础，不仅天长日久党组织自能明了，自己也会心宽体胖，坦然无惊，如果做"两面人"，早晚会原形毕露，遁形无处。

二、真诚是内心健康快乐的根基

真诚不仅在人我之间，也在我内里，就是要能经常面对和审视真实的自己，不自欺，不逃避。孟子说，反问自己是真诚的，就是最大的快乐；荀子说没有比真诚更好的养心方法了。中国人从来讲求内省不疚，人无一内愧之事，则天君泰然，此心常足宽平，是人生第一自强之道、第一寻乐之方。孔子说："诚者，天之道也；诚之者，人之道也。夫诚，弗免而中，不思而得，从容中道，圣人之所以定体也。诚之者，择善而固执之者也。"

(《孔子家语》) 可见他认为诚乃是天地的自然规律和客观要求，而做到诚乃是人世上的大道、人之为人的正道，做到诚的本质乃是选择“善”的东西而坚持不放。当人的思想行为都是“善”的时候，自然极少有需要掩藏的东西、极少有需要虚假的时候，如此，内心和精神上自然就会坦然和安宁了。

苏轼说“夫诚者，何也。乐之之谓也。乐之则自信，故曰诚”（苏轼《中庸论上》)，这就讲到了更深的层次。就是说人之所以在某方面、某事上是真诚的，是因为他们喜爱那种理论、那种思想、那种事业，因为喜爱所以相信它们的正确性、必要性、必然性，自然就会对它真诚相待、无所保留。否则如果没有内心的热爱，就很容易“可与居安，而未可与居忧患也”，只能与组织同甘但不能共苦，平时还过得去，一旦面临危机危难、重大考验，就可能出现退缩或叛离，所以“夫惟忧患之至，而后诚明之辨，乃可以见”（苏轼《中庸论上》)。

面对新时代艰巨的改革发展任务，党员干部本来身心已经担负着繁重担子，身累是必然的，也是必要的，我们共产党人从来就懂得共产主义事业是需要奋斗牺牲的，从来不奢求能够敲锣打鼓、轻轻松松地实现。但是要防止心累，重要的有两条。一是要扪心自问，是否做到了真正信仰和喜爱我们的理想和事业，如果内心并不服膺，甚至是为了达到个人目的来参加这个队伍和事业的，就很难做到与党和人民同心同德，很难做到坦诚对待组织、对待事业、对待群众、对待自己，心就会很累。二是对自己、对他人、对组织要真诚老实，避免自作聪明，一心多用、表里两样、灵体分离、台前演正剧台下演闹剧，否则久而久之就会人格畸形、心理扭曲，完全背离了一个正常人的生活，不心力交瘁才怪呢。

三、真诚是公心所要

真诚是为政的法宝。周成王咨问为政的方法，大臣们给出的措施之一就是要讲信用，“布令信而不食言”。孔子在为政的三条措施“足食”“足兵”“民信”中，宁可“去兵”“去食”也要保留“民信”，认为如果失去人民的信任，政权就无法立足。因此，管子说“诚信者，天下之结也”，诚信是治理天下的关键；荀子强调“诚者，君子之所守，而政事之本也”，都是告诫为政者，要以诚信为本，对世事、百姓真诚无欺，而要做到为政不欺，就要坚持处以公心。人人有私心，本无可厚非，但一旦掌握公器、处置公务，就要秉持公心，绝不可欺世盗名。欺也是盗，“欺世盗名，其过大；瞒心昧己，其过深”。为官者之所以欺骗他人，必定是心中怀着私物。心中别有私心，不敢告人，必然编造谎言骗人；若心中不着私物，心地坦荡，真实无妄，又何必欺骗人呢？所以，不欺骗根植于“己私”服从于“公义”，凡事从“公”和公共利益上来看待和行事。子路问事君，孔子说“勿欺也，而犯之”；欧阳修说“推诚以接物，有害其身者，仁人不悔也，所谓杀身以成仁”，都是教人对待群众和自己的组织之道，即要忠诚，绝不可以欺骗。但是出于为党、为国、为事业之公心，为了实事求是、避免错误，可以不惜“侵犯”上级或组织的威严，即使自己有所牺牲也在所不惜，这就是为主义舍身的表现。

因此，天下之至诚，就是大公无私，天下才能被称为天下。如果“人人自私，家家有欲，众欲并争，群私交伐。怨乱既构，危害及之”“握权则赴者鳞集，失宠则散者瓦解，求利则托刎颈之欢，争路则构刻骨之隙。于是，浮伪波腾，曲辩云沸，寒暑殊声，朝夕异价，驽蹇希奔放之迹，铅刀竞一割之用。至于爱恶相攻，与守交战，诽谤噂踏，毁誉纵横，君子务能，小人伐技，风颓于上，流弊于下”（潘尼《安身论》），又怎么能做到修身齐家、引领风尚呢？怎么能建设良好政治生态和文明社会呢？

在工作中做到诚实并不是一件容易的事。“心一松散，万事不可收拾；心一疏忽，万事不入耳目；心一执着，万事不得自然”“胸中只摆脱一‘恋’字，便十分爽净，十分自在。人生最苦处，只是此心沾泥带水，明是知得，不能断割耳”（吕坤《呻吟语·性命》）。你所从事的职业会严格地考验你能否诚实守信、自我控制、公正坦诚。唯其难为，所以可贵。那些经受了考验，能保持诚实品格的人才会得到人们的信任，并终将被赋予更重大的责任，有机会取得更伟大的成就。“吾所以有大患者，为吾有身。及吾无身，吾有何患？故贵以身为天下，若可寄天下；爱以身为天下，若可托天下”（《老子》），这就是说，人为什么会宠辱若惊、祸难面前惊恐不已呢？因为过分看重身家性命、过分看重那些东西对自己身家性命的影响，如果人们视主义、事业更重于身家性命、更重于自己的躯体，又怎么会有什么忧患呢？又怎么会朝夕忧虑患得患失呢？所以，忘我而为天下，以珍惜身家性命的态度去治理天下的人，才可以把天下交给他；将一己身与命融入天下，以爱自己身家性命的态度去为天下的人，才可以把天下托付给他治理。而这种高尚的境界，要从诚心无私开始，只有天下为公，才可能做到贵以身为天下、爱以身为天下，否则满是为私的欲望，没有为公的诚心，即使调门再高、演技再好，也不会取得人民群众的长远信任。试想，如果你没有为人民群众服务的基本诚意，大家为什么还要把权力给你呢？

四、真诚，要从做人实在开始，从内心和点滴做起

邓小平一生倡导：“做老实人，说老实话，干老实事。”① 习近平总书记指出：“做人要实，就是要对党、对组织、对人民、对同志忠诚老实，做老实人、说老实话、干老实事，襟怀坦白，公道正派。要发扬钉钉子精神，保持力度、保持韧劲，善始善终、善作善成，不断取得作风建设新成效。”② 也就是说，第一，要对党和人民忠诚老实；第二，这种老实要从说话办事等点滴细节做起；第三，这个忠诚老实要坚持不懈、始终如一。这是对党员干部的基本要求，也是很高的要求。

小伪不去，终成大奸。真诚在人我之际、世事之间，更在慎独之处。

① 田姝. 邓小平的“老实论” ［EB/OL］. 人民网 - 中国共产党新闻网，http://cpc.people.com.cn/n1/2017/0119/c410539 - 29036067.html.

② 习近平谈治国理政（第一卷）［M］. 北京：外文出版社，2015：382.

“实心为民，杂一念德我之心便是伪；实心为善，杂一念求知之心便是伪；道理上该做十分，只争一毫未满足便是伪；汲汲于向义，才有二三心便是伪；白昼所为皆善，而梦寐有非僻之干便是伪；心中有九分，外面做得恰像十分便是伪。”（吕坤《呻吟语·性命》）九分九厘是真诚，只有一厘苟且，便是自我膨胀的苗头，需要赶在它表现出来之前，自我点检克治，这也是慎独的一种功夫。作为党员干部，要学习习近平总书记“我将无我，不负人民”的风范，从根本上强化“入党为公，对党忠诚，执政为民”的意识，时刻警惕在公务中夹杂私念、私欲、私利、私事。没了“杂”自然便有了“纯”，做到了“纯”自然会坦诚对待组织和群众，也就有利于从细微上防范对党、对事业、对人民三心二意、两面三刀等虚伪问题。

五、真诚，要讲信用、忌机巧

真诚要讲信用。有信用是负责任的体现、力量的象征、人格尊严的彰显。唐高祖李渊说：“丈夫一言许人，千金不易。”曾国藩曾告诫李鸿章说：“信只不说假话耳，然却极难，吾辈当从此一字下手，今日说定之话，明日勿因小利害而变。”言而无信，根源很多，有的是好大喜功，海口大诺，难以兑现，只好再次证明了“轻诺者必寡信”的古训；有的是言非心生，诺非诚意，许诺时即是虚情假意，自然不会积极去践行；有的是视利害胜过信用，因为利害情形的变化，就失信食言、毁约破诺。不仅个人如此，一些主政地方的领导干部和他领导的政府有时候也不讲信用，“新官不理旧官账”“上官不理下官账”“清官不理贪官账”，以致一些乡政府、县政府被列入失信单位名单。如果言无信、行无果，还有什么真诚可言呢？党员干部进行党性修养，连诚信一关都过不去，还能修到哪里去呢？一个没有信用的人，连做人都成问题，还怎么能够成为合格党员和好干部呢？

真诚还要不投机取巧。“大丈夫处其厚，不居其薄；处其实，不居其华”，做人要厚、实，去掉巧取捷登之心，不投机取巧、尔虞我诈、坑蒙拐骗，不去搞表面文章、花里胡哨、华而不实的东西。中国人自古就认为："天下大恶只有二种：欺无知，不畏有知。欺无知还是有所忌惮心，此是诚伪关。不畏有知是个无所忌惮心，此是死生关。"（吕坤《呻吟语·性命》）曾国藩说："吾辈读书人，大约失之笨拙，即当自安于拙，而以勤补之，以慎出之，不可弄巧卖智，而所误更甚。"2015 年我们党以县处级以上干部为重点开展的"三严三实"专题教育，特别强调党员干部"谋事要实、创业要实、做人要实"，针对性是非常强的，需要党员干部长期坚守。当然，我们讲真诚也有一个范围问题，对人民群众、在党内、在社会生活中、处理人民内部矛盾等都要忠诚老实，而面对敌对势力、处理敌我矛盾，则需要讲求艺术，不可"全抛一片心"，否则就不是真诚而是天真。

第二节　要明强

我们的历史上，凡是积极进取的先进分子都讲求做人做事、建功立业要有明强的精神，认为担当大事者，全在"明强"二字，《中庸》中学、问、思、辨、行五者，其要归于虽愚必明，虽柔必强。"明"和"强"是态度，也是素质能力。今天在对主义的信仰上追求"明"，在主义的实行上崇尚"强"，是党员干部修养的重要方面。

一、要明

"明"，从大的方面说是理解大道、明了大势、清楚大局、洞察是非，从操作层面说是知人晓事、洞察世事、见微知著。中国自古就很推崇"明"字，高明远识、聪明睿智、远见卓识、聪明英毅等成语都是形容"明"，特别是儒家向来把明白和知道"大道"作为为学的首要任务、作为修身行事的重要前提，中国老百姓也经常把"明白事理"作为评价人的一个重要标准。

《周易》很直接地说“童观，小人无咎，君子吝”，即认为看问题幼稚无知、不深刻，对一般人无所谓，因为他们担负的责任小；但是对于担负重要责任的官员来说，如果昏昧无知、于事不明，就会步履维艰而且危险四伏了。曾国藩也很强调做“明白官”，认为“昏官”必败，并根据个人经验解释“明”说：“人见其近，吾见其远”，曰高明；“人见其粗，吾见其细”，曰精明；认为“居高位者，以知人晓事二者为职”“今日能知人能晓事，则为君子；明日不知人晓事即为小人”。还说“知人晓事”，一是要洞悉自己所处的时代，是兴世、盛世还是衰世、乱世，时代不同要用不同的策略来应对，用今天的话说就是要把握时代脉博；二是洞悉自己应处之事，做事要在大处胜人，就是要有一种正确的指导原则和战略眼光；三是做事以心知肚明为前提，心里了如指掌了再提意见、做决断，心里明白再决策叫作明断，心里不明白就拍板叫作武断。

古人对如何做到“明”也有诸多见解。总结起来有这样几条。一是为学，认为人之识世首在为学问道，“人不学不知道”。二是兼听，就是接受别人的信息和建议，克服刚愎自用，借助别人的“明”来照亮自己，是谓“兼听则明，偏信则暗”。三是多看，《周易》有专门的“观”卦，要求人们广泛地了解国情、征集群众意见、考察别国得失、兼顾其他民族的愿望，眼光放得越广越远就越能做到“明”，也就越能恰当决策和施政。四是深思，主张格物才能致知，强调为了认识事物、洞察规律、揭示真理，要“博学之，审问之，慎思之，明辨之”。五是正心，认为想要得到真理、深察真谛，须有虔诚公正之心，所谓“公生明，诚生明，从容生明。公生明者，不蔽于私也。诚生明者，清虚所通也。从容生明者，不淆于感也”（吕坤《呻吟语·谈道》）。只有对公事一概秉公看待、秉公处理，才能有正大光明的风范，如果先有了一个固执见解、利益倾向、好恶之情在内心，就很难做到“明”，因为从来装睡最难醒。六是躬行，讲求“世事洞察皆学问，人情练达即文章”，格物致知，躬行体事，只有亲身经历了、研究了、体会了，才能更好地知事晓理。

习近平总书记在中央和国家机关党的建设工作会议上强调，“要践行新时代好干部标准，不做政治麻木、办事糊涂的昏官，不做饱食终日、无所用心的懒官，不做推诿扯皮、不思进取的庸官，不做以权谋私、蜕化变质的贪官。”① 我们今天党员干部讲求“明”，内涵要比古人高远和丰富得多。一是要深谙历史唯物主义，懂得人类历史发展、共产党执政和中国特色社会主义建设“三大规律”。知道人类社会必然要朝着什么地方去、共产党执政要遵循哪些基本原则要求、中国特色社会主义发展有着哪些内在规律，就能更好地明大势、识大局，增强“四个自信”，进而坚定理想信念。二是要懂得马克思主义价值观念与社会主义核心价值观，清楚共产党、社会主义政府和党员干部全心全意为人民服务的价值理想和实践要求，进而对是与非、利与义、荣与辱、得与失等有清晰而坚定的判断标准。三是要理解马克思主义群众史观，明白领袖与群众、英雄与时代、个人与社会之间的辩证关系，科学理解自己与党、与事业、与社会、与周围同事和群众的关系，进而为正确看待自己、保持谦虚谨慎提供思想认识上的保障。四是要掌握党的基本理论、基本路线、基本方略，使得看问题、讲东西、做决策、干工作都有根本的遵循和指导，防止以利益代原则，以好恶代法律政策，甚至偏离“大道”。五是要习惯于全面了解推动工作所需要的情况。哪些情况呢？概括起来说就是“古往今来、上下左右、国际优劣”，“古往今来”就是要明了所做事情的历史发展情况、当前发展状况和未来可能的趋势等；“上下左右”就是要吃透上面的政策要求，摸透下面的情况意见，掌握发展的基本条件和环境等因素；“国际优劣”就是要了解国外开展有关工作的情况做法、值得学习的先进经验、需要警惕的教训等。不仅要定性了解，还要定量了解，做个心中有“数”的干部。六是要知人善任。知人之明、用人之法，事关重大，后面再做讨论。这六方面或许还没有全部概括党员干部应“明”之事和达“明”之道，但先做到

① 习近平2019年7月9日在中央和国家机关党的建设工作会议上的讲话，载《求是》2019年第21期.

这些，也就可以避免大的思想认识和行为偏差了。

二、要刚强

“强”者刚健处世、勉力而进也。刚强是一个人的骨架，靠着这副骨架人才能站立于世，才能克服大量的困难险阻，才能战胜恐惧、悲观、消极、畏难和苟安的心理，才能使人生命的潜能充分释放出来。马克思的女儿劳拉曾问马克思：“您认为男人的最好品德是什么？”马克思回答：“刚强。”① “既做人在世间，便要劲爽爽、立铮铮的。若如春蚓秋蛇，风花雨絮，一生靠人作骨，恰似世上多了这个人。”（吕坤《呻吟语·修身》）人不可以刚愎自用，但一定要倔强。纵观历史上诸多圣王贤相、功臣名将、贤士哲人，之所以能够有所成就，就是他们身上不乏刚健毅挺之气、刚正不阿之风，这是一种超凡脱俗的气概，一种势不可当的力量，一种坚不可摧的自信。这就是人们常说的“刚强”。

中国文化传统特别是儒家，是突出强调“刚强”品质的。《周易》讲君子以自强不息，孔子讲“见义勇为”，孟子讲养浩然之气，荀子讲人定胜天，苏轼讲一蓑烟雨任平生，都有一股刚强不屈、勉力前行的气质在里面。曾国藩在日记、书信等当中也有不少地方讲到人的刚强问题，他说“凡事非气不举，非刚不济，即修养品德，养家教子也要以明强为本”，又讲“吾家祖父教人，以懦弱无刚四字为大耻，故男儿自立，必须有倔强之气。寸衷之所执，万夫非之而不可动；三光晦、五岳震而不可夺。故常全其健之质，跻之大寿而神不衰。不似世俗孱懦竖子，依违濡忍，偷为一切，不可久长者也”。

还有现代学者说，“刚”是人类生命运动的重要动力源，人无刚则无以自立，不能自立则无以自强，生命则变得无动力、无价值、无意义，而一个社会、一个党、一个民族没有刚健之气也是很可怕的。2018 年 9 月 13

① 文勇．马克思的“回答”［R］．河南日报，2018 年 5 月 11 日第 15 版．

日，新华社刊发署名辛识平的文章《激发刚健自强的精神气》，强调刚健自强之气是“志气、正气、骨气、勇气、大气，是振兴国家的家国情怀，是崇德向善的心灵追求，是爱拼才会赢的奋斗精神，是乐观向上、积极进取的阳光心态，是捍卫公平、激浊扬清的正义血性”。文章指出，大到国家民族，小到个人成长，都离不开刚健自强的精神，这是社会发展进步的永恒“刚需”。文章在推崇刚健自强精神的同时，也警示了社会上一些看颜值不看品质、求利益不讲道义的媚俗之风。

对党员干部来说，“刚强”首先是要坚守理想信念、党性要求、根本宗旨、党纪国法、职责义务，正气贯身、刚正不阿，不偏不倚，定守不失。就是要有鲜明而牢固的原则性，大是大非面前勇于亮明立场、敢于亮剑，像毛泽东曾提出的，坚持原则要有不怕受处分、不怕被撤职、不怕老婆离婚、不怕开除党籍、不怕坐监牢的“五不怕”精神。① 就是要公平正直，充满正义感，主张正义、弘扬正气，爱憎分明、惩恶扬善，按事物本来的面目去认识事物，实事求是地判断是非，公正合理地处理问题，不畏惧流俗，坚守共产党人的精神和道德阵地。就是要在党性上有一副铁铮铮的“硬骨头”，做个蒸不烂、煮不熟、捶不扁、炒不爆，响当当的铜豌豆；做一堵锄不断、斫不下、解不开、冲不破的千层墙；真正做一名即使“落了牙、歪了嘴、瘸了腿、折了手”面对生死劫也绝不屈服的真正“硬核”共产党人。

“刚”“强”不仅是一种形式或外在表现，更是内在对主义笃信、对事业坚贞的结果。孔子说：“刚、毅、木、讷，近仁。”自古耿直之人多忠烈，“所好夫刚者，非好其刚也，好其仁也。所恶夫佞者，非恶其佞也，恶其不仁也，吾平生多难，常以身试之，凡免我于厄者，皆平日可畏人也；挤我于俭者，皆异时可喜人也。吾是以知刚者之必仁，佞者之必不仁也”（苏轼《刚说》）。对共产党人来说，对真理、主义、党性和党员责任

① 李瑗．实事求是需要勇气［J］．理论前沿，2001（4）．

的坚守、忠诚，不得不要求我们刚坚勇为，百折不回，生命不息斗争不止。有人说太刚则易折。作为党员特别是党员领导干部，荷道以躬，本应该做好各种付出和牺牲的准备，即使在强力奋斗中遭遇挫折、受到打击、付出牺牲，又有什么意外和可怕的呢？这也正是中国传统优秀文化中，当仁不让、义不逃责、真正大勇的真谛所在。

“刚”“强”还要求领导干部具有共产党人的“骨气”，发扬党的精神。中国人历来讲究民族气节和个人操守，推崇“宁义而饿，不肯苟饱，宁屈而死，不肯幸生”的人生节操，“富贵不能淫，贫贱不能移，威武不能屈”的浩然之气，“宁为玉碎，不为瓦全”的君子士风。我们党在继承中华民族优良传统的基础上，又培育了政治上的坚定性和思想道德的纯洁性等崭新的革命气节，形成了包括红船精神、井冈山精神、长征精神、延安精神、抗战精神、“两弹一星”精神、焦裕禄精神、红旗渠精神、航天精神、改革开放精神等一系列宝贵的精神财富，这些精神财富在内涵上可以归结为彻底的革命精神、敢于斗争精神、艰苦奋斗精神、牺牲奉献精神、实事求是精神、自力更生精神、团结协作精神、顾全大局精神、改革创新精神、初心使命精神、廉洁自律精神、和衷共济精神等。

这些革命气节和无产阶级政党的先进精神，不仅是我们以往克敌制胜的利剑，也是今天共产党员强化做人骨气、当好领导干部、拒腐防变的金盾，是领导干部的精神脊梁和第二生命，必须大力继承和不断发扬光大。没有了党的精神，不重养骨气，就很容易在威逼利诱下丧失党性和操守，蜕化堕落，甚至跌入腐败的深渊。领导干部培养骨气，要自觉讲党性、立党性、升华党性，增强骨气的“内涵、厚度和硬度”。轻私欲则养骨气，重私欲则坏骨气。领导干部要严格管制个人私欲，甘于普通百姓的生活，这样才不至于脱离群众，如果处处都比群众优越、事事都有当领导的特权和方便后门，怎么能不脱离群众呢？怎么能与群众保持血肉联系呢？怎么能保持独立人格、清廉操守和做人的骨气呢？须知我们的党员领导干部有点“穷酸相”不丢人，为官不为、为官乱为、假官济私，耀眼官衣下是个市侩奸贾、贪婪灵魂，才是最为丢人和羞愧的事。

三、明、强要统一

明才能强，强才不辜负明。如果有强无明，或虽有奋勇而无大义，用力不在当处，一股可贵的勇气都被枉费掉了；或凡事之初，言之凿凿、硬气十足、鲁莽行事，事后证明认识不对、方法不妥，低头认错，徒取其羞，都是十分可惜的。如果有明无强，则有理想无追求，有想法无勇气，有见识无行动；或遇强便懦，遇难则止，遇险生惧，遇逆心摇，只能是明烛空照。人常说中庸之道是不走极端，其实，中庸之道不是不走极端，而是说在衡量轻重之后，能够不走极端就尽量不走极端，但是一定要走极端的时候，就像孟子所说“虽千万人，吾往矣”，该冲的时候，还是要冲的。当然，这不是要蛮干，不是一味硬来、硬碰硬、做无谓的牺牲，而是要以明为前提，讲求方式方法，努力在条件已定的情况下争取最大的胜利。要能够做到有进有退，能进能退，有刚有柔，能刚能柔。只有刚柔相济，才能达到明、强所要达到的目的。但柔是手段，刚是目的，以退为进，以柔克刚，实现明强的目标。从党性要求来讲，就是要坚持原则性和灵活性的统一。这种刚柔相结合就产生了下面一节要说的“坚忍”。

那么今天我们党员干部，为什么更要讲求明强并能够做到明强呢？就个体来说，在身体、心智、情感等方面其实都是差不多的，但在社会实践的表现上，共产党人尤其是在革命战争年代，却往往表现出异乎常人的刚强不屈、坚贞不渝。首先是由于共产主义、科学社会主义是真理，科学揭示了人类发展的客观规律、必然趋势和美好愿景，成为激励千万共产党人从凡人到“特殊人”转变的强大思想理论和精神动力，也才有了“砍头不要紧，只要主义真。杀了夏明翰，还有后来人”的人间壮语和不怕牺牲、前仆后继的大无畏革命精神。

第二是因为责任大。俗语说“女子本弱，为母则刚”，有些弱女子本来是不禁风雨的，而一旦有了孩子，为了孩子就会变得很坚强，这不仅是生物的本能，更有人类的责任感在里面。《论语》说："士不可以不弘毅，任重而道远。仁以为己任，不亦重乎？死而后已，不亦远乎？"共产党人以实现共产主义为己任，肩负人类前途命运，责任不可谓不重大；誓为追求目标而奋斗终身，征途不可谓不漫长，所以更加需要弘毅。正是这种无比神圣、光荣的责任感、使命感，成就了共产党人不同寻常的刚强和献身精神。

第三是因为磨难多。最好的选择往往是实行起来最难的选择。共产主义、社会主义事业的无比伟大与其实现起来的空前艰难是相匹配的，尤其是中国特色社会主义事业，其开端基础之薄弱、起始条件之恶劣、发展环境之复杂、斗争过程之残酷、历程之波折漫长、任务之艰险繁重，都是人类历史上所罕见的。这些磨难对党组织和党员的坚强性提出了客观要求，甚至有时候是在挑战人类的身心极限，同时也激发了人们内在的潜力和斗志，使得人们逐渐改变了自己，不知不觉中变得内心强大、意志坚强、勇敢无畏起来。

第四是因为爱国自信的底气。我们的明强是建立在对自己、对国家民族、对中国特色社会主义的高度自信和热爱基础上的。中华民族5000年历史，其中虽有短暂的挫折和落后，但总体上是先进辉煌的，中华文明之于世界文明是独特而自豪的，中国特色社会主义取得的巨大成就是举世瞩目的，我们的民族、我们的国家、我们的党是勤劳、智慧、伟大的。我们有了这个自信和情感，自然就直起了腰杆，有了刚强的底气，就能够自觉抵制和纠正那种奴才心理，特别是那些对外交往中丧失民族自信心和自尊心的丑陋现象。毛泽东曾痛斥崇洋媚外："有些人做奴隶做久了，感觉事事不如人，在外国人面前伸不直腰，像《法门寺》里的贾桂一样，人家让他坐，他说站惯了，不想坐"①，甚至散布悲观、失败论调，"看敌人如神物，看自己如草芥"②。我们要记住，无论是兴旺发达还是困难落后，无论

① 毛泽东选集（第五卷）［M］．北京：人民出版社，1977：287.

② 毛泽东选集（第二卷）［M］．北京：人民出版社，1991：514.

什么时候都不能再做“贾桂”了。

第五是因为担当和斗争精神。我们党诞生于国家内忧外患、民族危难之时，一诞生就铭刻着斗争的烙印，一路走来都是在斗争中求得生存、获得发展、赢得胜利。中国共产党人的鲜明特点之一，就是具有强烈的担当意识和斗争精神，这是党长期形成的历史传统，对于未知的中国革命和建设的道理、规律，有着不懈的探索精神，即使走弯路、遭遇挫折、付出巨大代价也毫不惧怕、绝不停息，这是马克思主义政党勇往直前的求“明”精神。对于艰难的中国革命和建设实践进程，有着为信仰、为理想、为目标矢志奋斗的决心、勇气和韧劲，保持“没有人会恩赐给我们一个光明的中国”的清醒，充满着“撸起袖子加油干”的责任担当，具有“一张蓝图干到底”的历史韧劲。这些东西，根植于我们的人民，凝聚于党组织，体现于党员个体，是每个共产党员所应培养、具备的。当然，敢于担当，是为了党和人民事业，而不是个人风头主义，飞扬跋扈、唯我独尊并不是敢于担当。

第三节 要坚忍

中国古人认为，人生要想有所成就，必须有“坚忍”的心性。“坚”可以理解为勇于进取、坚强不屈、坚定不移，有坚忍不拔的决心；“忍”可以理解为持之以恒、百折不挠、能伸能屈，有忍辱负重、咬牙忍耐的品性。二者一刚一柔、一强一韧、一方一圆，合在一起，与“一阴一阳之谓道”的道理十分相合。曾国藩对坚忍的理解是，君子要有坚强忍耐的性情，特别强调“挺”字，就是讲求“凡是做一件事，无论艰险还是平易，都必须埋头去做。掘井只要不停地去挖，终究有一天会出水的……如果犹豫观望，半途而废”，事情就会因为自己的放弃而失败，特别是当遇到逆境、困难时，不低头，不趴下，而是挺直腰杆，咬定青山不放松，不达目的决不罢休，往往才能终有所成。

一、足够的坚忍耐力是人成功的必备素质

人的忍耐力，就是自胜力。能够承受压力、承受打击，即有较强的自胜力，是人能够克服困难、成就大事的必备条件之一。“人生就是坚忍与等待”，世间很多事情，大凡符合发展规律和趋势的，当在低谷、凝滞或艰难中的时候，只要能挺住，多坚持一下，往往就可能取得最后的胜利。有句俗话叫“戏棚下站久的人”，你站得久了，等到前面的人都走光了，自然就有机会近距离欣赏戏曲了。古来圣贤立德，豪杰立功，成功与否一开始多是难以预料的，全在日积月累、不懈追求，特别是每于艰险之时，坚忍撑住，才可能化艰难为奇迹，成其非常事业。所以梁启超说：“凡古能成大事者，其自制力、忍耐力必强。”1492 年，哥伦布率领航船横渡大西洋，寻找梦想的黄金国，在茫茫大洋中，60 多天没有看到大陆，船员们都丧失了信心，强迫他返航，否则要把他扔进大海。哥伦布说服大家，咬牙前进，终于在第 71 天凌晨惊喜地发现了陆地，完成了发现新大陆的伟大创举。

“居官以耐烦为第一要义。”党员干部从事复杂的管理服务工作，必要的修养之一就是要“耐烦”。因为在管理服务和社会生活中都会遇到很多烦人事，还要处理很多麻烦事，有的人处理一件烦事还可以，处理两件烦事也还凑合，但三件或三件以上的烦事就耐不住了；有的人遇到小的麻烦还可以，遇到大的麻烦就挺不住了；有的人处理别人的麻烦事还可以，一旦自己遇到麻烦就受不了了。这样就可能心浮气躁，做出一些不符合理性的事情来，造成不好的后果。能耐烦的好处就是从容平静，从容平静方能产生智慧，方可处变不惊，才能安稳如山。领导干部要耐烦，第一件事就是训练自己处世不急不躁，刚健坚忍，劳而无怨，头脑清醒。头脑清醒才能保持理性，保持理性才能稳住部下，稳住部下才能做出科学的决断，否则一遇麻烦就心烦意乱，性急似火，跟着应激性的情绪和想法走，就很可

能出现认识偏差，判断失误，指挥失当，甚至使事态失控。

二、坚忍品质的养成是个人修养的重要内容和道场

“宝剑锋从磨砺出，梅花香自苦寒来。”众人做事，在起初的时候，往往很难区别谁为杰出之士，必须经历许多困难，经过相当时间，然后才会使人才彰显，其所造就方才可靠。这个过程，一方面是个事业选人、“时势造英雄”、大浪淘沙式的实践过程；另一方面是一个磨炼人的坚定性、强化人的韧性、使人变得坚忍不拔的心理历程。人的坚忍以理想信念为动力和引领，又从事中历练而来。“天将降大任于斯人也，必先苦其心志，劳其筋骨，饿其体肤，空乏其身，行拂乱其所为，所以动心忍性，增益其所不能”，动心忍性的过程是增益才干的过程，更是练就坚忍品质的过程。

当然，还要防止使坚忍变成残忍。章太炎曾提出：“原来人类性质，凡是能坚忍的人，都是含有几分残忍性，不过他时常勉强抑制，不易显露出来。有时抑制不住，那残忍性质便和盘托出。譬如，曾文正破九江的时候，杀了许多人，所杀者未必皆是洪杨党人，那就是他的残忍性抑制不住的表示。”① 我们崇尚的坚忍是符合社会主义核心价值，有温度、有担当、有道义、负责任的坚忍，绝不是那种自私无情、冷漠残忍、“心毒手辣”的“铁石心肠”。

三、坚忍尤其要体现在党性的坚贞不渝上

对党员干部来说，除了品性上的坚忍外，应特别强调党性的坚忍，就是党性历经磨难、考验和打击而坚贞不渝。老一辈革命家们在党性坚忍方面给我们树立了光辉典范。在“文化大革命”当中，刘少奇、彭德怀、贺龙等老一辈革命家，在革命取得辉煌胜利，又在党、政、军等领域担任高

---

① 章太炎．今日青年之弱点［EB/OL］．人民论坛，http：//www.71.cn/2013/0906/732008.shtml.

级职务的情况下，突如其来地受到停止工作、扣政治帽子、囚禁、批斗等残酷的身心折磨。但是他们没有丧失党性，没有在风雨中产生对党和理想信念的动摇，没有不顾党性见风使舵、浑水摸鱼进行政治投机，没有放弃党性原则向“四人帮”屈服，没有违背党性与“四人帮”进行政治媾和，没有违反党性、诬陷他人、抹黑党的历史以求自保。其中反映出的党性坚忍，实属世界政党历史所罕见，是极其可贵和伟大的，值得今天所有党员干部大力学习。

党性的坚忍最终还要体现为干事创业的坚忍。就是要像习近平总书记说的那样，做到谋事创业实，从实际出发谋划事业和工作，“使点子、政策、方案符合实际情况、符合客观规律、符合科学精神，不好高骛远，不脱离实际”；干事实，脚踏实地、真抓实干，“敢于担当责任，勇于直面矛盾，善于解决问题，努力创造经得起实践、人民、历史检验的实绩。”① 就是要以求真务实、科学细致的作风做事，以持之以恒、坚持不懈、不达目标决不罢休的精神追梦。既要坚持实事求是、尊重科学和客观规律，把党和人民交给的工作谋划好谋划对；又要沉下心来，把各项工作落实落细，一砖一瓦地干，使每一砖瓦都坚实、牢固；还要谨记“鼓勇未为殊，绵绵功在常。一息不相续，前勤皆已亡”（王夫之《和龟山此日不再得》）的道理，有愚公移山的韧劲，发扬长征精神，一张蓝图干到底，10 年、20 年、30 年不动摇、不停歇，直至圆满完成党和人民交给的光荣任务。

第四节　要勤廉

“勤”是勤奋、勤劳，是动，是进，是成就；“廉”是节制，是坚守，是保有，二者相互关联、相得益彰，如同人之两足、鸟之双翼，都是中国

① 习近平谈治国理政（第一卷）［M］. 北京：外文出版社，2015：381.

古人极其推崇的品德，也应作为今天党员干部修养的重要方面。

一、世间万事“勤”为始

习近平总书记强调：“幸福都是奋斗出来的。”① 世间万事出勤奋，劳而有获、勤而有得的道理众所周知。更深入地分析，勤劳实际上就是积极的实践活动，是人们改造世界、创造美好生活最重要的途径方式，国家、民族乃至个人只有依靠实践创造才能立足于当下、赢得未来，如果贪图享受、好逸恶劳、消极怠工，都将丧失自立自强的根基。亚历山大曾感慨道：“没有什么东西比懒惰和贪图享受更容易使一个民族奴颜婢膝的了，也没有什么比辛勤劳动的人们更高尚的了。”对于个人，懒惰是一种精神腐蚀剂，一种让人堕落的、具有毁灭性的东西，因为懒惰，人们不愿意爬过一个小山岗；因为懒惰，人们不愿意去战胜那些完全可以战胜的困难。

勤劳、积极的实践活动，不仅是创造美好生活的必要，也是改造人主观世界的重要方式。勤奋、积极的行动是最有力量的东西，可以改变人，天道酬勤，有了“勤”，柔弱也会变得强大，愚钝也会变得聪明。曾国藩也特别主张，人在艰苦难耐之时须在“积劳”二字上着力。调查结果显示，那些在世界上各行各业当中做得最好的人，绝大多数都是异常勤奋的人，日积月累的勤奋不仅是他们成功的重要因素，也使他们自身变得更加具有知识、智慧、能力和良好的行为习惯，进而成为优秀的人。反过来，则“闲有家，悔亡”（《周易》），即人老是在家里闲着不仅于事无济，对人自身也是不好的。

那么今天党员干部为什么要讲勤劳呢？一是因为责任担当。“干部就要有担当，有多大担当才能干多大事业，尽多大责任才会有多大成就。不能只想当官不想干事，只想揽权不想担责，只想出彩不想出力。”② 党和人民给予党员干部的岗位，是有着法律责任、党内责任、工作责任、社会责

---

① 习近平 2018 年新年贺词．

② 习近平谈治国理政（第二卷）［M］．北京：外文出版社，2017：145.

任、道义责任的，在改革发展任务十分繁重的背景下，这些责任和托付都是沉甸甸的，党员干部必须增强责任感，尽心尽力，克勤克俭，积极工作，不负重托。

二是有进取心。绝大多数党员干部“为政做官”都是希望有所作为的，是想干事、能干事，希望把事情干好、体现和实现自身价值的。有了进取心，就需要配之以勤奋努力才能心想事成。正像曾国藩所说：“吾辈当为餐冰茹蘖之劳臣，不为脑满肠肥之达官也。做官宜公而忘私，自尽厥职，毋少懈怠已耳。”

三是有耐劳精神。“劳”字是要出“力”的，长期勤劳意味着长期出力，没有吃苦耐劳的精神是不行的。应该说我们大多数党员干部都有极大的耐劳精神，“白加黑、五加二”的工作状态非常普遍。“圣人无累，行仁义也”，这种耐劳精神的源头正是对信仰、对事业的献身精神，这种献身精神乃是我们党和国家事业兴旺发达的重要力量。当然，勤奋不是不要休息时间、无节制地加班加点，而是一种心态和品质，既要勤勉做事，也要张弛有度，还要防止过度加班尤其是形式主义的加班加点，避免由于不必要的过劳而损害自己和他人的身心健康。

二、“俭”是做人的根基与底线

“德业之不常，曰为物牵。”人们建业修德常有半途而废、善始难终者，很多时候都是由于为物所累而背离初衷，甚至误入歧途。这里的“物”既包括财物，也包括功名，还包括情色，很多时候是兼而有之，最为直接和容易的就是贪得不义之财。“见钞就收，馈形如锁；为官不正，贪字近贫”，自古名利无形锁，从来悖入必悖出。凡施恩于我的人多是另有所图，额外利益不过都是钓饵，你占便宜，无论哪一种形式、哪一种性质、哪一种目的，都可以一言以蔽之：便宜好占，麻烦不断，应接不暇，尴尬难堪，甚至失身、失节、失自由。“养廉”不易，一方面，“由俭入奢易于下水，由奢返俭难于登天”，因为那个过程往往非常痛苦；另一方面，

“欲学廉介，必先知足。人人守约，事事知足。毋贪保举，毋好虚誉”，这些话都是说起来容易做起来难。有的人在物质上自我约束还可以做到，在事功上却很难知足，功名和虚誉熏心，特别是当别人能够推荐自己的时候，即使半夜三更也要凑上去，别人只要提拔自己，就感激不尽，甚至为了得到提拔晋升，不惜行贿献媚、裙带依附、投山头、搞宗派，这种功名之欲大于贪欲，不仅与我们党的优良传统背道而驰，而且有时候更为有害和危险。

我们党素有艰苦奋斗的优良传统，老一辈革命家多是把节俭作为终生习惯。毛泽东一贯节俭，掉在桌上的一粒米、一根菜，他都要捡起来吃掉，饭碗里从来没有剩下过一粒米。他的衣服破旧了，总是经过缝补洗净之后继续穿。新中国成立后，为了诸多礼仪，曾做了两套衣服，买了一双圆头的黄皮鞋，他一直穿到离世。当时典礼局长曾要他再买双尖头的黑皮鞋，在接见外宾时穿，他没有理睬。再问，毛泽东反问他：“外国人是要来见毛泽东还是要看黑皮鞋？对方无言以对。”① 毛泽东有一年四季穿长筒袜的习惯，袜底破了剪开加一层新袜底再用，一双袜子能穿多年。但时间长了，袜筒就松了，经常滑落在脚踝上且容易露出补丁。工作人员担心这样会影响体面，在毛泽东会见外宾时，常常提醒他坐下时要收腿，以免让人看见袜子上的补丁。后来提醒多了，就变成了一句简略的暗语：“小心，家丑不可外扬。”② 毛泽东就是这样节俭。

周恩来总是那样风度翩翩。殊不知，他仅有的几套料子服装，大都穿了几十年，有的破损了，精心织补后继续穿。有一次，他穿织补过的衣服接待外宾，身边工作人员说这套“礼服”早该换换了。他笑笑说：“穿补丁衣服照样可以接待外宾。”“织补的那块有点痕迹也不要紧，别人看着也没关系。丢掉艰苦奋斗的传统才难看呢！”他的衬衣磨破了，换上新的领

---

① 毛泽东重视勤俭节约：饭碗里从未剩下过一粒米［R］．南京日报，2013 年 2 月4 日．

② 毛泽东的节俭［EB/OL］．中国共产党新闻网，http：//cpc. people. com. cn/GB/68742/114021/114023/6790008. html.

口和袖口照样穿。1963 年，他出访亚非欧 14 国，到了开罗，他换下缝补多次的衬衣，随行工作人员不便拿给外国宾馆去洗，只好请我国驻埃及使馆的同志帮忙，并叮嘱洗时不要用力，以免搓破。大使夫人看到衣服后，感动得边洗边流泪。宋庆龄说："周总理在个人生活和作风上，和他在政治上一样，是一个真正的共产主义者。"① 我们现在的领导干部再也不用穿补丁衣服了，但勤俭节约、艰苦奋斗的好传统绝不能丢，否则就可能丢掉一切。正如方志敏所说："清贫，洁白朴素的生活，正是我们革命者能够战胜许多困难的地方。"

三、"廉"是领导干部的"护身符"和基本功

勤、俭、廉本相通。勤者，知物来之不易，自然会生节制之心，常有节制之心则欲望受到约束，利于廉政。但也有不通的地方，即因为素来勤俭而知物之艰辛，因惧艰辛而生积蓄之心，由囤积之欲而生贪腐之意，故常有一边勤俭异常，一边贪腐成性者。同是一物，廉政与否，重在人的思想观念，所以廉政之花需常常涵养，才不至于凋谢。

（一）养廉，首在节制

节制、节俭者，自奉有节之谓也。古人总结道：万物安于知足，死于无厌，"能约其躬，则儋石之畜以丰；苟肆其欲，则海陵之积不足"，故"君子寡欲则不役于物，可以直道而行；小人寡欲则能谨身节用、远罪丰家。君子多欲则贪慕富贵，枉道速祸；小人多欲则多求妄用，败家丧身；是以居官必贿，居乡必盗"（司马光《训俭示康》）。在古人看来，俭对于立身、持家和治国都有重要的意义，从个人德养上来说，"惟俭养德，惟侈荡心"，俭可以养廉，而奢则导致贪贿，志以淡泊明，而节从肥甘丧，节俭是修养道德的重要基础，这是官德政德的重要内容。俭又是齐家、富

① 领袖优良作风故事集锦——周恩来篇［EB/OL］．中共连云港市机关委员会机关家园网，http：//www. jgjy. gov. cn/newss/newsreport. asp? NewsID = 20466.

国的重要基础，家人皆节俭，则一家齐；国人皆节俭，则一国安。所以党员干部修养必从节俭开始。

节俭一方面要节制嗜欲。“士而怀居，不足以为士矣”，养心莫过于寡欲，就是要少些对财物、美色等享受类东西的欲望，核心是使内心不为外物所役。另一方面，要做到安于清俭，不以简陋为痛苦，做一个“衣敝缊袍，与衣狐貉者立，而不耻”（《论语》）的人。宰相司马光曾在给儿子的训言中说：“平生衣取蔽寒，食取充腹……众人皆以奢靡为荣，吾心独以俭素为美。人皆嗤吾固陋，吾不以为病。”就言传身教地展现了一个安于简朴、以自我节俭为荣的古代“高官”形象。

另外，还要彻悟“仁者以财发身，不仁者以身发财”（《礼记》）的大智慧。其实物质、财物不是人世的最终目的，乃是人用以辅助全面发展的手段。倘若自我党性等方面有效发展了，也未必需要太多财物；倘若自身的存在发展都是为了获取更多财物，甚至出卖党和国家利益、出卖人格灵魂以求财，则实在是人为物奴、本末倒置了。以前北宋吕蒙正为相，非常习惯于节制自己的嗜欲。曾经朝中有一官员家藏古镜，自称能照两里，想通过吕蒙正的弟弟进献给他，以求升迁。吕蒙正笑说：“我脸面不过镜子大，安用照两里?”吕蒙正的弟弟不敢再说。领导者的节制嗜欲，常常能避免很多麻烦和危险，也能引领净化政治生态和社会风气。

（二）养廉，贵在认清财产的本质和双重作用

古今中外的经验，人生修养贵在“看透”，只有“看透”才能“悟透”，只有“悟透”才能“活透”。养廉上，最大的问题就是如何看待财产、财富。从本质上说，财产是人们在一定历史阶段和社会条件下，通过生产关系等社会关系占有、所有的一定生产生活条件，既包括物质或精神的财富，也包括人对它们的所有权关系；既包含着人对财富的关系，也包含人与社会、与他人之间的生产关系。人之所以对财产有着普遍的欲望，是因为从自然存在而言，人作为物质性生命体，必须不断与外界进行营养、能量的交换才能生存和持续，对财产的生产、处分和享受，是人存

在、发展、繁衍的必要条件；就社会存在来说，在私有制社会里，财产是决定人生产地位、社会地位的重要因素，是体现和拓展个体价值的重要手段，是人得以充分发展的重要支撑。所以，在相当长的历史阶段里，财产对人们来说是必要的，也是重要的。

同时，私有制环境下，财产对人的重要性、财产丰富的功能作用，也包含着对人的多重负面影响。就个体来说，财产、财富的“魔力”很容易让人“上瘾”，刺激人获得财产、拥有财产的欲望，使人膜拜财产“无所不能”的魔力，出现拜金主义、拜物主义，进而醉心于对财富的追求，身心为财产所奴役并出现扭曲，轻则被财物限制眼界和心胸，变得日益浅薄狭隘；重则唯利是图、重物轻人，变得日益冷漠无情；极端的则会为了满足发财的欲望，铤而走险、违法乱纪、损人利己、损公肥私，变得残忍可怕。就人与人的关系来说，当私有财产成为社会财富的主角之后，它通过资本等方式，成为人剥削人、人控制人的手段，推动了阶层、阶级分化、固化现象，使人与人的关系中、情感中总是掺杂“利益的泥沙”，甚至占很高的“比例”。而且为了赚取和积累财富，人们还会进行非人道的生产销售，毫不顾惜他人性命地通过刺激、膨胀、操纵人的欲望，来掏空人们的口袋，比如，生产有害健康的产品、大肆推广损害身心的游戏娱乐、有意引导奢侈沉迷型消费等。在人与自然的关系上，人对财富的热衷，成为掠夺自然的主要动力，虽然对生态环境问题心知肚明，依然有很多组织和个人难以克制伸向自然的“黑手”。

马克思主义认为，一方面，财富对人和社会的这种异化统治的负面作用，只有在共产主义社会中，通过人对财产的联合占有才能消除。因为“一旦社会占有了生产资料，商品生产就将被消除，而产品对生产者的统治也将随之消除。社会生产内部的无政府状态将为有计划的自觉的组织所代替。个体生存斗争停止了。于是，人在一定意义上才最终地脱离了动物界，从动物的生存条件进入真正人的生存条件”①。另一方面，“欲虽不可去，求可节也”。共产主义社会的建设过程是极其漫长的，在这个过程中人们对财产的负面影响不是无能为力、无所作为的。因为人是有主体性、主动性的，具有对自身发展的管理能力，能够认识财产的负面作用，并自觉调整自我对财产的态度、关系和行为，管制自我欲望，从而降低财产的负面影响。对党员特别是党员领导干部来说，这就是党性修养的一种，这就是养廉的过程，这就是身体力行向理想社会迈进的脚步。

（三）养廉，要在严守官道

官道就是做官的本分和道理，对今天的党员领导干部来说，党和人民所要求领导干部的价值目标、责任担当、道德要求和纪律规矩，就是要“坚持用权为民，按规则、按制度行使权力，把权力关进制度的笼子里，任何时候都不搞特权、不以权谋私”②。“忧患之接，必生于自私，而兴于有欲”，只有严守正当的官道才能为廉洁提供基础。被康熙誉为“天下清官第一”的张伯行曾说“一丝一粒，我之名节；一厘一毫，民之脂膏。宽一分，民受赐不止一分；取一文，我为人不值一文”，这些廉政箴言今天依然很有道理。曾国藩也曾讲：“居官不过偶然之事，居家乃是长久之计，能从勤俭耕读上做出好规模，虽一旦罢官，尚不失为兴旺气象。若贪图衙门之热闹，不立家乡之基业，则罢官之后，便觉气象萧索。要常做家中无官之想，莫做代代做官之思，时有谦恭省俭之意，家中住行起居均做寒士风貌，则福泽悠久。”虽然这些想法的目的重在自保其家，但也不乏积极意义，起码作为封建时代的高官保持了难得的清醒，知道做官乃偶然之事，做民乃寻常之态，保持百姓家风乃长久之计，这就有利于警示官员及其亲友，当心那种偶尔登台便忘乎所以，为所欲为，贪奢无度，难得善终的弊病。

严守“官道”尤其要防止“啃官”。由于权力往往是各种资源的集中

① 马克思恩格斯选集（第3卷）[M]．北京：人民出版社，1995：757.
② 习近平谈治国理政（第一卷）[M]．北京：外文出版社，2015：381.

地，“靠官吃官”的现象曾经一度流行。不仅官员自己以公肥私，而且七大姑八大姨各类亲戚朋友，萦绕四周，如群蚁附身，或要工程，把持建设项目汲取油水；或求升迁，依靠血缘裙带关系走官场捷径；或做掮客，通过充当官商之间的桥梁纽带谋取利益；或谋差使，以亲情之宜伸手要工作、要岗位；或占财物，仰仗官权占用房子、车子，公物私用等，不一而足。“啃”坏了国家利益、党纪国法、公平正义、世风人心，也“啃”坏了官员自身，最后往往不仅没有“一人得道，鸡犬升天”，反而由于贪腐的重负把官员坠到了罪恶的深渊。所以，党员干部要深知权力乃是人民授予的办事“帑银”，不容私沾一毫；“为官”乃是为民服务、实现党理想信念的一种事业追求，绝不仅仅是普通的谋生工作，更不是什么升官发财、封妻荫子、奢侈享受的平台手段。

（四）养廉，重在强化廉洁党性

有人说，人生有两个事故出不起：一是安全事故出不起，常常是毁灭性的，会给自己和家庭造成极大的痛苦，这一方面有时候是不以个人意志为转移的；再就是腐败事故出不起，身败名裂，遭人唾弃，不仅使党和国家遭受损失，也会伤害家庭，这方面的“事故”是要靠自己把握的，也是完全可以避免的。廉洁从政是“不出事”的根本。党员当上领导干部是组织的信任，也是个人价值的体现。“不出事”是组织的要求，也是家庭的期盼。就共产党人党性来说，本身是廉洁的，这根植于党的无产阶级特性，根植于党以人民群众利益为利的利益观，根植于党为人类崇高事业奉献一切的宗旨要求，有了这样的精神和品质，怎会醉心财富、穷奢极欲呢？

所以说，修养党性是养廉的根本所在，养廉是党性修养的关键法门。其中，作为领导干部要做到“五得”：一要“做”得，就是有奉献精神，有与领导岗位相匹配的能力，有尽心履职的作风，有经得起人民和历史检验的实绩；二要“省”得，就是具有比较健全健康的内在反思纠错机制，能够经常自省自警自励，及时做到不贰过；三要“学”得，就是具有终身学习的习惯，善于不断学习吸纳新东西，做到与时俱进、不落伍；四要“禁”得，就是坚守廉政底线，能够严格自律，做到眼不色，心不花，嘴不馋，手不伸，腿不软，不为色欲、权力、名利、地位、私情所累；五要“让”得，就是能够义不逃责、事不避难、心不贪功，“有难先由己当，有功先让人享”，尤其是不急功近利、不好大喜功，有功成不必在我之心，能够潜心做打基础、利长远的事，不要金杯银杯就要百姓口碑。“德者，得也”，做到这“五得”，可以说是在廉德和修养上有所成了，当然我们也要不断改进和健全领导干部评价体系，借鉴历史经验，加强地方志、地方党史等的编纂，更好地评价彰表领导干部的履职贡献情况。

第五节　要谦敬

中国古人历来提倡谦虚和敬重，将其作为士大夫重要的修养内容。今天来说，对事对世谦谨、虚心、民主，对人对组织敬重、忠诚、严正，是党性纯熟的表现，也是走向纯熟党性的路径。

一、要有“谦德”

“谦”就是自知、虚心、民主、让功，不仅表现了对他人的尊重，也表现了对自己的严格要求和积极进取的精神。人能够一贯心怀谦虚，才能算作真正的君子。中国古代对谦谨是有严格要求的，主张“谦，亨，君子有终”（《周易》），即具备谦让的品德才会有成就；提出“如有周公之才之美，使骄且吝，其余不足观也已”（《论语·泰伯》），也即即使有周公那样美好的才能，如果骄傲自大而又吝啬小气，那其他方面也就不值得一看了；认为“谦者众善之基，傲者众恶之魁”（《传习录·黄以方录》），谦虚是一切善行的基础，骄傲是一切恶行的魁首；提出圣人的许多好处，只是无我而已，无我自能谦，谦然后能安己服人，立身成事，人生大病只是一“傲”字，傲则自高自大，拒人千里，孤立无助。

比如，在说话这个常见的举动上，古人就提出“自非生知之圣，未有言而不思者。貌深沉而言安定，若蹇若疑，欲发欲留，虽有失焉者，寡矣。神奋扬而语急速，若涌若悬，半跆半晦，虽有得焉者，寡矣”；能做到“简而当事，曲而当情，精而当理，确而当时，一言而济事，一言而服人，一言而明道”，就是在言语修养上达到境界了，而修辞之善根本在于澄心定气（吕坤《呻吟语·谈道》），即对事物道理的明了和说话时的镇定。曾国藩认为，“傲为凶德，惰为衰气，二者皆败家之道”，人若保持谦虚，自可进境无穷；昏、傲、贪、诈乃居官四败——“昏惰任下的人败，傲狠妄为的人败，贪鄙无忌的人败，反复多诈的人败”；凡办一事，必有许多艰难波折，需总以诚心求之，虚心处之，心诚则志专而气足，千磨百折，而不改其常度，终有顺理成章之日。一言以蔽之，无论为人做事，自满必咎、骄兵必败，如果无论身处何种岗位、手握何种权力，都能清醒地领悟此种境界，自然可以除去自满膨胀之见，往大道上迈进。否则，志得意满，唯我独尊，坐井观天，画地自限，怎么能有大的作为呢？

（一）保持谦谨要实事求是、求真务实、多看兼听

马克思说，“天才的谦逊就是要用事物本身的语言来说话，来表达这种事物的本质特征”，“按照事物本质的要求去对待各种事物”①。而要能听真话，容纳不同的意见，不自以为是，不固执己见，对一个领导干部特别是高级别的领导干部来说是很有难度的。一方面别人可能不给你真相而给你假象，有的是为了溜须拍马讨欢心，有的是弄虚作假取悦你，还有的可能是害怕暴露了真相挨批评、受处分，总之你所接触的人可能出于种种考量而粉饰世界，不跟你交“实底”。另一方面是人的常性使然。大凡人位置高了，权力大了，奉承话听多了，“说了算”惯了，就容易越来越自信自负，感觉自己的学问突然大了，凡事看的总是准的、讲的总是对的、

① 马克思恩格斯全集（第1卷）［M］．北京：人民出版社，1956：7~8.

做的总是好的，别人的见识、意见都是“low”的，甚至自认天生比别人英明、本身就是真理的化身、具有超人的天赋，对别人的话越来越听不进去，对不同意见更是难以容忍。这种现象还因为他那时的确是有了常人没有的信息来源、较为丰富的经验和一定的判断能力，很多时候别人才刚开口，就会打断说“不用讲了，我都知道，你其实根本不懂”之类的。

其实，党性、道德、学问、本领本不会随着职务升迁自然增长，增长的只是官气、脾气、傲气而已，所以这时候尤其需要保持头脑清醒，以谦虚谨慎来克制心浮气傲。而且谦虚也是发扬民主的一种表现，尺有所短、寸有所长，兼听则明、独断则昏，个人无论如何优秀都不是全知全能的，听取别人的意见特别是不同意见，集思广益、民主集中，是领导干部的基本功，也是科学领导之道。这就要始终保持虚怀若谷的精神，以开放的心胸、民主的作风去接受外界信息。当然谦虚还要讲求“鸣谦”，即以“明”为前提，善于分辨是非曲直，然后决定应不应该谦让，不明智而一味谦让，就容易成为糊涂懦弱；对敌人的侵犯不抵抗而谦让，就成了投降主义。

（二）保持谦虚要以懂得事物发展的曲折性为警醒

在谦虚谨慎问题上，唯物辩证法有两个基本观点值得注意：一是事物总是向前发展的，世道必进，强弱转换，新陈代谢，生生不息；二是事物的发展总是遵循否定之否定规律，螺旋式上升的，很多时候是有波折、有暂时倒退的。毛主席总结这两方面说：“前途是光明的，道路是曲折的。”① 这些客观规律落到党员干部的谦虚上就是要清醒地知道，工作也好，事业也好，生活也好，都不可能是一帆风顺、直线发展的，都会遇到这样那样的波折，有时候甚至是后退，所以志得意满要不得，而且越是顺风顺水、春风得意的时候，越容易疏忽大意、遭受挫折。

古人在这方面有很多经验教训，所以教人注意“不可乘喜而轻诺，不

---

① 习近平 2013 年 12 月 26 日在纪念毛泽东同志诞辰 120 周年座谈会上的讲话.

可因醉而生嗔，不可乘快而多事，不可因倦而鲜终”（洪应明《菜根谭·概论》）的谦谨前行之道。曾国藩也曾提出了“守骏莫如跛”的观点，认为凡技皆当知之，若一味骏快奔放，必有颠踬之时；一向贪美名，必有大污辱之事，并把自己的斋室名为“求阙”，以表达自己有不足之处的意思。所以，对事物发展曲折性的深刻理解和思想准备，有助于人们居安思危、保持谦虚谨慎的心理，从而在自我要求和干事创业上更加谨慎和努力。

（三）克服自负心理，做到谦虚谨慎，要以领悟有限与无限的辩证关系为思想根基

功成弗居，心怀谦让，低调做人，是儒、道共同的主张，认为“君子宽而不僈，廉而不刿，辩而不争，察而不激，寡立而不胜，坚强而不暴，柔从而不流，恭敬谨慎而容，夫是之谓至文”（《荀子·不苟》），就是说，如果一个人能够心胸宽广却不怠慢他人，有原则却不无故伤害他人，善于雄辩却不与人争吵，明察事理却不偏激，品行正直却不盛气凌人，坚定刚强却不凶暴，柔顺温和却不随波逐流，恭敬谨慎并能宽容大度，就可以算是德行完备了。人的自满自负自大，很多时候是因为自认天下真善美尽为一人所有，就像庄子寓言中的河伯，夏日河水横溢便自以为天下之水尽在一己而不知更有汪洋大海，所以叔本华说“每个人都把自己视野的极限，当作世界的极限”，话是非常尖锐的。其实个人无论多么了不起，也不过是小小地球上、茫茫人海智慧中的一道光束而已。

这方面，曾国藩也曾提出，克制盲目自满之症，要以常思世界之广大、己人之渺小为“常用药”。他说：“静中，细思古今亿万年无有穷期，人生其间，数十寒暑，仅须臾耳；大地数万里无有纪极，人于其中，寝处游息，昼仅一室耳，夜仅一榻耳；古人书籍，近人著述，浩如烟海，人生目光之所能及者，不过九牛之一毛耳；事变万端，美名百途，人生才力之所能办者，不过太仓之一粟耳。”“知天之长而吾所历者短，则遇忧患横逆之来，当少忍以待其定；知地之大而吾所居者小，则遇荣利争夺之境，当退让以守其雌；知书籍之多而吾所见者寡，则不敢以一得自喜，而当思择

善而约守之；知事变之多而吾所办者少，则不敢以功名自矜，当思举贤而共图之。夫如是，则自私自满之见，可渐渐蠲除矣。”所以，“见得大时，世间再无可满之事，吾分再无能满之时”，“故盛德容貌若愚”。

今天我们从更高层次上来说，领导干部须知有限与无限、相对与绝对、暂时与恒久的哲学规律，深谙个人与真理、与组织、与群众、与历史的关系规律，自知个人无论多么优秀，在认知上、能力上、作用上、历史地位上，都是相对的、有限的、暂时的，而世界的真理、党组织的力量、群众的历史作用则是无穷的、绝对的、恒久的。如能领悟到这一层，谦虚戒惧之心就会油然而生、自负自满之意便会冰雪消融。

（四）警惕风头主义，懂得担义让功，要以唯物主义群众史观为依据

“谦”的另一个重要内容是，党员干部要能遏制过盛的名利心，自觉警惕主观主义、风头主义和英雄史观及个人英雄主义，在工作上、任务上、责任上尽心尽责，多担当多作为，在荣誉上、名利上、功劳上自觉谦让、彰显他人的贡献。这不仅是个党性风格问题，更是一个认识问题，标志着是否真正懂得和贯彻了唯物主义群众史观。因为这个史观告诉我们，人民是社会历史发展的真正主人，历史是人民群众创造的，人民群众能够而且一贯是自己解放自己、自己发展自己的。鲁迅曾举例说明领导与群众的关系：“有一回拿破仑过阿尔卑斯山，说：‘我比阿尔卑斯山还要高！’这何等英伟。然而不要忘记他后面跟着许多兵。”拿破仑之所以比阿尔卑斯山还要高，是因为他站在成千上万士兵的肩头。如果没有许多优秀的士兵，说这种话的拿破仑就是十足的疯子。[①] 但是，我们今天的个别党员干部，有时候只认为或感觉自己是比阿尔卑斯山还高的“拿破仑”，却没有看到身后的许多士兵。实际上，我们周围的干部群众都是历史创造者的一部分，而我们自己无论多么聪明能干都只是其中的一分子，不过是以岗位平台为支撑，做了应做的事情、尽了应尽的责任，又怎么能“贪天之功”，

① 鲁迅选集（第2卷）［M］．北京：人民文学出版社，1995：38.

独占“政绩”，以头功自居呢？

正如陈云在1945年的《要讲真理，不要讲面子》中所说，个人的作用是有的，不过自己不要估计太大了。“任何人离开了人民，离开了党，一件事也做不出来，应该这样估计。”“假设你在党的领导下做一点工作，做得还不错，对这个功劳怎样看？我说这里有三个因素：头一个是人民的力量，第二是党的领导，第三才轮到个人。”“客观情况可以做到十分，你也做到了十分，这种情形很少。客观情况可以做到十分，因为你自己有缺点，只做到八分或六分、五分，这种情形是很多的。那这里头有什么可以骄傲的呢？”“我们是党员，在党的领导下，适合老百姓的要求，做了一点事，如此而已，一点不能骄傲”。

（五）做到“谦”的科学表现应该是事业上奋发进取、做人谦谨老实

古人讲“劳谦。君子有终”“无不利，㧑谦”（《周易》），就是说人的谦让要以勤劳刻苦、积极进取为前提，以奋勇直前、不怕牺牲为“内里”，做到勤劳刻苦、勇打头阵、奋勇争先而又谦虚谨慎，才会“无所不利”，才会有好的结果。又说“做人要做个万全。至于名利地步，休要十分占尽，常要分与大家，就带些缺绽不妨。何者？天下无人己俱遂之事，我得人必失，我利人必害，我荣人必辱，我有美名人必有愧色。是以君子贪德而让名，辞完而处缺，使人我一般，不哓哓露头角、立标臬，而胸中自有无限之乐。孔子谦已，尝自附于寻常人，此中极有意趣”（吕坤《呻吟语·修身》）。

对此习近平总书记强调，“我们的干部都是党的干部，权力都是党和人民赋予的，更应该在工作中敢作敢为、锐意进取，在做人上谦虚谨慎、戒骄戒躁。”① 他还举了个生动的例子说，春秋时期宋国大夫正考父是多朝元老，但他对自己要求很严，在家庙鼎上铸下铭训：“一命而偻，再命而伛，三命而俯。循墙而走，亦莫余敢侮。饘于是，鬻于是，以糊余口。”

① 习近平谈治国理政（第一卷）[M]．北京：外文出版社，2015：416.

他的意思是说，随着被提拔重用，总是越来越谨慎，一次提拔则俯首自谦，再次提拔则曲背敬命，三次提拔则诚惶诚恐、弯腰承重，连走路都靠墙走。生活中只要有这只鼎煮粥糊口就可以了。正是这种积极尽责而又谦虚谨慎的精神，才使得正考父有功而少过，做得几朝元老。

二、要注重“敬”

“敬”是庄重、尊重、看重、恭谨；不懈怠，不放纵，泰而不骄，威而不猛。无论是对多数人，还是对少数人，无论是对地位高的人，还是对地位低的人，都不敢怠慢，这就是泰而不骄；衣冠整齐，态度严肃，庄重严谨，这就是威而不猛。古人认为，“中，是千古道脉宗；敬，是圣学一字诀”；“天下国家之存亡，身之生死，只系敬怠两字。敬则慎，慎则百务修举；怠则苟，苟则万事隳颓。自天子以至于庶人，莫不如此。此千古圣贤之所兢兢，而世人之所必由也”（吕坤《呻吟语·性命》）。这就把“敬”上升到了关系国、家、身、心兴废存亡的高度，因为敬怠不仅是人的容态，更代表着对人对事的态度是认真勤奋还是消极马虎，而二者的结果往往会截然不同。

所以，儒家对“敬”是很重视的，比如，孔子特别教人要“敬事”，樊迟这个人粗鄙，孔子就教导他要“执事敬”；子张这个人好高骛远且眼高手低，孔子教导他事“无小大，无敢慢”。曾国藩曾有一番对“敬”的阐述：“‘敬’之一字，孔门持以教人，春秋士大夫亦常言之，至程朱则千言万语不离此旨。内而专静纯一，外而整齐严肃，敬之工夫也；出门如见大宾，使民如承大祭，敬之气象也；修己以安百姓，笃恭而天下平，敬之效验也。程子谓上下一守恭敬，则天地自位，万物自育，气无不和，四灵毕至。聪明睿智，皆由此出。吾谓‘敬’字切近之效，尤在能固人肌肤，惠筋骸之末。庄敬日强，安肆日偷，皆自然之征应，虽有衰年病躯，一遇战阵危急之际，亦不觉神为之悚，气为之振。斯足知敬能歙人身强矣。若人无众寡，事无大小，一一恭敬，不敢懈慢，则身体之强健，又何疑乎？”

这是古人对“敬”及其功效的理解，有着明显的自为特点。我们今天讲“敬”，主要是为人庄重，对事业工作看重，对党组敬重，对人民群众尊重。

（一）“敬”首先要外无妄动，仪态整齐严肃，端庄厚重

形式是内容的载体，人的外在通常是内在的反映，一个人的仪表往往很能反映其素质好坏、修养高低。仪态端庄大方的，修养深厚，素质较高；仪态邪顽、畏缩卑琐的，修养浅薄，素质较差，所以曾国藩说：“端庄厚重是贵相。”一般来说，耿介忠直的，仪态坚定端庄；果敢决断的，仪态勇猛豪迈；坦荡无私的，仪态安详沉静。另外，不同的仪态也会显示出人不同的内在特征，一般而言，在形态上，举止庄猛的人勇武刚健，举止沉稳的谨慎有节，举止圣端的肃敬威严。在言语上，性情柔顺祥和，则说话平缓；性情急躁，则说话直快爽捷。在目光上，凶恶之人目露凶光，仁爱的人目光诚恳而庄重，勇敢的人目光炯炯有神，心怀奸邪的人眼睛忽闪不定、动若萤光，心无杂念、堂堂正正的人目光镇定有神，等等。

所以，总体来看，好的仪态是好性情、好修养的自然流露和反映，不仅“主敬则身强”，有利于身体康健，而且修身修心是相通的，讲求恭敬，也利于提振精气神，久而久之有助于人的心理健康。这就要懂得“门尽日开阖，枢常静；妍蚩尽日往来，镜常静；人尽日应酬，心常静”（吕坤《呻吟语·性命》）的道理，做到潜心以明理，奋起以治事，恭敬以对人，无事时心在腔子里，应事时专一不杂，身心如日之升，无时不认真。当然，仪态整齐严肃不是要去“端架子”，“敬非是块然兀坐，耳无所闻，目无所见，心无所思，而后谓之敬。只是有所畏谨，不敢放纵。如此则身心收敛，如有所畏。常常如此，气象自别”（《朱子语类》）。

（二）“敬”的关键是要做到“心与正依，事与道合”

古人讲：“敬不是万事休置之谓，只是随事专一，谨畏，不放逸耳”“敬者，守于此而不易之谓”（《朱子语类》）。具体来说，“敬以端严为体，以虚活为用，以不离于正为主。然而心不流于邪僻，事不诡于道义，则不

害其为敬矣。大端心与正依，事与道合，虽不拘拘于端严，不害其为敬。苟心游千里，意逐百欲，而此身却兀然端严在此，这是敬否？是故敬不择人，敬不择事，敬不择时，敬不择地，只要个心与正依，事与道合”（吕坤《呻吟语·谈道》）。可见“敬”在于形式更在于内容，在于无论何时何地心地思想总保持正道、无论对何人何事都遵循道义。对党员干部来说，“敬”的关键就是要懂得“敬者，一也”的道理，修养和保持对主义的纯粹专一，不散漫亵渎、轻慢敷衍；就是要始终守初心、担使命，心思不逾矩、行为全在使命中；就是要严以律己，“心存敬畏、手握戒尺，慎独慎微、勤于自省，遵守党纪国法，做到为政清廉”[①]；就是要时时处处事事保持对党性、对人民、对组织、对事业、对主义的敬畏心，凡涉事项均摆正心思、按照纪律规矩办理，不敢轻视、怠慢、僭越、挟私。

（三）“敬”从根本上说是要有对国家、人民和事业的尊重、看重

“敬则小心翼翼，事无巨细，皆不敢忽”“过差遗忘只是昏忽，昏忽只是不敬。若小心慎密，自无过差遗忘之病”（吕坤《呻吟语·性命》）。所以，很多时候所谓的遗忘、疏忽、失误，根本上是因为对工作、对事业、对党交给的任务不够重视和敬重。如果高度重视，敬畏有加，就会事无大小都小心翼翼，减少许多粗枝大叶、马虎疏漏。因此，要时常问问自己，对事业工作到底有没有用心？时刻告诉自己，眼前这个人是最重要的，手上这件事情是最重要的，现在要说的话是最要紧的，必须高度重视，仔细处理。

“为治首务爱民”，爱民就是尊重群众主体地位，站在百姓立场看问题，为群众谋福祉。不要一会儿这样，一会儿那样，那就表示你不经心，不经心就是不看重，不看重就很难做好；忽视或看不起群众，就难以得到群众的拥护，更难以担当群众前进的引路人。曾经有一次，刘志丹在察看地形时，自己的马吃了群众的麦子。他主动把大家召集到一起，痛心地要

---

① 习近平谈治国理政（第一卷）［M］．北京：外文出版社，2015：381.

求大家处罚他。马夫急忙解释道："这事不怪志丹，那马是我没有看好，应该处分我。"有的战士说："就吃这么几棵麦子，检讨一下就算了。""那可不行。"刘志丹不能宽恕自己。后来，大家只好提议罚他给老乡挑水。刘志丹进村后，一担一担不停地挑水，一直挑了十多家。[①] 这种严于律己、遵守制度、带头问责的精神，令人钦佩。而往深里看，体现的却是刘志丹对人民、对党的纪律、对革命事业的崇敬之心、敬重之心，有了这种敬心，才能自觉地严格要求自己，自觉地改正错误、弥补失误。

我们常说，共产主义和社会主义事业是神圣的，这种神圣体现在这一事业本身的伟大、光荣上，也体现在我们党对该事业的无比忠诚上，还体现在我们通过仪式感的重要载体经常提醒大家。例如，党和国家设立了国庆节、建党日、宪法日、烈士纪念日，现在领导干部任职都要进行宪法宣誓。烈士纪念日，党和政府领导人要举行向烈士敬献花圈仪式，其作用之一就是让党员干部增强事业的神圣感、崇敬感、尊重感。我们的党员干部也只有对理想信念、事业工作、人民群众满怀崇敬和尊重，工作起来才能满怀谨慎、认认真真、心存敬畏。

（四）"敬"要有高度负责的态度和认真精神

对人民群众、对主义、对事业的敬重，不是抽象的而是具体的，要体现在对党组织的衷心尊崇上，体现在对人民群众和事业的高度负责上，体现在对工作的极端认真上，体现在求真务实、实干兴邦上。如果没有极端负责的态度和高度认真的精神，甚至习惯于形式主义、官僚主义，就是一种冷漠、轻视和亵渎，更无崇敬可言。《太平广记》里有个"南人捕雁"的典故很能说明这个道理："雁宿于江湖之岸，沙渚之中，动计千百，大者居其中，令雁奴围而警察。南人有采捕者，俟其天色阴暗，或无月时，于瓦罐中藏烛，持棒者数人，屏气潜行。将欲及之，则略举烛，便藏之。雁奴惊叫，大者亦惊，顷之复定。又欲前举烛，雁奴又惊。如是数四，大

① 罚刘志丹给老乡挑水［EB/OL］. 中国共产党第一次全国代表大会会址纪念馆网，http://www.zgyd1921.com/zgyd/n4/n70/n72/ulai519.html.

者怒啄雁奴。秉烛者徐徐逼之，更举烛，则雁奴惧啄，不复动矣。乃高举其烛，持棒者齐入群中，乱击之，所获甚多。”这个典故中，那些“头雁”对事件和情况不敬畏、不认真，流于表面，不追根究底，对于风险预警疏忽大意，甚至感情用事、主观臆断、蛮横施威，最终使雁群遭受了重大损失。

第六节 要达观

达观就是要见识通透、心胸豁达，核心是有正确的得失观、人生观、价值观、政绩观，放得下自我，心底宽广，人生积极而又器量宏阔。中国人历来认为，“人无弘量，但有小谨，不能大立也”（《管子·小谨》），人只有有大的格局才可能成就大的事业。列宁在《共产主义运动中的“左派”幼稚病》中指出：“应当把对共产主义思想的无限忠诚同善于进行一切必要的实际的妥协、机动、通融、迂回、退却等的才干结合起来。”党员干部的心胸通达、开阔、坦荡，本身就是理想信念修养的一种体现，是在坚持原则基础上有效实现党的目标的重要方法，是天下为公观念的外化，是一种人格魅力。

一、达观首先要有通透的见识和观念

曾国藩曾说：“凡民有血气之性，则翘然而思有以上人。恶卑而就高，恶贫而觊富，恶寂寂而思赫赫之名。此世人之恒情。而凡民之中有君子人者，率常终身幽默，黯然退藏。彼岂与人异性？诚见乎其大，而知众人所争者之不足深较也……自秦汉以来，迄于今日，达官贵人，何可胜数？当其高据势要，雍容进止，自以为材智加人万万。及夫身没观之，彼与当日之厮役贱卒、污行贾竖营营而生，草草而死者，无以异也……今日之处高位而获浮名者，自谓辞晦而居显，泰然自处于高明。曾不知其与眼前之厮

役贱卒、污行贾竖之营营者行将同归于澌尽，而毫毛无以少异。岂不哀哉!”曾氏这里的达观，乃是建立在对人生苦短、异途同归的认识上。由于看透了富贵乃身外之物，人生百年之后，贫富贵贱都将一样归为尘土，“吴苑落花啼杜宇，宋台荒草走狐狸”，所以强调不必汲汲于名利、纠结于得失。这对于旧社会熙熙攘攘的名利场中人的确有醍醐灌顶、振聋发聩的作用，今人如果能悟到这一层，也有助于免除很多患得患失的烦恼和昼夜营营之苦。

二、达观要有大气概大度量

古人讲“履道坦坦，幽人贞吉”（《周易》），就是说行为素养上达观大度、胸怀坦荡，即使无辜坐牢也不忧愁，这样的人终究会有好的结果。大度量体现高涵养。“心大则百物皆通，心小则百物皆病。”

历史上，曾国藩曾把度量的大小作为区分君子小人的一个重要标尺。他说：“所谓小人者，识见小耳，度量小耳。‘致使君臣、朋友、父子、兄弟、夫妇之间’，此皆量褊而易以滋疑者也。君子则不然，广其识，则天下之大，弃若敝屣；尧舜之业，视若浮云。宏其度，则行有不得，反求诸己。”他还认为人的职位越高，气度就应该越大，并十分钦佩唐代宰相，认为他们都很有胸襟，所以国家气运旺盛。他总结了开国宰相与中兴宰相的不同，认为前者必须见识远略，有大胸襟、大气度；中兴宰相则侧重于具体事务，一步一个脚印，稳扎稳打。他还将达观大度作为处理人际关系的重要指导思想，认为达观大度要做到不怨天、不尤人，如果“无故而怨天，则天必不许；无故而尤人，则人必不服。……凡遇牢骚欲发之时，则反躬自思：吾果有何不足而蓄此不平之气？猛然内省，决然去之”。实际上所谓“小人”很多时候并非坏人，而是由于见识短浅、度量狭小限制了自我，使之行为举止多表现出鄙陋猥琐而已。

宋代名相王旦气量过人，从来不见他发怒。饮食有不好或不干净的，他只是不吃罢了。家里人想试试他的气量，将一些细墨放到他的肉汁中，王旦就只是吃饭。家人问他为什么不喝肉汤，他说："我碰巧不想吃肉。"一天，家人又把墨放到他的饭中，他看了，说"我今天不想吃饭，可以给我准备粥"，家人无不叹服。应该说，一个人的气度宏大，是见识广博的体现，"曾经沧海难为水，除却巫山不是云"，见多识广才能摆脱狭隘偏私、无知顽固、斤斤计较的束缚。度量更是志向远大的结果，志趣高远、胸怀大局，才会有"丈夫何事足萦怀，要将宇宙看稊米"的境界，是谓只要心大公了，便自然会有包含天下的气象。度量还是一个人不为小利、站得高看得远的根本因素，能做到"当可怨、可怒、可辩、可诉、可喜、可愕之际，其气甚平"的人，不仅是情绪控制的高手，根子里还是因为他志趣超凡、胸怀远阔。

三、达观要从"平淡"两个字上用力

凡是看待人生世界、祸福得失、悲欢离合都要有些淡泊的意思，待人接物，为人处世，都要有平常之心，对于财富地位更要看得淡一些，这样心胸才能日益开阔。《庄子·徐无鬼》中有段话说："故目之于明也殆，耳之于聪也殆，心之于殉也殆。凡能其于府也殆，殆之成也不给改。祸之长也兹萃，其反也缘功，其果也待久。"也就是说，人们处心积虑地追求一件事物，往往会适得其反；不去刻意追求，却往往会得到意想不到的结果。所以在个人的欲求方面，人应当少些苛求、奢求和极限追求，多些只管耕耘不问收获、顺其自然、适可而止，更要多些割舍自我、温暖他人、有益社会，养成以赤子之心走过世界的情怀。正如庄子所说："至人无己，神人无功，圣人无名。"

曾国藩也认为，欲成大事，首先要有宽广的胸襟、平淡的心境；凡人之际，须看得平；功名之际，须看得淡。他说："思古来圣哲，胸怀极广，而可达到致德者约有数端，如笃恭修己而生睿智，程子之说也；至诚感神而致前知，子思之训也；安贫乐道而润身睟面，孔、颜、曾、孟之旨也；观物闲吟而意适神恬，陶、白、苏、陆之趣也。"也就是说，淡定心境乃

人生豁达的根源，对世淡泊，故能波澜不惊，无急促拘狭之感；对物淡泊，故放得下、做得开，无处处枷身锁心之痛；对己淡泊，故名利得失之心适可而止，无汲汲以求、患得患失、心力紧绷之态。根本上，还是要有颗天下为公、克己为人、与世为善之心，才能在平常人中养得一个大格局。

四、达观的根本是寓我于民

孟子说："惟仁者为能以大事小，是故汤事葛、文王事昆夷。惟智者为能以小事大，故大王事獯鬻、勾践事吴。以大事小者，乐天者也；以小事大者，畏天者也。乐天者，保天下；畏天者，保其国。"无论有多大本领、身处什么位置、别人如何尊敬恭维，都不忘谦虚处下之心，少些自我身份、架子、地位、能耐的感觉，大而事小，强而敬弱，和光同尘，才是心胸阔达的长久之道。这里的真谛就是少些自我，多些事业、社会和群众，而且要习惯于寓我于群众。习近平总书记讲，"加强党的作风建设，核心问题是保持党同人民群众的血肉联系。"① 我们党始终坚持理论联系实际、密切联系群众、批评和自我批评的三大作风；始终坚持一切为了群众，一切依靠群众，从群众中来到群众去的群众路线；始终坚持视党为人民群众的答卷人、视党员干部为人民的勤务员，永远保持党同人民群众的鱼水关系、一刻也不脱离人民群众，从阶级地位上、价值追求上、根本工作方法上，把人民群众放在高处，把党放在人民群众之下，这是有史以来最为透彻的党群观念、历史观念和建党观念，深刻体现了群众史观和历史发展规律，是使党永葆阶级本色、立于不败之地的根本保证，也是共产党人胸怀宽广、风格高尚的内在源泉。

总的来说，我国古人追求达观、大度和豁达的目的和方法，还主要是建立在对人生及社会普遍现象和经验规律朴素认识的基础之上，是从个人

① 习近平谈治国理政（第一卷）[M]．北京：外文出版社，2015：366.

角度审视人生得失利弊得出的，是激发于悲天悯人、民胞物与、道义担当、舍生取义的传统精神的。今天共产党人的达观，其思想根基、阶级基础、价值支撑、历史积淀要比这个高远得多。我们党是有着共产主义远大理想和中国特色社会主义共同理想的历史抱负的，是有着全心全意为人民服务、“为人民谋幸福，为民族谋复兴”价值追求的，是有着苟利国家生死以、不因祸福避趋之，为主义奋斗奉献、不怕牺牲的革命情操的，是有着先天下之忧而忧、后天下之乐而乐，吃苦在前享受在后的优良作风的，是有着自我治理、自我净化、自我革新、知错必改、刀刃向内的自我批判和自我革命精神的。套用冯友兰的话说，这就使得真正的中国共产党人超越了自然境界和功利境界，走向了道德境界和天地境界，与党的主义融为一体，与人民大众和人类命运合而为一。所以，共产党员个人要真正做到达观豁达，就要做到心里装着主义、装着党、装着人民群众、装着党员义务，真正按照入党誓词所说，为共产主义奋斗终身，随时准备为党和人民牺牲一切，有了这种志向、情操和境界，胸怀自然就大了，看问题自然就达观了。而且要像习近平总书记说的那样，使自己的胸襟修养、自我要求的强度与职位层级相匹配，职位越高，对自己党性、境界的要求就越高，发挥好表率和“领头雁”作用。①

① 习近平2015年10月29日在中共十八届五中全会第二次全体会议上的讲话.

第六章

共产党员修养的主要方法

注重修养方法，是中国历来优秀人物的重要特征。自古舍命报国的英雄多是侧身修行的君子，正是历代优秀人物诚正修齐、开物成务的一贯作风，把学问事功演奏成了雄浑的乐章。中国共产党不仅把马克思主义政党建设理论中国化，发展了中国特色的党建和共产党员修养理论，还高度重视从中国传统优秀文化特别是修养文化中汲取营养。毛泽东等老一辈革命家，把中国传统的修养精华融入党员修养要求中，是这方面的光辉典范。遵循着这个思路，这里介绍一些古为今用的党员修养方法。

第一节　主一与笃定

从来讲“主一”首先是指“知止”，即明白人生最大的意义所在，知道人生应该追求什么，确立理想和志向，并专注笃行于这种理想，使得内有“主心骨”、有自我定力，心无旁骛，不再彷徨迷茫，也足以抵御各类纷繁的诱惑干扰，共产党员确立并坚定理想信念，就要有这种融入自己生命的感觉。

一、要立志明愿

人生只有一次，意义非同寻常。依哲学看，做人从哪里开始呢？从立志开始，人生的意义也往往凝结在人生追求上。志向，是使人紧张起来、站立起来的东西，好比树的躯干，人生的价值、意义和境界全是被志向所照亮的。王阳明在给弟弟的信中写道："夫学莫先于立志。志之不立，犹不种其根，而徒事培拥灌溉，劳苦无成矣。"也即做人的第一件事就是立志，就是要给自己一个终生去实现的愿景，使自己人生有奔头、行动有方向、生活有计划，产生奋斗的自觉性、主动性和创造性。没有志向的人和有志向的人是不一样的，不仅是想象上的不一样，事实上也不一样。人无志向也就没有了人生的方向，犹如没有舵的船，没有入海口的河流，盲目流荡，随遇而安。志向不同，人生有别。志向，还是人充满荣誉感、提升精神世界的起点。古人就主张君子以志节为美，人的高下取决于有无高尚"志行"，有之，则"无所用不足以为轻，处隶圉不足以为耻"，无之，"虽有天下不足以为重，抚四海不足以为荣"。我们党员干部都是坚定追求共产主义和中国特色社会主义的，信仰之高如同天宇，理想之力宛如江河，关键是要防止停留在纸和口头上，而是要真正扎根在思想、信服在心里、表现在行动上。

立志明愿乃是修养和改变自我的第一道法门。中国俗话说："相由心生，命随相转，改心转相，改相更命。"封建迷信的相术是宿命论的表现，不值得相信，但我们可以说个人的认知和志向能够极大激发和调动人的潜能，使人的才力得以集中投置和超常释放，精神和幸福感得到坚实的依托，人的相貌、精神面貌得以不断改善。人的精神面貌好了，就有助于感染和影响周围的人，提高做事成功的概率，最终改变个体人生。所以我们说，"相由心生"中的"心"，一是人的志向，二是人的品德，三是人的格局，这几样内核性的东西，对人的风貌和行为乃至人生是有着极大影响的，而其中首要的便是人的志向理想。因此有人说，一个人要想改变自己的命运，唯一的办法就是改变自己的心和观念，别无他法。你只要目标明确、观念正确，整个命运就变了。而"革心"之道虽赖于外在引导，却主要在自己，别人如何有办法替你改变观念呢？可以说立志明愿、坚定理想信念乃是党员干部修养党性、建功立业的始发站和恒久基石。我们党很多革命家自己回忆，先前自己也是极普通的人，有朴素的正义感和反抗精神，也有迷茫、懵懂甚至莽撞，但是一旦结识了社会主义的革命理想，就好像一下子在黑暗中看到了光明，自己得到了重生，像换了一个人似的，从此迸发出无限的热情、勇气和创造力，并在党的领导下，书写了光辉的人生，有了不一样的命运。

立志明愿就有了"主一"，有了内心的主一，使人内心得以安静和强大。人在纷繁世界不能漫无目的，心灵无所皈依，而是需要发心、发愿、立志，人生有了目标，心自然就定了，就有了在人世大海中沉浮的定海神针。犹如海航有塔、旅人有归，故曰："知止而后有定。"《二程遗书》也说："人多思虑，不能自宁，只是他心主不定。要作得心主定，惟是止于事，人不止于事，只是揽他事，不能使物各付其物，不是役物而是为物所役，凡清醒刻，必无宁时。"也就是说志向不立、终身事业不明，没有一定的方向就不能保持宁静，不能宁静就不能心安。真正的共产党人，有共产主义理想信念的引领，所以最能够心地坦荡、安然前行，应对风吹浪打、艰难险阻、挫折反复，能够智者不惑、信心不动，仁者无忧、内心不焦，勇者不惧、坚贞不屈，进而困苦无怨、大义凛然，视死如归、异乎常人，说共产党人"是由特殊材料制成的"，一个很重要的原因就在这里。

二、立志要立共产党人的大志愿

人的区别不仅在于是否有志愿和内在的主心骨，还在于有什么样的志愿，决心是要一辈子求田问舍、升官发财、荣华富贵、浮身人上，还是要心怀天下、坚定主义、有功于国家民族，在动机上、手段上、道路上和效果上都是很不一样的。孔子讲：看人要"视其所以，观其所由，察其所安"。"视其所以"是看他的动机追求，"观其所由"是看他做事的办法手段，而"察其所安"则是看他的识度境界。《后汉书》说："志不求易，事不避难。"有大抱负，才有大动力、大毅力、大魄力、大境界。所谓大抱负不是好大喜功，不是好高骛远，而是放眼天下，志在四方，"先天下之忧而忧，后天下之乐而乐”。有这样的胸怀和气度，才能不同凡响，书写别样人生。

诸葛亮讲“志当存高远”，宋文帝讲做人应“慨然立志”。胡林翼说，人生应自立自强，努力做众人所不敢为、不能为的事情，上以报国，下以振家，不负七尺之躯。曾国藩从自己一生成败中悟出了这样的道理：人才的高下，是由其志趣所决定的。他说：志向、趣味低下的人安于现状，囿于世俗陋见，必然会越来越卑劣；志向和趣味高尚的人向往古圣先贤的辉煌事业，就会一天比一天高洁，而只要立志，圣贤豪杰的境界人人都可以达到。实际上，个人的成就如何与客观条件密切相关，也与他对自己的期许和定位高下有着密切关系。一个自视甚高，但又不狂妄自大的人，一个志向高远，并能踏实肯干的人，无疑会有更大的成功机遇。若一个人目光短浅，妄自菲薄，崇尚所谓的“知足常乐”，则难免做个凡庸的人。世人所说的豪杰人士，往往是那些胸怀大志的人，因为非凡的志向诞生非凡的勇气和格局，能使人不为流俗所移，平心静气，勇忍前行，有所作为。

宋代理学家张载说，要“为天地立心，为生民立命，为往圣继绝学，为万世开太平”。一个人的价值并不取决于他的权力有多大，而取决于他承担了多大的责任。为富不仁者之所以被人唾弃，位高权重却昏庸无能者之所以被人赶下台，都是因为他们缺乏责任感。人活着不仅是为了钱财和生存。工作和有意义的事业是人的一种需要、一种选择，是人承担的一份社会责任。既然有了责任，就要将它承担起来。推卸责任就意味着失去了生存的意义。明末顾宪成主讲东林书院，尝说：“官辇毂，念头不在君父上；官封疆，念头不在百姓上；至于水间林下，三三两两，相与讲求性命，切磨德义，念头不在世道上，即有他美，君子不齿也。”（《明儒学案·东林学案》）什么叫“有成”？为国家、社会做事做出成就的才叫真正有成。古往今来都是一心为公的人才会留名，而为私的人，往往很快就被遗忘了。每个人最要紧的是要经常自问，这辈子来到这世上到底是要干什么、为后人留些什么，这是最关键的人生之问。“死在生前方为道”，在活的时候就知道自己一辈子要做什么样的人以及死后得到什么评价，那么算是一定程度上知道人生真谛了，待生命真正走到终点，也就不会有什么遗憾、忧虑和恐惧了。回望这些千百年来的经验认识，我们的党员干部不是更加应该铭记自己的入党誓言，坚定理想信念，不忘初心、牢记使命，始终为自己的人生高高竖起远行的灯塔吗？

进一步讲，对共产党员特别是党员干部来说，立大愿、有“主一”的核心是要讲求“忠诚”。习近平总书记强调，“对党忠诚、永不叛党，是党章对党员的基本要求。”“对党忠诚，不是抽象的而是具体的，不是有条件的而是无条件的，必须体现到对党的信仰的忠诚上，必须体现到对党组织的忠诚上，必须体现到对党的理论和路线方针政策的忠诚上”。[①]“衡量干部是否有理想信念，关键看是否对党忠诚。领导干部要忠诚干净担当，忠诚始终是第一位的。对党忠诚，就要增强‘四个意识’、坚定‘四个自信’、做到‘两个维护’，严守党的政治纪律和政治规矩，始终在政治立场、政治方向、政治原则、政治道路上同党中央保持高度一致。这种一致必须是发自内心、坚定不移的，任何时候任何情况下都要站得稳、靠得住”。[②] 这就对党员干部提出了明确的忠诚、“主一”要求。

按照习近平总书记的这些要求，我们认为，在忠诚的理解上，忠诚就是“主一”，就是要全心全意地信仰，全身心地融入和投入，就是真正地念兹在兹，心无二主、胸无二志，人无二面、行无二求；在忠诚的对象上，是要对党、对国家、对人民、对事业、对职责忠诚，对共产党人的信念忠诚；在忠诚的现实内容上，既要体现在思想精神上，还要体现到具体行动中，体现到坚决做到“两个拥护”上，体现到对党的理论路线方针政策方略坚信不疑并积极执行上，体现到坚决听党指挥、竭力完成党安排的各项工作任务上，体现在尽心尽责、用心用情为民服务上；在忠诚的“质

---

① 习近平谈治国理政（第二卷）［M］．北京：外文出版社，2017：189.

② 习近平关于“不忘初心、牢记使命”论述摘编［M］．北京：党建读物出版社、中央文献出版社，2019：385～386.

地”上，忠诚必须是无条件的，不能有和组织、人民“谈条件”“做交易”的心态，不能组织对自己的岗位、待遇等安排满意了就“忠诚”，反之就心生怨意、口生牢骚，甚至萌生“二心”，须知“进德修道，要个木石的念头，若一有欣羡，便趋欲境；济世经邦，要段云水的趣味，若一有贪著，便堕危机”（洪应明《菜根谭·概论》）。

三、要对理想信仰笃定贞固

立志、信仰，要有恒。佛家要求，对佛理一旦有得就要善加“护持”，这里的“护持”很形象，就是要像宝贝一样保护起来，捧在手里、放在心底，防止失去，表明的是一种得道后的珍惜和执着。我国传统儒者修行，也是一方面讲得很郑重，教人诚意正心，持养无懈，困勉知行，不达目的誓不罢休；另一方面还教人从容中行，优柔不迫。前者是端正志气之言，叫人走到正路上来，勿入邪僻，后者则是劝勉那些已经上路的行者，既上了路，就从容地走吧，不必再犹豫彷徨，也不必再焦虑慌遽。我们今天的党员干部对待共产主义远大理想和中国特色社会主义共同理想，对待共产党人的理想信念，也应当如获至宝，小心护持，坚定不移，专注如一，既倾其一生又从容淡定地去追求。这样，“信道笃则行之果，行之果则守之固”“久而弗失，则居之安，动容周旋中礼，而邪僻之心无自生矣”（程颢、程颐《颜子所好何学论》），笃信道就利于坚决执行道，坚决执行道反过来又能够让人更加坚守道，天长日久，便会很自然地安于党性的各项要求，言谈举止体现应有的党性，非党性的东西就被有效压减了。

（一）信仰笃定专注，首先要坚守勿失

《周易》说“不永所事”，乃是人腐败无能的表现。凡是有志于宏伟事业者，不可不立定坚定的志向，尤其不可不专注坚守，持之以恒、坚持不懈。年无分老少，事无分难易，但行之有恒，进之以猛，自如种树畜养，日渐其大而不觉，不过一两年，精进而有彰，否则不能专注唯一，只要稍有三心二意，便会守理不定，一遇到利害抉择的考验必然生变。一般

说来，在繁重复杂的行政管理和社会治理工作中，最为担心的就是立志不坚定，“主心骨”不能始终如一，见左右前后与自己相仿者皆事业有成了，于是自己就按捺不住了，或望其速成，或诱于势利，或竟抛弃初心正道而“另觅蹊径”，这其实都是志向不恒的表现，很可能前功尽弃，造成人生败笔。《郁离子》里有则典故说，郑国一个乡下人去学做斗笠，三年学成却遇到大旱，斗笠没有用处。他就放弃雨具行业改学桔槔（打水的用具），几年后学成了却又碰上大雨，没了用处。于是他重新开始做雨具。不久盗贼兴起，人们都穿能挡雨的军装，很少使用雨具。他又想学制作兵器，可是已经老了。可见人生有限，对于志向和事业如果不能专注于一，见异思迁，朝秦暮楚，是很可能一事无成的。

另外，坚守勿失还要防止党性修养的“功败垂成”问题。党性修养不易，一旦崩塌起来却很容易，之前做出了很多努力，取得了宝贵的成效，一旦松懈，就可能前功尽弃，回复原形，正是“千日集义，禁不得一刻不慊于心”“防欲如挽逆水之舟，才歇力便下流；力善如缘无枝之树，才住脚便下坠”（吕坤《呻吟语·性命》），所以，党性修养必须时时保持敬畏之心，坚守不怠，进取不息，才可能最大限度地防止出现反复。历史上，曾国藩以书生带兵，镇压太平天国，名噪一时，梁启超却评析说，行之有恒实为人生品格第一大事，曾公功成业定之后，论者以为乘时际会，天独厚之；而岂知其停辛伫苦，铢积寸累，百折不回，而始有今日也？有一个高中生耐性不够，做事稍遇困难就很容易气馁。有一天，他的父亲给他一块木板和一把小刀，要他在木板上切一条刀痕。当他切好之后，他父亲就把木板和小刀锁在抽屉里。以后每天晚上，他父亲都让他在切过的刀痕上再切一次。这样持续了好几天。终于有一天晚上，他一刀下去，就把木板切成了两块。父亲说：“你大概想不到这么一点力气就能把一块木板切成两块吧？你一生的成败，不在于你一下子用多大力气，而在于你是否能持之以恒。”这些都说明，党性修养只有坚持不懈，才能真正见效，效果也才能持久。

坚守不失、恒不动摇，不仅是策略，而且是有着客观规律的。前文也曾论及，人生的改变和进取，是从一个人的内心开始的，只要能够坚持下去，阅历就会逐渐增多，就可以有更好的表现。一个人并不是天生就是那么好、那么优秀、那么有成的，都是慢慢改变、逐步积累的，这样才有意思、有价值。一个人最了不起的不是说天赋多么超常，而是说“不管现在的我怎么样，我都要把自己变得越来越好”，这才是最大的修炼。而且遭遇凝滞、身处低谷、受到挫折的时候，正是人快速成长的好机会，不应怨天尤人，而要抓住难得的沉寂期好好修炼自己，吸取经验教训，慢慢成长，慢慢走向成熟。“虽极人世艰苦之境，而曾不少易其心；虽遇千挫百折之阻，亦不足以夺其志”，方显英雄本色。曾国藩曾说“凡事皆有极难之时，打得通、忍得住，便成豪杰”，正是这个道理。我们讲为理想舍生取义、杀身成仁，就是要“见利思义，见危授命，久要不忘平生之言，亦可以为成人矣”（《论语》），见利思义的最高境界就是舍生取义，见危授命的最高体现就是杀身成仁，“久要不忘平生之言”的集中见证就是位高权大日久，而不忘初心使命。所以，我们共产党人对理想信念的坚守是应该死而后已的，这既是自我修养之旅，也是为党和国家建功立业的保障。

（二）笃志要惯于专注

专注简单说就是要放松身心，摒弃杂念，集中心、智、力于当下该做的事情，高效而享受地做事。专注是成功的必备品质，有专注才能排除干扰，静心聚力于事功，达到效率高、创新多、失误少的效果。古人讲“地之安静不动，然后可以载物，生长以出万物”，心志沉静专注，道义才能生长，否则心守不定，终究会陷入狂乱（张载《经学理窟·气质》）；又讲，人“凡做一事，便须全副精神注在此一事，首尾不懈。不可见异思迁，做这样想那样，坐这山望那山，人而无恒，终身一无所成”。“行衢道者不至，事两君者不容。目不能两视而明，耳不能两听而聪”，“无冥冥之志者，无昭昭之明；无惛惛之事者，无赫赫之功”（《荀子·劝学》），事业和生活往往更垂青那些身心专注、无声无息地不断付出和追求的人。心理学家也说，在成就一番伟大事业的过程中，专心致志、持之以恒的品格往往起到很大的作用。正如意大利民谚所云："走得慢且坚持到底的人才是真正走得快的人。"修身养性，为人处世，在时间跨度上贵在有恒，在空间维度上贵在专注和走心，有恒加专注，无论在什么行业、什么岗位、什么条件下都是能够创造奇迹的，这个道理虽然简单易懂，却不是人人都能够做到。

《庄子·达生》中有一个故事，孔子有一次到楚国去，途中经过一片树林，看见一个弯腰驼背的老人正拿着竹竿在那儿粘蝉，而且粘得又准又快，好像在地上捡东西一样。孔子看了很吃惊，问老人说："您的技巧高明，有什么诀窍吗?"老人说："我有诀窍。经过五六个月的练习，我在竹竿顶上放两颗弹丸而不会掉落，这样去粘蝉就很少失手了；接着，放三颗弹丸而不会掉落，这样失手的机会只有十分之一；等到放五颗弹丸而不会掉落，粘蝉就好像在地上捡东西一样了。更为重要的是，在劳作中，我站稳身子，像是直立的枯树干；我举起手臂，像是枯树上的枯枝。天地虽大，万物虽多，我所察觉的只有蝉翼。我不会想东想西，连万物都不能用来交换蝉翼，这样怎么会粘不到呢！"孔子听了老人的话，转头对学生说："用志不分，乃凝于神，其痀偻丈人之谓乎！"用心专一而不分散，就能表现出来有如神明的作为，说的就是这位弯腰驼背的老人家啊！

这个故事里，老人在长久练习的基础上，能够使自己全神贯注于粘蝉，心如止水，身如枯树，专注到连世间万物都不能用来交换蝉，从而达到了如同自身本能一样，信手拈来的境界。庄子寓言的主角，不少都是这样平凡的小人物，他们平凡的技艺看起来不起眼，却能够精益求精，终生力行，最后达到出神入化，让人惊叹不已的程度。人的心思和精力是有限的，而世间的事物却是无穷的，只有有所不用心，才能有所用心。而在对志向和事业的追求中，要有一种无所用心的状态，就是以"无所用心"的态度去追求全身心追求的事物，也就是一心专注于要做的事，不带有太多的特定目的、不计较太多的名利，对一切都能做到顺其自然，达到收其安心而对事业无所不用其心的境界，久而久之，就会让事物的发展悄然走上应有的轨道，甚至做出非常成果，道家所说的无所为故能无不为，大概也有这个意思。这是值得每个决心为理想信念而奋斗的党员干部借鉴的。

（三）笃志专注，还要有淡定自守的气度

一则说来，“简默沉静者，大用有余；轻薄浮躁者，小用不足”，人生在世，不仅要有理想、志气、勇气，还得有一种淡定的功夫，整天浮躁不安，是成不了什么大事的。美国哈佛商学院巴达拉克教授还提出了“沉静领导”的概念，用以指那些以负责任、低调和幕后的方式来解决各种问题的领导者。我们认为“沉静领导”，一是心灵宁静，为人专注；二是行事冷静、低调沉稳，于内是自省自持、自重自强，于外是安详沉着、谨言慎行，不动声色地推动着世界的改变。因此，保持内心世界的淡定是非常重要的。只有一个内心专注的人才能在纷繁复杂的世界中看得深、看得远，才能使自己的思维闪烁出智慧的光辉，才能把大是大非、对错美丑看得更透彻、更完整，才能更好地做到“主一”，在静默中奋进。

明代贤士吕坤说：“深沉厚重是第一等资质，磊落豪雄是第二等资质，聪明才辨是第三等资质。”“心要如天平，称物时物忙而衡不忙，物去时即悬空在此。只恁静虚中，正何等自在！”当然，“沉静非缄默之谓也。意渊涵而态闲正，此谓真沉静。千军万马、稠人广众不害沉静，神定故也，虽端坐终日、寂无一语而色貌自浮、飞扬动扰，皆非沉静。真沉静底自是惺忪包一段全副精神在里”（吕坤《呻吟语·性命》）。进一步讲，这里的淡定自守不是指常人所说的闭门端坐，而是随时随地止于当止之谓，是指人专注于那应当专注的事业而呈现出的心志集中、笃定投入的状态，是为真淡定。若心无大志，手无要事，烦于庸务，心意飘忽，虽口念淡定，却难做到。

有这样一个故事，一天，一个工人在仓库搬运货物时弄丢了手表，大伙儿翻箱倒柜，怎么也找不到，无奈只好沮丧地回去吃午饭。这时候，有个小男孩偷偷溜进仓库里，很快就把手表找到了。人们诧异地问他是怎么找到的。小男孩回答道："我只是躺在地上，保持安静，一会儿就听到钟表的嘀嗒声。我就是通过这个方式找到手表的。"对待理想信念也是这样，必须专心去体会、去信守、去践行，只有心定不摇，做到"邪气不能干其度，外物不能扰其神，哀乐不能荡其守，死生不能易其真"，名位为糟粕，势利为埃尘，治其内而不饰其外，求诸己而不假诸人，经盛衰而不改（潘尼《安身论》），才是真正的志向坚定、党性牢固、经住了考验，才能由内而外地激发干事创业的潜能。

二则说来，安于所志、安于信仰，还要经得起风雨的考验。理想信念，顺境中容易坚持，逆境中则面临考验，风雨不动安如山，才是笃定专注的高境界。《易经》有辞"素履往，无咎"，传曰："夫人不能自安于贫贱之素，则其进也，乃贪躁而动，求去乎贫贱耳，非欲有为也。既得其进，骄溢必矣，故往则有咎。贤者则安履其素，其虑也乐，其进也将有为也。故得其进，则有为而无不善。若欲贵之心与行道之心交战于中，岂能安履其素乎？"这里讲的是一个人能不能安定自守的问题，实有切要。按照这个道理，一个党员干部如果把理想信念作为真正的人生目标和引领，为它而工作、奉献，则即使"不得志"、遭受挫折、遇到失败，依然"穷且益坚，不坠青云之志"，内心安然地尽最大可能为理想信念而工作，在践履高位时，也能时刻牢记初衷使命，更加努力地去作为。这就给心思安了一个坚固的家，纵使外界风雨飘摇，自己和内心也会处变不乱，镇定泰然，从容前行，是为"仁者无忧"。相反，如果理想信念只是口头表态，只是用来装点门面，只是用以赢得个人政治利益的招牌，则在低谷的时候就会心浮气躁，难耐名利欲望，为早日"飞黄腾达"而四处钻营，在"得志"时则可能会忘乎所以，骄溢日盛，甚至飞扬跋扈，就连职责本分也会做不好，更别说为信仰建功立业了。所以，笃志专注，要做到使自己的心思集注于理想信念，安心于斯，无论个人穷、达、得、失都始终不渝，才是真正的主义者，否则践行理想信念之意与功名利禄之欲在心里纠缠、矛盾、争斗，哪能安静，哪能保持共产党人的本色呢？

第二节 自省与他议

从前佛教论修禅有两种阶段和境界，即“迷时师度”“悟时自度”，在尚未认识到修养的道理之前，需要老师来启发引导，老师不光是特定的人，凡是所接触到的人，不管通过什么方式，给我们规劝、指示不足，都是“师度”。在已有了修养的自觉和方法后，就主要自我领悟、自我革新、自我提升，这就离不开自我反省。

一、自省是党性修养的必由路径

自省，古人称之为省察，就是反思自己，检讨内心，及时向是止非，就是把检点自我作为事关进德修业的要事，不断对自己的内心、行为和情感等进行反思、反省、洗涤和完善。高尔基说“反省是一面滢澈的镜子，它可以照见心灵上的污点”；古人说“明莫大于自见，聪莫大于自闻”，“外事之不知，非患也；人患不能自知也”；“存亡安危，勿求于外，务在自知”，“败莫大于不自知”（《吕氏春秋·自知》）；“改身之过，迁身之善，谓之‘修身’”（颜元《颜习斋先生言行录》），都是强调检省自我、认识自我、识错改过的重要性。习近平总书记要求“每个党员都要在思想政治上不断进行检视、剖析、反思，不断去杂质、除病毒、防污染”①，也就是说，党员干部自省和自我剖析，就是一个不断认识自己、校正自己、增强党性觉悟的过程。

人处于世，诱惑极多，如不能做个驱除心魔的高手，势必被恶欲所困。荀子说“君子博学而日参省乎己，则知明而行无过矣”，就是说，如果一个人广泛地学习，每天多次反省自己，他就会变得聪明智慧、行为没

① 习近平2020年1月8日在“不忘初心、牢记使命”主题教育总结大会上的讲话.

有过错了。这里最难的不是“博学”，也不是“省乎己”，而是“日”和“参”，不仅“每天”，而且“多次”反省自己，这是一个人提高修养极为重要的方法。《周易》说君子“见善则迁，有过则改”，孔子说“见贤思齐”“见不贤而内自省也”，都是要人们日日反省，天天自新。孟子最著名的自我改进方法就是“反求诸己”：爱人不亲，反其仁（反问自己的仁德）；治人不治，反其智；礼人不答，反其敬。“事之不成，反求诸己”的做法和精神，就是根据实践检验的反馈情况，不断自省、自我批判和自我提高的方法和精神。至于如何检点，孟子建议要多与怨恨自己的人相处，因为怨恨自己的人，往往是对自己的缺点或过错最敏感的人，也往往是对自己的缺点最能给予无情抨击的人，从他们身上我们最能够发现自己需要深思和改进的地方。

我们党对党内法规制度的建设可谓不遗余力，尤其是党的十八大以来，基于新时代从严治党实践，各项党内法规制度相继制定（修订），党内法规制度体系加快健全。同时党和组织对党员干部的教育不能不算多，咬耳朵、扯袖子、执纪问责“四种形态”，可以说是不厌其烦、苦口婆心，但所有这些外在的努力要起到应有的作用，关键还需要每个党员干部通过内省的方式，内化于心，外化于行，产生内生性效果。可见，党员干部加强内省，不仅关乎个人党性修养，更关乎党的建设各项措施落实落细。

内省对于党性修养的重要性还体现在，它对人的心理发展有着重要影响。人们在反省的过程中，感知自己的所作所为，及时规正自己的行为方向，不断以高尚的目标激励自己，久而久之，就会改善思想意识、心理境界和价值取向，进而悄无声息地影响外在的行为，成为更加优秀的人。第一层来说，人世间是非善恶的界限有时候是非常微妙和脆弱的，而自我反省就是认清其中界限、明晰行为底线的最好的方法，所谓知是非、明法纪、存戒惧，都离不开内在对其的思考。曾经引起社会广泛关注的“霸座男”“霸座女”“霸座大妈”“发家属官谱求老师照顾”“自称书记家属要刁横”等闹剧，围观者以为不可思议和可笑，当事人却出乎意料地理直气壮，除了缺乏法律道德意识外，缺乏内省、自我反省也是重要原因，以致身心在恶臭当中却浑然不觉、怡然自得。第二层来说，党员干部要比普通群众先行一步，做得更好，发挥先锋模范作用，努力成为更加优秀、更有贡献的人，同样需要不断自省自励，激发内在动力，持续激励自我向着高尚的人格和党性目标迈进。

人的自省过程虽然表面上是在不断自我揭短，事实上却是在逐步认识自我，积极地面对自己，从而不断地进步。“念头起处，才觉向欲路上去，便挽从理路上来。一起便觉，一觉便转，此是转祸为福、起死回生的关头，切莫轻易放过。”（洪应明《菜根谭·概论》）在内省中及时就是去非、纠偏守正、见贤思齐，不断以先进的东西激励自己，这是人们追求完善人格和世界真理必经的过程！曾国藩曾经推崇的“悔缺”之道也是这个道理，即通过反省自己的缺点过错，坚决彻底地加以改正，来不断实现新生。对此，习近平总书记强调，广大党员干部要经常进行思想政治体检，“同党中央要求‘对标’，拿党章党规‘扫描’，用人民群众新期待‘透视’，同先辈先烈、先进典型‘对照’，不断叩问初心、守护初心，不断坚守使命、担当使命，始终做到初心如磐、使命在肩”①。

二、自省需要能静

“静”意为贞静、安和、娴雅，通于“和”“善”“诚”“实”等字。静不仅是哲学概念，更是一种精神状态，一种修身养性的方法。儒、释、道三家都强调“静”。儒家讲求修身、立志、治学皆以静为本，道家讲求“平和冲淡”，禅宗讲求静坐以静心。荀子明确说：“人何以知道？曰：心。心何以知？曰虚壹而静……虚壹而静，谓之大清明。”往往静而后有心志明、头脑清、处世淡定、行为有序。朱熹说：“定则明。凡人胸次烦扰，则愈见昏昧。中有定止，则自然光明。庄子所谓泰宇定而天光发是也。”

① 习近平2020年1月8日在“不忘初心、牢记使命”主题教育总结大会上的讲话.

张载认为，定然后始有光明，若常移易不定，何求光明？人的心理意志和意气感情总是拆不开的，心志稍有浮躁，感情就会浮躁，意气感情涣散，那么心志也就涣散了，就很难全面、客观、深入地观察思考事物和认识自己，正如“对镜梳妆”、整理容颜时，总是端坐对镜、仔细审视的，如果只是在镜前嬉戏，又怎么能把那张脸看清看细看准呢？

现代人很麻烦的一点就是能动不能静。上班自然动个不停，下班路上无论是坐地铁、坐公交还是走路，很多人也都是听音乐、打游戏、玩手机，一刻也停不了。到家也是看电视、泡网络、聚会宴乐等，时刻皆逞耳目之娱。久而久之，就缺少了深思的机会，人就会变得越来越浅显。虽然现在整个社会的节奏很快，生活压力很大，工作也都很忙碌，但还是要时不时地让自己静下来、停下来，等等我们的心灵，每天抽出一定时间来独处、静思、内省。这样坚持一段时间之后，你会发现自己以及自己的工作、生活都会发生或大或小的好的变化。而对于任务繁重、责任重大、压力十足的党员干部来说，“每日求取几刻闲，放下世界慰吾心”也显得尤为重要。

三、自省要从细微着手

“轻者重之端，小者大之源，故堤溃蚁孔，气泄针芒。是以明者慎微，智者识几。”（《后汉书·陈忠传》）祸患常积于忽微，一个领导干部失去底线，变得自私自利、卑鄙腐败，很多时候都有一个从量变到质变的过程，从一次宴请、一个红包等细节开始，逐渐发展到以权谋私、违法乱纪，最后成为“阶下囚”。因此，细节虽小见风骨，小事小节有政治、有方向、有形象、有人格，也有蛇蝎，要慎微，常以“蝼蚁之穴，溃堤千里”的忧患之心对待自己的一思一念；以“如履薄冰、如临深渊”的谨慎之心对待自己的一言一行；以“夙夜在公、寝食不安”的公仆之心对待自己的一职一责，始终保持坚定的党性、良好的品行、先进的表率。而且自省要求我们更进一步，不仅有慎微之心，更要有戒微之道，通过经常的自我反思、自我检验，及时发现思想行为上的苗头隐患，尽早加以克服。同时，对于党性的东西、先进的东西、榜样楷模身上闪光的东西，无论大小多少，都检查自己身上有没有、缺不缺，从而去弊端而补优良，天长日久，党性之树便会参天。

关于党员干部自省自改的方向和重点问题，习近平总书记曾具体指出，党的各级组织和每个党员、干部都要敢于直面问题，勇于自我解剖，向顽瘴痼疾开刀。“一方面，要注重解决那些量大面广、表现突出的问题，诸如工作中搞独断专行、搞‘一言堂’和自由主义、分散主义问题，作风上搞形式主义、官僚主义、享乐主义和奢靡之风问题，滥用权力、贪污受贿、腐化堕落、违法乱纪问题，有纪不依、执纪不严、违纪不究问题，不思进取、不敢担当、慵懒无为问题，等等”。“另一方面，要着力解决政治性强、破坏力大的问题，诸如在重大问题上不同党中央保持一致、不执行党的政治纪律和政治规矩问题，对党不忠诚老实、阳奉阴违、弄虚作假、做‘两面人’问题，选人用人上任人唯亲、任人唯利和跑官要官、买官卖官、拉票贿选问题，结党营私、拉帮结派、政治野心膨胀问题，等等。”①前一类问题是社会关注，群众反映强烈的，要严格对照制度自我检省，不断戒除；后一类问题隐蔽性强，但一旦发展起来危害很大，需要时刻自我警醒，谨防在党性原则、政治立场、政治观点上走偏走错。

四、晨思与夜省是自省的好方法

古人言传身教，“善摄心者，其惟本思”，“暮则省白昼之所行，朝则计今日之所事。念兹在兹，不肯一事苟且，不肯一时放过，庶心有着落，不得他适，而德业日有长进矣”（吕坤《呻吟语·性命》）。晨思法，概括说就是每天早上静思片刻，思想今天应该做什么事，应注意和克服什么毛病，要防止什么问题，发扬什么优点，等等。夜省法，简而言之就是每天

① 习近平谈治国理政（第二卷）［M］．北京：外文出版社，2017：183～184.

晚上拿出时间，静思回顾全天和近来自己的思想行为情况，检点、反省存在的不足，思考克制的办法，明确要努力的方向。“夜深人静，独坐观心，始觉妄穷而真独露，每于此中得大机趣；既觉真现而妄难逃，又于此中得大惭忸”（洪应明《菜根谭·概论》），这是古人所讲的“观心”之法，是自觉自省的好方法。如此“朝而受业，昼而讲贯，夕而习复，夜而计过，无憾，而后即安”；仰而思之，夜以继日，幸而得之，坐以待旦，勤行不怠，必有成效。可以说这些方法对于所有人都是适用的。

我们的很多优秀党员干部，也都是晨思夜省法的践行者。焦裕禄之所以能成为一代楷模，与他长期坚持“过电影”的工作方法密不可分。所谓“过电影”，按照焦裕禄的说法，就是白天工作一天，晚上躺在床上，睡觉前像过电影一样，一幕一幕地把自己当天所说的话、做的事来一番回顾，认真检查总结其中的得失对错，对的就坚持，错的就及时改正。这难道不正是夜省法的典型运用吗？这也说明，如能真正晨省思、夜计过，早晚相加，循环反复，不断反思检点，自我改进和激励，经年累月就会有大的改观。

当然，晨思、夜省的内容根据个人情况各有不同，孔子说：“君子有九思，视思明、听思聪、色思温、貌思恭、言思忠、事思敬、疑思问、忿思难，见得思义。”这九思，思的都不是外在物事与他人，而是从自己的伦理实践身份去想，考虑自己在此间处理得恰不恰当。明代铁骨谏臣杨继盛说：“心以思为职，或独坐时，或夜深时，念头一起，则自思曰：这是好念，是恶念？若是好念，便扩充起来，必见之行；若是恶念，便禁止勿思。”对党员干部来说，就是要逐日检视自己的非党性思想和行为，强化党员意识、党性觉悟和党员行为，要思省自己思想行为与法度红线的距离，铭记头顶高悬的法律之剑、党纪之剑、道德之剑；思省自己每日思想行为的过失，审查自己走过的每一步路、说的每一句话、办的每一件事，一有违背党性的念头和萌芽就要立即踩刹车；思省自我评价、周围对自己的评价是否有不对劲的地方，看自己地上的影子歪不歪、读部属的眼神疑不疑、辨百姓的目光蔑不蔑。当然晨思夜省的方式是灵活多样的，不需要像古人那样端坐静默，一副煞有介事的样子，而是要因人因时因地制宜，以达到目标为要。

晨思夜省的内在标准，一是心地安定，就是问心无愧，没有愧惧的事情在心头，一旦有了隐忧，就应尽快革除。二是崇尚更高的人格和人生价值追求，即韩愈所说“早夜以思，去其不如舜者，就其如舜者”，对党员来说就是不断激励自己向着更高党性觉悟、更大的作为贡献去努力。三是“禁欺如火”，晨思夜省的彻底有效，关键在于不自欺，就是要直接、真实、全方位地面对自我、检查自我，不给自己留借口、留余地、留后院、留秘密，要把整个自己全面洗澡、全面体检、全面去尘消疴，绝不自欺欺人。其中，心怀对党纪国法的敬畏心理，是守规则、有修养、自问无愧的前提。违法违纪特别是作案者，心理压力很大，光鲜外表背后的不安与恐惧往往与日俱增，时刻担心东窗事发，惶惶不可终日，一有风吹草动就如惊弓之鸟，饱受精神痛苦，更无心安神宁、心宽体胖可言。

美国一位科学家多年研究提出，多数违法犯罪的人，其寿命都比正常人大大缩短。巴西马丁斯医师经过 10 年研究得出结论：有腐败行为的人容易得癌症、心肌梗死、过敏症、脑溢血、心脏病等疾病。他发现在被调查的 583 名腐败官员中，70% 的心理状态极差，经常服用镇静剂，由于心理失衡，一边日夜琢磨如何算计和敛取钱财，一边害怕“出事”，终日焦虑、惴惴不安，造成内分泌紊乱，容易引发各种疾病。他提出：“人在违反伦理道德准则时，精神和身体就会受到来自体内的攻击，最终导致生病甚至死亡。”遇有这种情况，与其备受折磨，不如及早向组织说明情况，争取宽大处理，还自己一个心灵解脱。

五、虚心留意他议是自省的好帮手

他议，就是他人的提醒批评、点评议论，抑或是无关的聊天谈论，其中都会有对党员干部的宝贵意见建议，应当虚怀若谷，对照检讨，用心汲取，改善提高。他议有主动和被动、正式提出和日常随意、言语明示和无声拷问之别。主动就是个人根据一定情况，主动征求别人对自己的意见建议，听取大家的批评指正；被动就是他人在工作生活中对自己提出的意见、做出的批评；正式提出就是在民主生活会、党员评议会等党内政治生活中其他同志正式提出的意见建议；日常随意就是大家在日常工作生活中随时提出的意见建议，包括那些对别人而非针对自己的意见建议；言语明示是指明确表达出来的议论、评价；无形拷问则是指自己职责范围内的事情出现问题或糟糕现象，摆在自己面前，给人以“扎心”的感觉，心生愧，催人自省。无论是什么形式、什么场合，只要是意见建议，党员干部都应该认真听取，并作为内省的重要依据，这样内外结合，夹持前进，才有利于快见效、见大效。

（一）他议，要虚心听得、主动求得

“以人为镜，可以明得失”，自省，自己查找自身的不足，虽然有知之最深的独特优势，但也难免有“身在此山中”的迷惑，多听听他人的议论、建议、意见甚至是批评，有助于自省有据，改进有方。“耳中常闻逆耳之言，心中常有拂心之事，才是进德修行的砥石。若言言悦耳，事事快心，便把此生埋在鸩毒中矣。”（洪应明《菜根谭·概论》）有一个典故说，高缭在晏子手下做官，晏子把他辞退了。手下官员劝阻说：“高缭已跟了你三年，一直没有给他一个职位，还要辞退他，这不合道义啊。”晏子说：“我是一个狭小鄙浅的人，依赖各方支持辅助才能稳固，才能立国。高缭在我身边工作三年，从未说过一句纠正我过失的话，我因此要把他辞掉。”现实中，绝大部分领导干部能够像晏子那样严格要求自己，多听不同意见，勇于“弼吾过”，自觉重用那些襟怀坦白、踏实能干又敢于提出批评或不同意见的人。但也有个别领导干部喜欢那些“未尝弼无过”的人，觉得他们听话，不给自己添麻烦，用起来得心应手。这些人往往也会投其所好，你想甜的，就给你加糖；你要辣的，就给你撒辣椒粉。领导干部就被这些人包围着，整天昏昏然，全然不知自己身上的缺点、工作中的问题。到头来害了自己，也无法向组织交代。所以，晏子逐高缭的典故很值得深思。

（二）他议，要触类旁通、有则改之无则加勉

“人谁无过，过而能改，善莫大焉。”什么叫过错？孔子说：“过而不改，是谓过矣。”什么叫无咎？《周易》说：“无咎者，善补过也。”我们说“过错”，除了“错误”的意思外，还有说错了没发现或者拒不承认，仍然往下走，走过了头就是“过”，走过了“错”，再走下去就是“大错”“特错”，就可能丧失改正的机会，变成“错过”。所以，人要“闻过则喜，知过不讳，改过不惮”（陆九渊《与傅全美》），而知过是改过的前提，要做到知过，内靠自省，外靠触类旁通，见善如不及，见不善如探汤。《庄子·徐无鬼》中有个故事说，吴王打猎于猕猴聚居之山。猴群看见打猎队伍，惊惶地四散奔逃，躲进丛林深处。有一只猴子却扬扬自得地在吴王面前卖弄灵巧。吴王用箭射它，它敏捷地接住飞箭。吴王命令左右随从一起射箭，猴子躲避不及抱树而死。吴王回身对他的朋友颜不疑说：“这只猴子啊，夸耀自己的灵巧，仗恃敏捷而蔑视于我，以致遭到如此下场。要以此为戒啊！千万不要神气十足地用傲气待人啊！”颜不疑回来后便拜贤士董梧为师，学习铲除自己傲气、喜形于色和爱表现的习惯，弃绝淫乐，辞别尊显，三年后，举国称贤。这个故事说明了，处处留心他议，对照改造自己是多么重要和有效。

（三）他议，要注意从事实中寻求教诲、检省自己

中唐诗人韦应物在任地方官时，目睹治下城乡凋敝，百姓流亡，深感自己未能尽到职责，坐食俸禄，于国于民有愧，遂写下了“自惭居处崇，未睹斯民康”“身多疾病思田里，邑有流亡愧俸钱”的著名诗句。200年后，宋代范仲淹读之，叹为“仁人之言”，朱熹称曰“贤矣”，南宋儒生黄彻进说：“余谓有官君子当切切做此语！”韦应物虽为封建官吏，但对所管辖地区人民的疾苦深切关注和同情，并对照自己的俸禄和安逸生活而感到惭愧，发出“邑有流亡愧俸钱”的感叹，体现了可贵的自省意识。唐代

伟大现实主义诗人白居易在任周至县县尉时，有感于当地人民劳动艰苦、生活贫困，写了《观刈麦》诗曰："田家少闲月，五月人倍忙。夜来南风起，小麦覆陇黄。妇姑荷箪食，童稚携壶浆。相随饷田去，丁壮在南冈。足蒸暑土气，背灼炎天光。力尽不知热，但惜夏日长。复有贫妇人，抱子在其旁。右手秉遗穗，左臂悬敝筐。听其相顾言，闻者为悲伤。家田输税尽，拾此充饥肠。今我何功德，曾不事农桑。吏禄三百石，岁晏有余粮。念此私自愧，尽日不能忘。"诗里面除了辛苦劳作场景外，最动人心弦的还有两处。一处是描写了一位贫困妇女（人家）的遭遇，她们被捐税弄得破了产，只能以拾麦穗为生，你看她左手抱着一个孩子，臂弯里挂着一个破竹筐，右手在那里捡人家落下的麦穗以做口粮，她的经济境地比前述阖家忙于收麦者更低了一个层次，引起了作者的深切同情。另一处是作者把自己的安逸与劳动人民的穷苦对比，感到自己没有"功德"，又"不事农桑"，却拿"三百石"俸禄，到年终还"有余粮"，因而"念此私自愧，尽日不能忘"，对自己无功无德又四体不勤却饱食米禄而深感愧疚。这首诗既是作者对重赋伤农的呐喊，又是自我对照反省的自白，是深植当时人民群众的人道主义精神。这些古代为官者对照事实进行反躬自省的做法，今天依然很有借鉴意义。

现在，我们不仅早已于2006年废止了农业税条例，实行两千多年的"皇粮国税"退出了历史舞台，而且实现了脱贫攻坚和全面建成小康社会伟大目标，人民群众的生产生活得到极大改善，也更加幸福。相信韦应物、白居易等如果能看到今天的场景，一定会高度赞扬我们党的伟大成绩。但是我们绝不能躺在"功劳簿"上搞享受，不仅要不忘初心、牢记使命，继续为人民幸福、民族复兴而奋斗，而且要时刻对照经济社会发展特别是民生方面的突出问题，自我检省、自我批评，使我们始终保持清醒头脑和纯粹党性，强化干事创业的责任感、使命感、紧迫感。

（四）他议，要客观认识自己的局限性，广问计以自新

《贞观政要》载："贞观初，上谓太子少师萧瑀曰：'朕少好弓矢，自

谓能尽其妙。近得良弓十数，以示弓工，乃曰“皆非良材”，朕问其故。工曰：“木心不正，则脉理皆邪，弓虽劲而发矢不直。”朕以弧矢定四方，用弓多矣，而犹不得其理。况朕有天下之日浅，得为理之意，固未及于弓，弓犹失之，而况于理乎？’自是诏京官五品以上，更宿中书内省，每召见，皆赐坐与语，询访外事，务知百姓利害、政教得失焉。”唐太宗从自己对弓箭的认识误区中触类旁通，体悟到自己缺乏治理天下的经验才识，而自觉问计于人，丰富自己，改进执政，是难能可贵的，这种广问计以自新的做法，对于今天领导干部修养党性、做好工作不是很有启发吗？

现时代，中国共产党通过批评和自我批评的法宝，已经把自省和他议的修养方法上升到了新的理论高度和实践境界。刘少奇指出：“党内既有各种缺点和错误存在，又有各种不正确的非无产阶级的思想意识存在，而这些不正确的思想意识中的每一种都可能在某种时期发展成为党内某种倾向，引起党内某些原则上的分歧，妨碍党的行动的一致。因此，如果不发展党内的批评和自我批评，不经常地揭发和纠正各种缺点和错误，不克服各种不正确的思想意识，不进行党内斗争来克服党内的分歧，而在党内斗争中采取折中的态度和‘中间’路线，或者得过且过，敷衍了事，那么，就不能正确地教育党，教育阶级，教育群众。”① “我们的同志应该经常有党内斗争的准备，应该虚心接受一切正确的批评，同时也应该受得起误会、打击，以至委屈冤枉。”② 应该说，党的批评和自我批评超越了古代士大夫修身自达的局限性，是为实现理想信念，以坚持真理反对谬误、坚持党性反对非党性为目的的党内政治生活，是迄今为止最为先进的自省与他议方式。这是我们党的独特优势，每个党员干部都应该倍加珍惜和充分运用，自觉在组织生活的大熔炉里不断追求真理、修正错误，提倡正气、反对邪气，在提高自我党性修养的同时，也为从严治党做出应有的努力。

---

① 刘少奇．论共产党员的修养［M］．北京：人民出版社，2015：80.
② 刘少奇．论共产党员的修养［M］．北京：人民出版社，2015：88.

第三节 希贤与自比

党员干部加强修养，还可以借鉴古人以贤为楷的希贤法，以及自比于昨的自比法。二者都是实践中行之有效的方法。

一、希贤法意义非凡

希贤法，是在修养上对标先进进行学习的方法，在静态上就是，经常自觉学习体会伟人、杰出人物的品行，对照己身，融会于心，改造自我；在动态上，就是每到犹豫取舍的境地，想想老一辈革命家、优秀共产党员、古圣先贤处在这个境地会怎么做，再对照自己做出分析和抉择。曾国藩说“人才高下，视其志趣。卑者安流俗庸陋之规，而日趋污下；高者慕往哲盛隆之轨，而日即高明”“就吾之所见多教数人，取人之所长还攻吾短”。这种羡慕往哲盛隆之轨，取人之所长还攻吾短，而日即高明的做法，道出了希贤法的基本道理。可以说，希贤法的本质就是，把前人和先进者作为自己看齐的目标，努力使自己达到相似的高度甚至超过前人。

曾国藩一生十分注重效法杰出人物。即使在与太平军决战的紧张时日里，他仍将中国几千年来的名家重新估计，命儿子曾纪泽画其图像，悬于壁间。他还作《圣哲画像记》一文，作为终身效法的标准，以完善自己的人格。他写道：“古之君子，盖无日不忧，无日不乐。道之不明，己之不免为乡人，一息之或懈，忧也；居易以俟命，下学而上达，仰不愧而俯不怍，乐也。自文王、周、孔三圣人以下，至于王氏，莫不忧以终身，乐以终身，无所于祈，何所为报?”这种做法类似于静态希贤法，而且操作的方法非常形象，他把要学习效仿的人都画出来，悬挂在室内，配以文字，讲明每个人物最鲜明、最重要的优点、“学点”，随时提醒、激励自己向他们看齐，试想经常置身于这样的房间，那种仪式感、劝勉力是很特别的。

左宗棠也是个学习古人的高手，他曾讲："读书时，须细看古人处一事、接一物是如何思量、如何气象；及自己处事接物时，又细心将古人比拟，设若古人当此，其措置之法当是如何；我自己任性为之，又当如何。然后自己过错始见，古人道理始出。断不可以古人之书与自己处事、接物为两事。"这就有了很浓的动态希贤的意味，一方面，在了解古人事迹中，注意他们处理要事、大事、复杂事的态度方法，假设自己是那个古人会如何应对，通过情景比较，发现人之长和己之短；另一方面，在为人处世中，在遇到要事、大事、复杂事时，在是非利益纠结之时、危险艰难之境、诱惑围猎之地，要试想那些名垂青史的先进人物特别是杰出的共产党人会如何处之，对比一下自己内心的萌动，便有助于及时消除非党性的苗头，使自己的党性坚定起来，做出正确的选择。

习近平总书记非常重视和积极提倡向榜样学习的方法，并对现阶段党员干部学习榜样的内容提出了增强"五感"的要求，强调培养与增强为祖国和人民服务的情怀感、幸福感、境界感、责任感、光荣感。具体来说，一要学习邓小平同志的情怀感。他说："我是中国人民的儿子，我深情地爱着我的祖国和人民。"这种对祖国、对人民、对脚下土地深厚的热爱之情，是党员干部加强党性修养、严格要求自己、以身许国的内在根基。二要学习雷锋同志的幸福感。他虽然只活了 22 年，但他说："什么是幸福？为人民服务是最大的幸福。"只有养成以服务人民、为党工作为荣幸、为幸福的幸福观、人生观，党性的内在支撑才能强大起来。三要学习孔繁森同志的境界感。他将爱人民作为爱的最高境界。只有始终将国家、人民的利益放在最高位置，个人的党性才算是升华到了较为合格和优秀的境界。四要学习郑培民同志的责任感。他始终把"做官先做人，万事民为先"作为自己的行为准则。五要学习钱学森同志的光荣感。他把群众的口碑当作自己无上的光荣。[①] 应该说，参照光辉榜样，培养和增强这种为祖国和人

---

① 习近平．之江新语［M］．杭州：浙江人民出版社，2007：7.

民服务的情怀感、幸福感、境界感、责任感、光荣感，是当下党员修养的重要途径。

二、运用希贤法需要注意的问题

古人说："以圣贤之道教人易，以圣贤之道治人难；以圣贤之道出口易，以圣贤之道躬行难；以圣贤之道奋始易，以圣贤之道克终难；以圣贤之道当人易，以圣贤之道慎独难；以圣贤之道口耳易，以圣贤之道心得难；以圣贤之道处常易，以圣贤之道处变难。过此六难，真到圣贤地步。区区六易，岂不君子路上人？终不得谓笃实之士也。"（吕坤《呻吟语·修身》可见希贤的根本在于真正学习先进，效仿先进，使自己最终在思想和行动上成为先进，否则天天在那里学习先进，却过不了真学真懂真行的关口，始终算不上积极进取的人。

（一）希贤要与贤德者交友

做好人、做好官、做名将，俱要有好师、好友、好榜样。要选择这样的人跟他一起干事：一是意志坚卓，信仰坚定，不为浮言所动，不为名利而移，不为穷达而变，即"不随众为疑信"、不随利而变节。《今世说》有则逸事说："赵洞门为御史大夫，车马辐辏，望尘者接踵于道。及罢归，出国门，送者才三数人。寻召还，前去者复来如初。时独吴园次落落然，不以欣戚改观。赵每目送之，顾谓子友沂曰：'他日吾百年后，终当赖此人力。'未几，友沂早逝，赵亦以痛子殁于客邸，两孙孤立。园次哀而振之，抚其幼者如子，字以爱女。一时咸叹赵为知人。"我们今天党员干部对同志朋友的要求，远超古人的狭限，更应该多与那些党性纯正、信仰坚定、德操方正、心系百姓、积极进取者为伍。二是品性宏大，能打开局面，即"初基不必大，然气势充畅"，用今天的话说，就是胸襟广大，有发展潜力。再简单说就是要与胜过自己的人相处，向他们学习，以求不断长进。这样的例子很多，比如，曾国藩是不太懂谋略的人，其实不太会打仗。他打胜仗主要是认真听取胡林翼的意见。他作为一个领导者，能够听进去属下的话，更可贵的是，他能放下身段，虚心向所有人请教，他只求自己获得实实在在的长进，而不在乎一般人所看重的面子与虚名。

（二）实行希贤法的核心是见贤思齐，最大的禁忌是嫉贤妒能

忌贤妒能本质上是对他人超越自己的恐惧，深层次常常是因为私有观念，是由于封建社会的狭隘性、保守性、自私性和平均主义思想的影响，这些都是与党性和共产主义道德水火不容的。爱因斯坦说："一个人的真正价值，首先决定于他在什么程度上和什么意义上从自我解放出来。"为人为政，最忌陷入以我为中心的误区。领导干部要见贤思齐，嘉善荐能，而不能忌贤妒能。让位推贤，是去嫉妒的最高表现。剑桥大学教授巴罗曾是牛顿的老师，看到自己学生进步很快且正在超过自己，1669 年，年仅 39 岁的巴罗毅然辞去教授之职，推荐 26 岁的牛顿晋升为数学教授，成为科学史上一段佳话，这一推荐对巴罗教授自己来说是有"损失"的，但对人类科学发展来说是大有裨益的。

宋时，王旦与寇准是同窗又同朝为官，但两人性格迥异。王旦沉稳，寇准急躁；王旦大方，寇准小气；王旦宽容，寇准执拗；王旦老成，寇准率真。忠贞好直言的寇准屡次在宋真宗面前说王旦的不是，王旦却经常在皇帝面前称赞寇准的长处，宋真宗更加觉得王旦贤明。寇准被宋真宗免去枢密使后，想谋"使相"职位，便当面请王旦帮忙。王旦十分惊讶地说"将相之任，岂可求耶！吾不受私请"，当面回绝了，寇准非常失望。但在随后的职务安排中，寇准却意外地被任命为梦寐以求的"使相"，他又惊又喜。在例行谈话时，他对宋真宗无限感激地说："倘不是您深知我，我怎么能得到这么好的职位呢？"宋真宗却告诉寇准，这一职位乃是王旦所荐。寇准大感意外，自愧不如，从此对王旦佩服得五体投地。

（三）发现、培养、善用人才是希贤法的高级形式

"治国之道，务在举贤"，"为国之宝，不如能献贤"。举贤荐能是当代领导干部应有的重要党性和能力。习近平总书记强调："我们要树立强烈的人才意识，寻觅人才求贤若渴，发现人才如获至宝，举荐人才不拘一

格，使用人才各尽其能。只有这样，才能使大批好干部源源不断涌现出来，才能使大家的聪明才智充分释放出来。”① 他还进一步指出：“选人用人是党内政治生活的风向标，用人上的不正之风和腐败现象对政治生活危害最烈，端正用人导向是严肃党内政治生活的治本之策。要落实好干部标准，严把政治关、品行关、作风关、廉洁关，真正让忠诚干净担当、为民务实清廉、奋发有为、锐意改革、实绩突出的干部得到褒奖和重用，让阳奉阴违、阿谀逢迎、弄虚作假、不干实事、会跑会要的干部没市场、受惩戒。”②

马克思说产品是人们自身的镜子，反映出人们所处的历史阶段和自身特点。③ 同样地，一个领导干部培养使用什么样的人，也是他自身修为的一个综合反映。只有努力使贤者上，不肖者下，有劳者劝，无劳者慕，才能破除任人唯亲、庸佞当道的混乱，维持良好的政治生态。有一次，桓公视察马厩，问管马厩的官吏说：“马厩里什么工作最难?”官吏一时答不上来。管仲回答说：“我曾当过养马的官，马厩里最困难的事就是并排立木材构筑马栏。如首先立弯木，弯木又要与弯木相配，弯木都立上，直木就无法使用了。如果先用直木，直木又要与直木相配，直木立好，弯木也就无法挤进去了。”（《管子·小问》）这就生动解释了使用干部的道理。对此，习近平总书记曾强调，选什么人就是重要导向，“就有什么样的干部作风，乃至就有什么样的党风”。“用一贤人则群贤毕至，见贤思齐就蔚然成风”。④

“荐贤贤于贤。”发现人才的本领，是一个成功的领导者的首要本领。曾国藩认为国家以得人为强，“观贤者在位，则上其将兴；见冗员浮杂，则知其将替”。他把选拔、培养人才作为挽救晚清王朝统治的重要措施，

---

① 习近平谈治国理政（第一卷）[M]．北京：外文出版社，2015：419~420.
② 习近平谈治国理政（第二卷）[M]．北京：外文出版社，2017：182.
③ 马克思恩格斯全集（第42卷）[M]．北京：人民出版社，1979：37.
④ 习近平谈治国理政（第一卷）[M]．北京：外文出版社，2015：418.

“成大事者，以多得助手为要义”，“力所能勉者，引用一班正人，培养几个好官，以为种子”。因此，曾国藩很重视人才培养，将宏奖人才、诱人日进作为人生三大乐事之一。他认为，“世人聪明才力，不甚相悬，此暗则彼明，此长则彼短，在用人者审量其宜而已。山不能为大匠别生奇木，天亦不能为贤主更出异人”，而“大约上等贤哲当以无缘遇之，中等人才可以人力求之”，所以，天下没有现成的人才，也没有生来就具有远见卓识的人，有赖于当权者的发现、培养及使用得当。

（四）发现和使用人才需要多策并举

用人很重要的一条，就是在把好“入口关”、实行“好人政治”的同时，更加注重干部使用过程中的监督管理、考评调整，依靠赏罚分明的制度让事业自己来选择人。对此，冯友兰在《为政者要赏罚必信》中说，法、道两家强调赏罚分明，用赏罚来识别人、挑选人、使用人，赏罚制度已定，能力大的人，自然就有机会办大事；能力小的人，自然只办小事。当首领的人，不必用别的方法“为事择人”，而各种事已自然为自己择人了。“现在有些做大官的人，专用他的亲戚，或专用他的同乡。这些人都是做官，不是做事。他们的错误，是不待言的。还有些首领，是真心要做事，却于其下属中，分别谁是他的嫡派，是真心拥护他的，谁不是他的嫡派，不是真心拥护他的。这亦是有私。他既有这种私，他的心即不能如鉴之空，于执行赏罚的时候，自然亦不能如衡之平。如此则赏罚的功用，即不能显著了。如此，则事不能为自己择人，而为首领者不免为人择事。如此，则此首领的大事，必要失败。”

当然，以人选人、以事选人、以制度选人不是截然分开的，往往是相辅相成、交叉重叠的。中国古人对知人善任也有着很多好的经验体会，比如，提出要“资之以计谋而观其识；告之以祸福而观其勇；临之以利以观其廉；期之以事而观其信；知任人，不外是矣”就很有道理。不过大体来讲，选人用人的方法可以分为三大种：任命制、考任制、选任制。任命制是由上级直接考察任命人员，考任制主要是通过公开考试选拔干部，选任制则主要是通过一定范围内公开选举等方式确定领导人选。三种方式各有优劣，适用的场合也有差别，但从来“知人”最难，就科学性来说，任命制、考任制、选任制基本上是依次递增的，以事选人、制度选人、公开选人、竞争选人等是相对客观长效的方法。当然，人是会变化的，畅通干部“出口”，及时甄别和淘汰那些落后的、蜕变的干部，是同等重要的事。总之，用人之中有自己，用什么样的人反映着自己，党员领导干部科学培养使用人才，乃是希贤法的高级境界。

三、自比法是修养的另一种洞天

自比法，为曾国藩等人极力推崇和实践运用，简单说自比法就是党员干部在修养中要注重与自己的昨天比，求得日日进步，经年累月，恒持不懈，蓦然回首，会发现自己或已攀登至“一览众山小”的境地。我们说，修养的本质不是追求对他人的优越，而是自我超越，所要征服的不是别人正是自己，所有的反抗来自自身内部，是旧我对新我的反抗，这一反抗有时会刺激你更坚决更强烈地征服自我，由此，弊端得以消除，党性得以光大。其实所有宗教归根结底都在强调一句话：“我们是可以超脱的。”事实也确实如此，人首先要不断超越自己，才可能超脱以往的自我，养成新的自己。自比法的重点在于，经常检查自己与过去比有没有进步，用力于自我的更新完善，对此曾国藩曾引用《了凡四训》说“昨日种种，譬如昨日死；今日种种，譬如今日生”，另起炉灶，重开世界，人生长进，全在受挫受辱之时，务须咬牙励志，蓄其气而长其智也，只顾一味自新便是改悔求进的最好功夫。

昔日，苏秦心有余而能不逮，初将连横，说秦惠王，不听，书十上而说不行。“资用乏绝，去秦而归。羸縢履蹻，负书担橐，形容枯槁，面目黧黑，状有愧色。归至家，妻不下纴，嫂不为炊，父母不与言。苏秦喟叹曰：‘妻不以我为夫，嫂不以我为叔，父母不以我为子，是皆秦之罪也。’乃夜发书，陈箧数十，得《太公阴符》之谋，伏而诵之，简练以为揣摩。

读书欲睡，引锥自刺其股，血流至足……期年揣摩成。”终拜六国相。苏秦所为，虽然是限于一己功名富贵的追求，但他知耻后勇，发奋自励，改进自己的做法，也体现了战胜自己，以今天更好的自我取代昨天之我的精神。相反，人如果遇到拂逆不从反躬自省、改善自身入手，而是一味抱怨他人、逃避环境，就很难有更好的境遇和更大的进步。刘向《说苑·谈丛》中有则枭将东徙的寓言，说的就是这个道理。“枭逢鸠。鸠曰：‘子将安之?’枭曰：‘我将东徙。’鸠曰：‘何故?’枭曰：‘乡人皆恶我鸣，以故东徙。’鸠曰：‘子能更鸣，可矣；不能更鸣，东徙犹恶子之声。’”这些正反两面的道理告诉我们，以自我革命精神自觉运用自比法加强个人党性修养，乃是党员干部自胜自新自强的要道。

自比法与自省法相通，都是自胜之道，都提倡在修养上注重内省，屏蔽外界得失烦扰，倾心于自我改造、自我完善。这种做法，有点类似于国家治理中“把自己的事情办好”的办法，即不管外界风云如何变幻，只要下功夫把党性觉悟提高了、能力本领增强了、理想信念坚定了，就是获得了大成效，就为堪当重任、为党和人民做出贡献做好了相应准备，即使在平凡的岗位上，内有修养，也不枉宝贵的人生。

第四节　对冲与反制

恩格斯曾说：“我们对自然界的全部支配力量就在于我们比其他一切生物强，能够认识和正确运用自然规律。”① 认识和运用规律是人得以有效改造自然的独特之处，也是人进行主观改造的独特之处，更是共产党人进行党性修养的独特之处。人既是社会的也是自然的，认识自身的特点、秉性、优缺点，有针对性地加以锻炼，是人认识和运用规律改造世界的一部

① 马克思恩格斯选集（第4卷）[M]．北京：人民出版社，1995：384.

分，而这里就要用到对冲和反制两种方法。

一、对冲之法

对冲法是一种在自我清醒认识基础上的补缺之法，是对自己在修养等方面越是缺乏的、短板的就越大力弥补，自己越是应做而不愿做的事情，就越坚持去做，勉强去做，增益其所不能，这本质上是一种进攻性修炼。荀子在讨论治气养心之术时提出，一个人“血气刚强，则柔之以调和；知虑渐深，则医之以易良；勇胆猛戾，则辅之以道顺；齐给便利，则节之以动止；狭隘褊小，则廓之以广大；卑湿、重迟、贪利，则抗之以高志；庸众驽散，则劫之以师友；怠慢僄弃，则之照以祸灾；愚款端悫，则合之以礼乐，通之以思索”。曾国藩也强调人要有自我对冲克制的功夫，提出“知己之过失，即自为承认之地，改去毫无吝惜之心。此最难事。豪杰之所以为豪杰，圣贤之所以为圣贤，全是此等处磊落过人”，建议“不惯早起，强之未明即起。不惯庄敬，强之祭祀斋戒。不惯劳苦，强之与士卒同甘苦，强之勤劳不倦。不惯有恒，强之贞恒”，以便矫其所枉、增其所不能。今人也有解释儒家对冲修炼的方法说：“浮当矫之以实，褊当矫之以宽，执当矫之以圆，傲当矫之以谦，肆当矫之以谨，奢当矫之以俭，忍当矫之以慈，贪当矫之以廉，私当矫之以公；放言当矫之以缄默，好动当矫之以镇静，粗率当矫之以细密，躁急当矫之以和缓，怠惰当矫之以精勤，刚暴当矫之以温柔，浅露当矫之以沉潜，溪刻当矫之以浑厚。”这些都是教人针对心志、秉性、情趣、作风等方面的弊端，进行冲和平抑，达到自我完善的目的。

党员干部通过对冲法加强党性修养，就是要自觉对照党中央和党章党规对党员的要求，查缺补漏、扶弱纠偏。如理论匮乏的，要强化对马克思主义基本原理、党的创新理论的学习领会；理想目标上迷茫的，要加强对共产主义远大理想和中国特色社会主义共同理想问题的研究，认识人类社会和中国历史发展的规律，坚定理想信念；政治上犹疑的，要强化意识形态观念，增强政治意识和政治敏感性，旗帜鲜明讲政治；利义上纠结的，要深化对利义关系的了解，正确认识财富，培养共产党人的利义观，克服极端利己主义和贪腐观念；权力上迷恋的，要全面理解共产党人的权力理论和我们党执政的本质，树立正确的权力观，坚持权力乃为民服务的责任义务的观念，形成做大事而非做大官的追求；纪律上松懈的，要深入学习党章党规党纪，了解近年来党查处的违反党纪国法的反面案例，吸取教训，提高纪律意识；性格、作风、本领等方面有欠缺的，也要扬长补短，努力使自己完善起来。因为工作是人自己的镜子，越是完善的人，越可能做出完善的工作，越是非凡的人，越可能做出非凡的事功。

习近平总书记也特别强调，党员干部要善于“强己所难”，提高修养和为民服务水平。比如，对于党员干部中的“软骨病”，他强调要补足共产党人的“精神之钙”①；对于党员干部当中存在的不负责任、放弃原则、见风使舵等好人主义和机会主义现象，他强调党的干部必须坚持原则、认真负责，面对大是大非敢于亮剑，面对矛盾敢于迎难而上，面对危机敢于挺身而出，面对失误敢于承担责任，面对歪风邪气敢于坚决斗争。②

对冲方法的根本还在于自身内在的“主一”和把持。“有德之容深沉凝重，内充然有余，外阒然无迹。若面目都是精神，即不出诸口，而漏泄已多矣，毕竟是养得浮浅。譬之无量人，一杯酒便达于面目。”（吕坤《呻吟语·修身》）运用对冲方法的前提是，对党组织关于党的建设、党员修养的标准要求有清楚的了解，对自己有较为全面清醒的认识，前面我们讲的反省、他议等方法，很重要的一个作用，就是帮助我们认清自己。在明确标准、了解自己的基础上，就要用对冲的办法来改善自我。当然，学习党员修养要求、认识自我和对冲改善的过程不是截然分开的，而是相互交织、循环渐进的。

---

① 习近平2019年5月31日在“不忘初心、牢记使命”主题教育工作会议上的讲话.

② 习近平谈治国理政（第三卷）［M］. 北京：外文出版社，2020：534、542.

二、反制之法

反制法，主要是指面对环境和处境的变化，对自我进行反向调节，以便始终能够坚持实事求是和党性觉悟，避免因顺境或逆境而动摇党的初心、影响党性。它主张“以患难时，心居安乐；以贫贱时，心居富贵；以屈局时，心居广大，则无往而不泰然。以渊谷视康庄，以疾病视强健，以不测视无事，则无往而不安稳”（吕坤《呻吟语·人情》）；教人们对处境和心境进行自觉的调节和反制，在事业胜利、形势大好，个人“时来运转”“春风得意”的时候，制之以平淡之心、警醒之意，求得时时清醒，保持初我，避免由盛兴坠入颓奢；在事业遭遇挫折、面临危机，个人遭遇凝滞困顿、挫折不幸的时候，制之以豁达乐观之气、坚忍不拔之志，求得百折不回、坚持前行的精神勇气。

这些结合外在处境治理自我意识、心情、志趣的方法，类似中医调养求和之术。中医以求中和平衡为主，注重调节手法，体亏则资以滋补，火凝则资以疏泻，湿邪则资以健脾，燥热则资以清润。通常主张治肺宜温、宣、清、润，治心宜开、通、化、养，治脾宜升、降、健、运，治肝宜疏、达、平、调，治肾宜滋、填、温、纳，皆是以逆向手法调有余而补不足，矫过盛而扶孱弱，求人身心平和、内外平衡、四时平稳，健康而无恙。当然，也有顺着来，“以毒攻毒”“以枉矫枉”的，但那多是在无奈之地，死里求生的险棋绝手，虽有成者，但多为平素所不取。

党性修养也是这样，随着环境、处境、要求的变化，要有意识地进行反方向的调节和锻炼，始终把党性觉悟作为压舱石，做到宠辱不惊、顺逆不惮、进滞不忧，不仅利于事业，也利于身心。当年党中央进京前，毛泽东提出了“赶考论”，强调“两个务必”，指出建立新中国只是万里长征迈出了第一步①；改革开放成效显现时，邓小平警示“发展起来以后的问

① 毛泽东选集（第四卷）［M］．北京：人民出版社，1991：1438 ~ 1439.

题不比不发展时少”①；在新时代中国特色社会主义的历史性成就面前，习近平总书记提出要不忘初心、牢记使命，这些都是教导全党，在胜利、成就、赞誉和各种诱惑面前，要多些反向思考、反向警醒，切实防止头脑发热、忘乎所以、放松约束，招致挫折失败的风险。可见，反制法，无论是对党员个人还是对党组织都是十分重要的。

我们自古就有治心更难于治身的说法。一个人的心态有时候是最难调整的，很多时候身体上还可以忍受，“我该弯腰就弯腰，该怎么办就怎么办”，可是心态却看不见、摸不着，既容易波动，又有着潜在的稳定性倾向，很不容易调整。比如，一个人如果总是愤愤不平，总是觉得自己很委屈，觉得老天对自己不公平，这种心态对人是十分不利的，但是要做调整，外来的教育引导很多时候很难奏效，主要还得靠自我调节，这就可以试着用反制的方法。怒欲之前，应强迫自己抑制，制住怨怒之气，可品丝竹以和之，以使心缓；暴悖之前，要强迫自己谦平，消除烦躁、不平之气，以使肝闲；抑郁之时，可登山临水以解之，以心旷神怡、爽然若释。佛家讲人修养身性、消除烦恼，要能够降龙伏虎，降龙养心，伏虎养肝，龙就是火，虎就是肝气；儒家进一步说，降龙就是去欲，伏虎就是戒怒。儒家、佛家理论不同，在节制血气方面却是相通的，主要思路都是叫人抑制负面意识、心境和情绪，防止它们过盛而影响事业、戕害身心。

三、硬截与定守

与反制法相通，古人在修养上还讲求“硬截”和“定守”两种方法。硬截，就是制其外来者，使不以动吾心，即自觉抵制外界各种干扰、刺激、诱惑，使它们不得进入我的情绪和心里，也就没法扰乱我、激发我、污染我，这是出淤泥以防染的办法。定守，是坚守其中，使不为外物所动，即身心处在浊乱境中，面对各种诱惑、迷思、刺激、围猎等，严加镇

① 邓小平年谱［M］．北京：中央文献出版社，2004：1346.

守，保持自我，护持清洁，这是入淤泥而不染的办法。中国古代历史上有三个人，孟子把他们与孔子并称为四位大圣人，他们是伊尹、伯夷和柳下惠，这三人的做法，恰好可以分别诠释对冲反制法、硬截法和定守法。

伊尹，《史记》《孟子》有载，生于公元前1649年，名挚，辅佐商汤推翻暴君夏桀创建了商朝，立下大功，被封为尹，“尹”是官职名，等同于丞相。后来老王故去，子太甲即位，太甲临政之初，为政不明，违背德政，不遵从商汤留下的法制，且显露暴虐，虽然伊尹多次规劝，太甲仍然不听，无奈之下，伊尹下令将他放囚到桐宫，之后三年，伊尹代君王执政，治理国家。而太甲在桐宫的三年里，知道自己犯了大错，不断改过自新，开始向一位明君发展，于是伊尹亲自去迎接太甲，重新把大权交给他。太甲再次即位后，方正贤明，实施德政，各诸侯国都归顺商朝，百姓安居乐业。在这个故事里，伊尹放逐太甲，幽禁于桐宫，使其悔过自责，幡然醒悟，修德勤政，可以说是用了对冲和反制法，让太甲反省自己，认识弊病，反向修炼，完善自我，最终实现了德能匹位，伊尹因此也为后人所称道。

伯夷为商周时期人，孤竹国国君之子。伯夷的特点是清刚异常，《孟子》说他“非其君不事，非其友不友。不立于恶人之朝，不与恶人言。立于恶人之朝，与恶人言，如以朝衣朝冠坐于涂炭。推恶恶之心，思与乡人立，其冠不正，望望然去之，若将浼焉。是故诸侯虽有善其辞命而至者，不受也。不受也者，是亦不屑就已”（《孟子·公孙丑上》）。也就是说，伯夷，不是理想的君主不去辅佐，不是理想的朋友不去结交。不在恶人的朝廷做官，不与恶人交谈。在恶人的朝廷做官，与恶人交谈，就像穿戴礼服礼帽坐在泥土炭灰上一样。把这种讨厌恶人的心情推广出去，如果与一个乡下人站在一起，而那人帽子戴得不正，他就会生气地走开，像是被玷污了一样。因此，诸侯即使有好言好语来相请的，他也不会接受，不屑于接近。

伯夷因与其弟叔齐互相辞让王位而逃离本国，后来逃到“周”这个地方。当时周还是个诸侯。他看到周武王起来革命，就劝阻说你最好不要革命，这是造反的事情。但周武王说不行，天下百姓在受苦。周武王革命成功之后，伯夷认为从商朝变成周朝之后，连食物也改变了朝代，不再食“周粟”，结果兄弟两人饿死在首阳山上。像伯夷这种绝不近“墨”的操行，对人对事的要求非常高，可以说是把硬截的方法用到极致了，对于在当时看来违背仁道的人和事，他绝不妥协，绝不与之为伍，以免污己德行。他们的让国和不食周粟，以身殉道的行为，得到了儒家的大力推崇，孔子强调说：“伯夷叔齐……奋乎百世之上，百世之下，闻者莫不兴起也，非圣贤而能若是乎!”孟子也认为伯夷达到了圣人的标准。

柳下惠（前720—前621），本名展获，字子禽（一字季），又号柳下季，谥号惠，因其封地在柳下，后人尊称为“柳下惠”或“和圣柳下惠”。鲁国人，鲁大夫展无骇之子，是中国古代思想家、政治家、教育家。孟子说柳下惠不因为君主不圣明而感到羞耻，不因官职卑微而辞官不做；身居高位时不忘推举贤能，被遗忘在民间时也没有怨气；贫穷困顿时不忧愁，与乡下百姓相处，也会觉得很愉快；与任何人相处，都能做到不受不良影响。他“坐怀不乱”的故事千古流传，《荀子・大略》也有“柳下惠与后门者同衣而不见疑，非一日之闻也”的说法。因此，见了柳下惠为人处世的气度，原来心胸狭隘的人会变得宽容大度，原来刻薄的人会变得老实厚道。儒家说，像这样的圣人，是可以成为“百世之师”的。

相传柳下惠曾在鲁国做过法官，坚持“以直道事人”，他三次上台，三次都被罢免，于是有人对他说，先生何必一定要在鲁国做事呢，还是出国去吧！你自己的国家不要你，何必一定在这里干，到别的国家说不定会有更高的地位。柳下惠答复他说，一个人终生行直道、走正路来做人家的部下，在任何一个国家社会做事，都一样会遇到问题，都要吃亏，会被挤下来的。如果以歪曲的心思，用手段来取得地位、博取功名富贵，并不想真为国家社会做事，那又何必离开自己的父母之国呢？在这里一样可以的。柳下惠的人品就在这里，为了贯彻以正道事人、以正道立身处世的要求，而忽视功名富贵，认为那些都是身外事，得失都无所谓。这就是他的人格。

柳下惠在当时各诸侯国中具有相当大的影响。“昔者秦攻齐，令曰：‘有敢去柳下季垄五十步而樵采者，死不赦。’”秦统治者的意思是，一个国家可攻、可灭，但柳下惠遗存绝不可侵犯，柳下惠的影响可见一斑。《论语》中评价柳下惠：“降志辱身矣，言中伦、行中虑，其斯而已矣。”意思是，相比伯夷、叔齐的宁肯饿死也不食周粟，柳下惠肯降低自己的理想，虽然屈辱了身份，但是能做到言行举止合乎道德和理智，不为外界所玷污。柳下惠的特点是为了行道不避世事，不惧黑乱，在沉浮变通中坚守，在坚守中求世之变，这种处墨不染、坚持直道而不逾矩的定守之法的确令人佩服，也很有启发意义。今天的党员干部，如能心怀党的要求，做到“坐怀不乱”、穷达不改，就可以说是具有坚定的党性了。

对冲、反制这些方法，是我们古人修养的智慧结晶，特别是在关键的方面和时候，尤需注意“仁厚刻薄，是修短关；行止语默，是祸福关；勤惰俭奢，是成败关；饮食男女，是死生关”（吕坤《呻吟语·修身》），不得不以对冲、反制、硬截、定守诸法帮助自己。伊川的《易传·颐养卦》中说“动息节宣，以养生也。饮食衣服，以养形也。威仪行义，以养德也。推己及物，以养人也”，强调颐养之法关键在“节”，不是克制、压抑、束缚，而要“调节”，在动态发展中修缮人格。古人说，四时节气，随天运化，莫不自然。凡人久立者伤骨，久坐者伤肉，久行者伤筋，久寝者伤气，一动必节之以一静，一劳必调之以一息，刻厉时节之以纡徐，懈怠时振之以激昂，言语饮食，乃至威仪行止，莫不如是，驯至最后皆能“发而中节”，那便成就了。

这些对冲、反制、调节、中节的方法，一定程度上体现了辩证法特别是对立统一的规律，本质上是人在面对和处理内外矛盾、身心矛盾、消极性与积极性等矛盾过程中，注重“扶正驱邪”“抑恶扬善”，努力使得正能量的一方保持应有的强大，这对今天党员干部加强党性修养具有丰富的借鉴意义。刘少奇也曾指出："我们的党员，不但要在艰苦的、困难的以至失败的革命实践中来锻炼自己，加紧自己的修养，而且要在顺利的、成功的、胜利的革命实践中来锻炼自己，加紧自己的修养。有些党员受不起成功和胜利的鼓励，在胜利中昏头昏脑，因而放肆、骄傲、官僚化，以致动摇、腐化和堕落，完全失去他原有的革命性。这在我们共产党员中，是个别的常见的事。"① 这就再次说明，作为革命的政党、长期执政的党、不愿丢弃自己宗旨的党，必须有反向驾驭失败或者胜利的能力，通过针对性的修养，防止胜骄败馁、苦叛甘腐。

第五节 历练与总结

习近平总书记强调，"干部成长无捷径可走，经风雨、见世面才能壮筋骨、长才干。要做起而行之的行动者、不做坐而论道的清谈客，当攻坚克难的奋斗者、不当怕见风雨的泥菩萨，在摸爬滚打中增长才干，在层层历练中积累经验。"② 党员干部修养，要有学识、观念、思想上的修炼和丰富，更要注重在事上磨炼，通过见人见事见实效进行锻炼，并不断进行自我总结，对所遇所悟所得所悔进行体会、反思，提高自身境界和党性觉悟，这就离不开历练和总结的方法。

一、历练是党员干部修养进步的阶梯

历练法，就是通过自觉的实践磨炼，锻炼身心和党性，形成优秀的心理素质、意志品质和精神状态，提高党性觉悟，坚定理想信念。我们前面讲，党员干部修养的一个重要途径是实践，历练本质上属于实践的范畴，

① 刘少奇．论共产党员的修养［M］．北京：人民出版社，2015：7.

② 习近平关于"不忘初心、牢记使命"论述摘编［M］．北京：党建读物出版社、中央文献出版社，2019：388.

但作为修养方法它与实践的区别在于，历练是在实践中有意识地去改造和提升自我。实践本身具有改造客观世界和主观世界的作用，历练突出了其对改造主观世界作用的自觉运用。

忧危启圣智，厄穷见人杰。“建大功于天下者必先修于闺门之内，垂大名于万世者必先行之于纤微之事”“修之于内，著之于外；行之于小，显之于大”（陆贾《慎微》），患难忧虞之际，正是德业长进之时，其功在于胸怀坦夷，其效在于身体康健；圣贤之所以为圣贤，佛家之所以成佛，所争皆在大难磨折之日。所以磨砺乃修养的宝贵熔炉，“困心恒虑，正是磨炼英雄，玉汝于成”。曾国藩说：“天下凡物加倍磨治，皆能变换本质，别生精彩，况人之于学乎！”“若能风霜磨炼，苦心劳神，自足坚筋骨而长识见。”胡林翼也讲，人在成长夹道当中，“不苦撑，不咬牙，终无安枕之日”“放胆放手大踏步，乃可救人”。两人一个是说通过刻苦实践磨治，人足以脱胎换骨、健身增智，一个是说人和事业在发展的困难时期、瓶颈当中，只有积极行动，坚忍作为，才能渡过难关，成就事业，拯救自己。

事实上人应该受苦，吃苦确是吃补。古人讲要在事上求止，故动亦止，静亦止，在一切事上操持勿失，于颠沛流离之间不违仁，这才是功夫，才是“刀在石上磨、人在事中练”的要义。古时圣贤未有不由勉强以致自然，由阅历悔悟以及成熟者也。程子解《孟子》“苦劳饿乏，拂乱动忍”等语，曰“若要熟也，须从这里过”，意思就是说，一个人要身心成熟，就必须经历过那辛苦劳累、饥饿匮乏、行为受阻、心性磨难的过程。曾国藩说：“凡事皆用困知勉行工夫，不可求名太骤，求效太捷也。困时切莫间断，熬过此关，便可少进。再进再困，再熬再奋，自有亨通精进之日”；“精神愈用而愈出，不可因身体素弱过于保惜。智慧愈苦而愈明，不可因境遇偶拂遽尔摧沮”。其中道出了事物发展和人修养的否定之否定规律，都是教人自觉地、正面地认识事业和生活的磨砺，从中推进事业、练就自己。

梁启超在评价曾国藩时说：“其固非有超群绝伦之天才，在并时诸贤杰中称最钝拙，其所遭值际会，亦终身在拂逆之中，然乃立德、立功、立言三并不朽，所成就震古烁今而莫与京者，其一生得力在立志，自拔于流俗。而困而知，而勉而行，历百千艰阻而不挫屈。……受之以虚，将之以勤，植之以刚，贞之以恒，帅之以诚，勇猛精进，艰苦卓绝。如斯而已。”曾国藩自己也说：“军中阅历有年，益知天下事当于大处着眼，小处下手。陆氏但称先立乎其大者，若不辅以朱子铢积寸累工夫，则下梢全无把握。”这些都证明雄才大略、精诚干将，无不从历练中出。单从个人才干角度来说，曾国藩以及他的学生李鸿章等人，之所以为晚清朝廷所倚重，先后被委派处理太平天国运动、天津教案、甲午战争善后、八国联军入侵善后等重大棘手国事，最根本的还是他们经过多年兵务、洋务等实践，开阔了视野、增长了见识、积淀了才干，成为当时众多庸腐官员中的翘楚人物，其时朝中也不乏鸿学硕儒，但他们囿于书经陈典，圈于朝堂冗务，惯于场内权术而缺乏世事实践，长于清议而短于实行，终食庸禄，难堪大任。

习近平总书记非常重视引导青年人加强历练成长，他在2013年5月4日与各界优秀青年代表座谈时勉励广大青年，要立足本职、埋头苦干，“从自身做起，从点滴做起，用勤劳的双手、一流的业绩成就属于自己的人生精彩。要不怕困难、攻坚克难，勇于到条件艰苦的基层、国家建设的一线、项目攻关的前沿，经受锻炼，增长才干。”他说，“无数人生成功的事实表明，青年时代，选择吃苦也就选择了收获，选择奉献也就选择了高尚。青年时期多经历一点摔打、挫折、考验，有利于走好一生的路。要历练宠辱不惊的心理素质，坚定百折不挠的进取意志，保持乐观向上的精神状态，变挫折为动力，用从挫折中吸取的教训启迪人生，使人生获得升华和超越。”① 2019年9月3日，他在中央党校（国家行政学院）中青年干部培训班开班式上强调，斗争精神、斗争本领，不是与生俱来的。领导干部要经受严格的思想淬炼、政治历练、实践锻炼，在复杂严峻的斗争中经

① 习近平谈治国理政（第一卷）［M］．北京：外文出版社，2015：52、54.

风雨、见世面、壮筋骨，真正锻造成为烈火真金。要坚持在重大斗争中磨砺，越是困难大、矛盾多的地方，越是形势严峻、情况复杂的时候，越能练胆魄、磨意志、长才干。[①] 这些要求，对于所有党员干部都是十分适用的。

二、历练的根本在于躬身操持

“纸上得来终觉浅，绝知此事要躬行。”历练，根本上就是亲身躬行，切实去做、去体验、去总结、去对照实践自我矫正、提升。不是说领导干部看看文件、开开会、动动嘴、检查检查工作、调研调研情况就是历练了，这些顶多还只是浮在表面的、很肤浅的历练。前人说，天下事在局外呐喊议论总是无益，必须躬自入局，才能有改变的希望，个人的修养也一样，需投入热火朝天中才能强身健骨。曾国藩在《格言四幅赠李芋仙》中总结了自己为官躬身入局的“五到”法，即要身到、心到、眼到、手到、口到。“身到”是指亲自去查验有关事件，亲自到乡村调查，到战场冲锋陷阵。“心到”是指遇到任何事情都细心分析，对事物的各方面、各个环节要首先能分解开，最后，要能综合起来。所谓“眼到”是指留心观察他人，认真研读公文。“手到”是指对于人们的优劣是非、事情的关键要点，应随时记录，用以防备遗忘。“口到”是指在差遣人、警戒众人这样的言辞方面，不但要有公文告知他人，还要不怕烦劳反复叮咛。这种做事身、心、口、手、眼俱到的方法，体现了一种凡事亲身操持，用心用力的态度，不仅有利于勤政成事，对于个人接受锻炼、经历考验、提高素质也很有好处。我们现代的党员干部，更要注重身、心、眼、口、手俱到的工作作风，深入事务当中认真做来，这样经过几年的磨炼，就会不知不觉中提高“眼力”“脑力”和“脚力”，即所谓“以精到之识，用坚持之心，运精进之力，便是金石可穿”（吕坤《呻吟语·修身》）。

---

① 习近平 2019 年 9 月 3 日在 2019 年秋季学期中央党校（国家行政学院）中青年干部培训班开班式上的讲话.

实际上，自古匡时补世之人，无不是以奋斗献身的激情，力排万难，独负艰巨才达到目标的。在这个过程当中，自觉或不自觉地自己的学问、阅历也渐推渐广，渐习渐熟，能力素质逐步提升，才德配事的水平就会越来越高，正所谓，“青天白日的节义，自暗室屋漏中培来；旋乾转坤的经纶，自临深履薄处缫出”（洪应明《菜根谭·概论》）。如果轻视实务，以崇尚空泛、高谈阔论、高高在上为尊贵，心高而腹空，尊己而傲人，大事细事，皆堕于稀里糊涂当中，干才闯将都拒于千里之外，还能希望干成什么大事呢？有人记载当年曾国藩治军就是遵循实干苦干制胜的道理，摒去一切高深奇特的说教，专在粗浅纤细处下功夫，虽然没有创造什么军事上的教宗，却练出了管用的军队、完成了任务。因此事业也好，个人党性修养也好，不仅要有雄心壮志，还要有积极投入、日积月累的实干功夫。

一些领导干部，习惯于养尊处优、指手画脚，不思考、不躬行，就连各类文件、报告、讲话稿，也全由秘书或写作班子代劳，别人写什么，自己就讲什么，讲完了就抛到脑后，久而久之，不仅危害工作，自己也成了无所能的“废材”。对于这种官僚主义作风，早在20世纪五六十年代，毛泽东就是明确反对的，1958年1月他在《工作方法六十条》中指出：“一切依赖秘书，这是革命意志衰退的表现。”1964年，他又在一次中央会议上说：“现在革命胜利了，大房子来了，汽车火车也来了，病也来了，官僚主义也来了。有的人，自己不写东西，要秘书代劳。我写文章从来不要别人代劳。”“现在北京当部长、局长的都不写东西了，统统让秘书代劳。秘书只能找找材料。如果一切都由秘书去办，那么，部长、局长就可取消，让秘书干。须知，这也是劳动，不亲自动手怎么行呢！”① 当然，毛泽东不是反对领导干部让秘书协助一些事情以便节省时间、提高工作效率，他极力反对的是那种“一切依赖秘书”、自己却无所用心的官僚主义作风。

对此，习近平总书记提出了“三落”法，即追求共产主义理想信念、

① 蔡永飞．毛泽东谈怎样汇报工作［J］．秘书之友，2008（3）．

加强党性修养要在落细、落小、落实上下功夫。① 要切实做到"三严三实"，立根固本，挺起精神脊梁；要落细落小，注重细节小事；要修枝剪叶，自觉改造提高；要从谏如流，自觉接受监督。这就要求广大党员干部，要原原本本学习经典著作坚定理想信念，更要脚踏实地把理想变成现实。共产主义既是一种制度，也是一种思想体系，更是一种现实的运动，三者是统一的，不可分割的。作为一种社会制度，共产主义离我们还很远；但作为一种思想体系和一种社会运动，共产主义就在我们身边，就在中国特色社会主义之中，就在千百万共产党人的实践之中，就在人民群众日常生活的美好体验之中。必须把共产主义理想信念与建设中国特色社会主义的实践统一起来，具体细致地落实到每项工作，一件实事一件实事地身体力行，一个细节一个细节地精益求精，一个小节一个小节地防微杜渐。对此，习近平总书记还特别强调，领导干部要"放下'架子'亲民爱民，做出好'样子'率先垂范"，做事创业都要锲而不舍、步步为营、久久为功。②

这就告诉我们，一个行动胜过一打纲领，党员修养的关键在于身体力行。如果党员的修养只在口头上、文字上，就会坠入"塔西佗陷阱"，党就失去了凝聚力、战斗力和生命力；反过来，如果每个党员的修养都能体现在日常生活、工作和学习中，落实为实际行动，党员的先锋模范作用就会产生巨大的乘数效应，党的事业就会空前发展。总之，道不可坐论，德不能空谈，要坚持知道力行，"懂了的就努力创造条件去做，不懂的就要抓紧学习研究弄懂"。既然懂得了道理，明白了什么是客观规律、怎样做能够取得胜利，就应该积极去把思想认识物化为客观现实，为社会增添美

① 郭铁成．提高党员修养，习总书记提了哪些要求［EB/OL］．中国共产党新闻网，http://theory.people.com.cn/n1/2017/0105/c40531－29000235.html.

② 郭铁成．提高党员修养，习总书记提了哪些要求［EB/OL］．中国共产党新闻网，http://theory.people.com.cn/n1/2017/0105/c40531－29000235.html.

好，为党性增光辉。①

三、历练要看在关键场景和节点上的反应

“大事难事看担当，逆境顺境看襟度，临喜临怒看涵养，群行群止看识见。”② 观操守在利害时，观精力在饥疲时，观度量在喜怒时，观镇定在震惊时。关键时刻是最能锻炼人、检验人、成就人的。每当遇到关键场景节点和重大紧急关头，一个人的长处优点、短处软肋，都会在应激反应中暴露出来，我们不仅要注意把握好这些关口，把工作做好，还要注重从中反思自我、明确短处，严加克制和改造。就像王阳明说的那样，平常没事的时候，人们对于危机，谈论起来头头是道，就像谈论故事里的情节，即使生死也无伤大雅。可是一到了与自己利害相关的时候，就不那么淡定了，很容易遇挫就馁、遇胜就骄。所以要历练出一颗不动的心，“不动”不是什么都无所谓、没有喜怒哀乐，而是凡事镇定，每临大事有静气，不过度地痴迷，这个度取决于个人的心理素质，每个人能承受的心理压力不一样，可以接受的结果也不一样。

《世说新语·雅量》载，一次东晋谢安与朋友泛舟大海，突然风起浪涌，朋友们都惊恐失色，提议掉头回家，谢安却兴致勃勃，吟啸自若，一点都没有害怕的样子。后来风浪更大了，大家都叫嚷骚动，根本坐不下来，谢安这才慢条斯理地提出返程，大家都喜出望外，马上响应。这件事让人们看到了谢安的雅量，认为他具有镇抚朝廷、安定国家的潜质。后来谢安果然挫败桓温篡晋的企图，淝水之战中又以少胜多，成为东晋的中流砥柱和一代政治家。著名书法家王蘧常在书法集自序中也曾记载了乱世中的一次凶险经历：“军人内讧，入吾邑，家人不及避，枪声自远至，火街市，四处劫掠，家人皆惶惶不安，予时方以篆写《尚书》二十九篇，仍不

① 郭铁成．提高党员修养，习总书记提了哪些要求［EB/OL］．(2017-01-05)．http：//theory.people.com.cn/n1/2017/0105/c40531-29000235.html.

② （明）陈继儒．小窗幽记［M］．喀什：喀什维吾尔文出版社，2001：11.

辍，家人窃骂，余曰：‘与其惊惧不可终日，不如安心毕吾书。’因惊惧无裨于事也，终无恙。”所以苏轼讲：“古之所谓豪杰之士，必有过人之节。人情有所不能忍者，匹夫见辱，拔剑而起，挺身而斗，此不足为勇也。天下有大勇者，卒然临之而不惊，无故加之而不怒。此其所挟持者甚大，而其志甚远也。”但这种气度不是天生的，也不是装点出来的，它是在志向宏远的基础上一点点历练和修炼出来的。曾国藩说“自古圣贤豪杰，文人才士，其治事不同，而其豁达光明之胸，大略相同”，也是这个意思。

从前左宗棠与其兄宗植一同去长沙参加乡试，试毕在旅邸等消息。忽捷报至，说左宗棠考上了。宗棠喜甚，白足着一袜起来接报，匆遽间遍寻另一袜不着，原来塞在了枕头底下。宗植哂之：“什么气量？不过一科名嘛，值得失措成这样！”宗棠很难为情。待黎明，捷报又至，乃是宗植中了解元。宗植喜不自胜，爬起来接报，也是只着一袜，另一袜再怎么找都找不到。直到攘扰略定，才发现原来是一脚穿了两只袜子。宗棠亦哂之，宗植也自觉好笑。功名之际，人竟能颠倒若此。因此，修养路上，人人不得自夸，也不必笑话他人，事到临头，可能自己比别人更不堪。你也许会说：“不，我能不动心，碰上某某事我都没动心过。”那也只是曾经不动心，未必将来不动心；也或许只是那些事尚不足以令你动心而已。令你感兴趣的，恐怕别有所在，一旦点到死穴，恐怕就会丢盔弃甲而走矣！故凡所曾经，皆不足道，我们切不可自满、驻足，乃当磨治不止，自勉于方来，才是保险之道。

大抵我们碰到事的时候，心中烦扰不定或对此事究竟应该怎么办把握不准，皆是因它牵涉到我们的利益和欲望，所谓“关心则乱”。否则事情该怎么办，本来都是清清楚楚的。行于所当行，止于所当止，之所以不能止于事、不能因物付物，原因还在于私欲私智障蔽了良知道德。因此，止于事，不仅仅是“于事上磨炼”，不仅仅是强其筋骨、提高本领，更是落脚到个人心性修养上，落脚到提高党性觉悟上。既然党性修养是知行合一的功夫，就要自觉在各种工作生活的历练实践中提升。老一辈革命家们的光辉党性无不是在残酷的革命生涯中锻造而成的。我们今天的党员干部尤其是领导干部要练就坚定的党性，同样离不开关键时刻的磨炼。

磨炼有很多种，也可以说生活工作处处是磨炼。比如，在基层、在边远艰苦地区、在生产建设的第一线工作，就是一种历练，最能检验和巩固党员干部的信仰信念、为民情怀、坚定意志、艰苦奋斗精神；在经济条件较好、社会环境优越、各类资源丰足的岗位工作，是一种考验，最能考验党员干部的党性定力、官心官德、欲望管理和政绩观、价值观、义利观等；在得到组织信任、不断委以重任、顺利晋升的时候，是一种历练，最能看出党员干部能否不忘初心、不丢根本、谦虚谨慎、再接再厉，会不会把组织的信任、职务的晋升看成自己劳苦功高、本领高强、天赋优越的结果，从而得意忘形、自我膨胀、飘然上天；由于各种因素，晋升无望，个人发展前途不甚明朗或“没有希望”的状态，是一种历练，最能考验党员干部的党性水平，验证一个人是以党和人民事业为重还是以个人前途命运为重，检验一个人能否真正做到无论处于何种境况、面临何种个人命运、在什么岗位都不忘入党誓词，以“春蚕到死丝方尽，蜡炬成灰泪始干”的境界对待工作和事业，会不会出现那种看到自己“没有政治前途”了，就认为事业本身没有价值或意义了，就怀疑自己的主义了，就“混天混日、破罐破摔”了，甚至满眼漆黑、满腹不满、怨天尤人，感觉组织亏欠自己太多，从而进行“报复性”腐败等。总之，由于各种原因，我们党员干部什么境况都可能遇到，这是投身社会主义事业、在复杂的奋斗途中所难免的，关键是要始终增强党员意识，有在风浪中修养党性觉悟的自觉，有使自己与党和人民的事业一起经历风雨的意识，把党和人民的事业得到发展、个人党性修养得到提升、为党为人民多做贡献看作主要追求目标。

四、历练的重要要求是坚持艰苦奋斗

习近平总书记指出：“艰苦奋斗、勤俭节约，不仅是我们一路走来、

发展壮大的重要保证，也是我们继往开来、再创辉煌的重要保证。"① 艰苦奋斗是中华民族的光荣传统，是我们党的立业之本、取胜之道、传家之宝。我们党从革命的艰苦奋斗中走来，在艰苦奋斗中建立中华人民共和国，也必须依靠艰苦奋斗走向未来，艰苦奋斗是我们党的优良传统和作风，也是我们党的政治本色。我们讲艰苦奋斗至少包括三层意思。

一是为己要节俭，这个前面已经重点说过。

二是要坚持勤俭节约办一切事。党的十九大提出，中国特色社会主义进入新时代，我国发展进入新的历史方位，社会主要矛盾发生重大变化，但我国仍处于并将长期处于社会主义初级阶段的基本国情没有变，我国是世界上最大发展中国家的国际地位没有变。"全党要牢牢把握社会主义初级阶段这个基本国情，牢牢立足社会主义初级阶段这个最大实际，牢牢坚持党的基本路线这个党和国家的生命线、人民的幸福线。"② 也就是说，我国社会主义初级阶段是个漫长的过程，摆脱发展中国家的地位，仍需要几十年甚至更长时期的努力，我们已经有了很好的发展，但并不是富到可以大手大脚，过紧日子苦日子的时代并没有远去，即使将来国家富强了，勤俭办事仍然是长久之要。这就要求党员干部要落实基本路线关于"艰苦创业"的要求，带头厉行节约，勤俭办事，按照客观规律办事，反对铺张浪费、拍脑袋决策和政绩工程、劳民伤财。

三是要有敢教日月换新天的斗争精神。发扬自强不息、与时俱进、开拓创新的时代精神，保持不畏困难、坚忍不拔、奋发有为的精神状态，为了实现人民对美好生活的向往、实现中华民族伟大复兴、推进党和人民的事业，知重负重、苦干实干、攻坚克难，面对矛盾问题敢于迎难而上，面对危机敢于挺身而出，面对失误敢于承担责任，面对歪风邪气敢于坚决斗争。能否做到这三条是衡量历练真假高低的重要标准，也是党员是否从历练中得到好修养的重要标志。

---

① 习近平2019年3月5日在参加十三届全国人大二次会议内蒙古代表团审议时的讲话.

② 习近平谈治国理政（第三卷）［M］. 北京：外文出版社，2020：10.

五、提高历练效果必须加强总结

升华历练效果离不开经常性的思考总结。马克思主义认为，规律本身发挥作用带有复杂性、盲目性和效果的多重性，但人可以通过自觉加强对规律的运用，强化对规律运行中的干预，影响事物发展进程，使其结果更加符合人的需要和预期。同样，历练对人发展的作用是客观的，也是复杂的，需要人们加强自觉思考、自觉总结、自觉调适，最大限度地发挥实践历练对个人成长的促进作用，最大限度地防止负面影响。曾国藩曾讲，在进德、修业上人是具有自主性的，“今日进一分德，便算积了一升谷；明日修一分业，又算余了一文钱。德业并增，则家私日起”。

刘少奇指出，党员干部要在革命的实践中锻炼修养、体悟总结，“经常地总结和汲取革命实践的经验，检讨自己的思想是否完全适合于马克思列宁主义，是否完全适合于无产阶级解放斗争的利益。在这样的学习、反省和自我检讨中，去肃清自己一切不正确的思想残余以至某些不适合于共产主义利益的最微弱的萌芽”①。这就教导我们要自觉加强总结提高，在实践历练中，强化反省，对照检验，去伪存真，消除弊端，提高自己的党性觉悟。他还对如何进行总结提高，提出了具体要求、给出了具体方法，他指出，党员干部要虚心地学习马克思列宁主义的立场、观点和方法，学习马克思列宁主义创始人的高贵的无产阶级的品质，并且运用到自己的实践中去，运用到自己的生活、言论、行动和工作中去，不断地改正、清洗自己思想意识中的一切与此相反的东西，增强自己无产阶级共产主义的意识和品质；要虚心地倾听同志们和群众的意见和批评，仔细地研究生活中、工作中的实际问题，细心地总结工作中的经验教训，并且根据这些去检验自己对马克思列宁主义的了解是否正确，运用马克思列宁主义的方法是否正确，去检查自己的缺点错误而加以纠正，去改进自己的工作；要根据新

---

① 刘少奇．论共产党员的修养［M］．北京：人民出版社，2015：33.

的经验，研究马克思列宁主义有哪些个别结论，在哪些个别方面，需要加以充实、丰富和发展。“总之，我们要使马克思列宁主义的普遍真理和具体的革命实践相结合。这应该是我们共产党员修养的方法。”①

这就指明了共产党人历练总结的路径方法，即要在虚心加强马克思列宁主义的立场、观点、方法和品质学习的基础上，真正用到自己工作和生活点滴实践当中，不断改正、清洗自己思想意识中一切非马克思主义的因子，增强无产阶级党性觉悟；要真心开展批评和自我批评（自省与他议），对自己身上的长处和问题，深入分析总结，克服缺点错误，提高自我，改进工作；要根据实践历练遇到的新问题、取得的新经验，不断推进党的理论创新和自我修养方法的创新，更好地指导实践和党员修养。这种科学方法，对于今天党员干部加强历练的总结，无疑具有巨大的科学指导意义，值得深入领会运用。

第六节　自格与习惯

刘少奇说：“我们学到的，就必须做到。我们无产阶级革命家忠诚纯洁，不能欺骗自己，不能欺骗人民。”② 党性修养的结果不仅在于内在的理想信念、思想意识、心性品行、感情操守等方面的马克思主义化，更在于言行举止、待人接物、工作生活等都自然而然地表现为一个优秀的党员领导干部，即养成作为优秀党员干部的习惯，形成那样的思想范式、行为惯式、稳固的作风。要达到这个境界，就需要通过自格、沉淀等方法来养成习惯。

---

① 刘少奇．论共产党员的修养［M］．北京：人民出版社，1997：18.
② 刘少奇．论共产党员的修养［M］．北京：人民出版社，2015：19.

一、自格法

自格法，参照的是明代儒士所流行的“作业”法。当时的作业法，是把自己要遵守的要求、自律条目列出来，作为外在纪律，每天对照检省执行情况，逐渐把它们变成自觉。这是一种将认识到的修养要求外化为行为规则等外律，再以外律的强制性将其内化的方法，体现了积极自修的自我完善方法和精神。具体来讲这种方法可以分为以下几个步骤。一是认识道理，确立个人愿景。就是要认识和确信那些自己以为正确、高尚、体现人生价值的做人做事做官的道理，确立自己决心养成的党性境界、理想人格。二是将道理以及行为要求逐项写出来，以一定的方式放在自己左右，以便随时能够看到、警醒（古代在器物上镌刻座右铭、铭文等也有这个意图）。写出来的东西要是核心要义，符合简而易用、要而易守、炳而易见、法而易言的特点，简要可行，放置明显，日常行止中容易看到。三是每天对照这些条目，检查自己是否达到了要求，对不能做到的，及时检讨原因，加以纠正。四是过一段时间，把有关条律转化为自我思维和行为习惯之后，再去认识和“作业”更高的修养要求。如此循环递进，自我的修养就会逐步得到提高。

比如，对于儒家所讲的格物致知，王阳明认为格物为格其非心者，格者，正也，正其不正，以归于正；致者，至也，至极其良知，使无亏缺障蔽，重在引物引理向内。这就体现了格物致知的自格一面，强调把外在道理引向内在，自觉对照客观规律、道义要求，匡正自己偏斜的地方，使自己弥缺去弊，走向理想人格。今天我们认为，格物致知作为儒家重要的认识论主张，其实是向外向内都有的，向内就是要对照外在事物及其规律、社会道德及其要求、真善美及其表现，匡正自我、匡正内心、匡正行为，使自己完善起来；向外就是要通过分析研究事物，从而认识其规律，提高生产生活和社会管理的正确性，程子说“至其理乃格物也”，就强调了向外、于事物上“求是”的意思。格物致知中，向外向内又是统一的、一致的，从马克思主义角度将其概括起来说就是“实事求是，知行合一”，实事求是是格物，是就物寻理、探寻事物规律；知行合一是致知，即达到所追求的实践结果，格物求是是知行合一的前提，本身也是在行动，致知践行是格物求是的目的，本身又是对求是的检验和新的格物，二者都是为了建设人类美好社会，实现个人自由全面发展。

古人说：“君子之学也，入乎耳，著乎心，布乎四体，形乎动静，端而言，蠕而动，一可以为法则。”（《荀子·劝学》）今天党员干部在推进“两学一做”常态化、制度化，提高党性修养，做合格党员过程中，欲将党章党规要求、习近平新时代中国特色社会主义思想和习近平总书记关于优秀党员、好干部的标准入心入脑，融入行动，不妨也借鉴一下自格的方法，把那些政治纪律规矩、那些主要要求、那些与自己工作生活密切相关的规定等，融会贯通，总结提炼为自己的守则和努力目标，见诸书面或电子载体，时常对照检查，逐项鞭策落实，久而久之，便会有明显的效果，关键是要有这个主动性和耐力。当然，党组织也可以把自格法作为引导党员干部加强党性修养的重要方法，结合党员干部的工作生活实际提出条目要求，教育党员干部引以自格，并通过相互交流勉励等手段提高效果。

1943 年 3 月 18 日，周恩来同志在他 45 岁生日这天，写下了著名的《我的修养要则》：“一、加紧学习，抓住中心，宁精勿杂，宁专勿多。二、努力工作，要有计划，有重点，有条理。三、习作合一，要注意时间、空间和条件，使之配合适当，要注意检讨和整理，要有发现和创造。四、要与自己的他人的一切不正确的思想意识做原则上坚决的斗争。五、适当地发扬自己的长处，具体地纠正自己的短处。六、永远不与群众隔离，向群众学习，并帮助他们。过集体生活，注意调研，遵守纪律。七、健全自己身体，保持合理的规律生活，这是自我修养的物质基础。”① 周恩来同志 70 多年前写的这份《我的修养要则》，将党性修养的要求渗透到学习、工

---

① 潘敬国，郑超. 从《我的修养要则》看周恩来的精神境界［J］. 机关党建研究，2019（6）.

作、社会交往、日常生活之中，体现了鲜明的“严”“实”要求，体现了严于律己、自我革命的精神，体现了一个真正的马克思主义者高度的历史自觉，闪耀着真理和人格的光芒，成为运用中国传统自格修养方法进行党性修养的杰出楷模。

二、沉淀法

沉淀法，我们也叫它积淀法、渐积法，简单说就是要有意识地把党性修养的要求、心得、成果等沉淀在个人的思想、情感、行为方式当中，化为自己的灵魂血肉，同时也把自己化为党性的人格体现。这种总结、汲取、沉淀，继而创新发展的做法是符合人类身心发展规律的。现代自然辩证法认为，人类发展有四个“重演规律”：胚胎重演规律，即高等生物胚胎的发育会重演生物的进化历史；个体发育重演规律，即个体的发育会重演群族和人类进化历史；概念发育重演规律，即个体头脑中思维概念的发展，会重演群族思维概念发展史和人类的认识史；学科发展重演规律，即单一基础科学的发展，会重演科学群发展史和人类文化史。① 具体到党员干部的党性修养，一个人要达到当前党组织对党员的所有主要要求，成为一个真正优秀的共产党人，那他就需要经历类似概念发育的重演规律，即认识和汲取迄今为止共产党关于党员修养要求的整个主要的思想理论成果。也就是说这一修养过程会与整个党的发展历史相似，对党员概念、党员思想、党员意识、党员标准等要求，经历从懵懂到清晰、从始创到现代、从混杂到纯净的发展过程。这就需要党员干部在自觉认知和自格等的基础上，逐渐积累、积淀，逐步走向观念和行为的党性成熟。

中国古人讲修养之道，强调积渐之功，“一日一钱，千日千钱，绳锯木断，水滴石穿”，日月积累，终有大验。荀况讲：“故跬步而不休，跛鳖千里；累土而不辍，丘山崇成；厌其源，开其渎，江河可竭；一进一退，

① 王德胜．自然辩证法［M］．北京：北京师范大学出版社，2002.

一左一右，六骥不致。彼人之才性之相县也，岂若跛鳖之与六骥足哉？然而跛鳖致之，六骥不致，是无它故焉，或为之，或不为尔。道虽迩，不行不至；事虽小，不为不成。其为人也多暇日者，其出入不远矣”，就是这个道理。古之成大业者，也多自克勤小物而来，百尺之楼基于平地，千丈之帛始于纤丝，万石之钟出自铢两。周文王是古时难得的圣人，但传说他自早晨至中午连吃饭的时间都没有，夜以继日处理政务直到天亮。诸葛亮为相，自杖罪以上，皆亲自临决。杜慧度为政，纤密一如治家。陶侃综理密微，虽竹头木屑皆保存起来作为有用之物。古人积勤积劳若此，今日为政者也只有日积月累才能有所作为。

所以，学习本领也好，做事也好，党性修养也好，都要有一个毫寸积累，由浅入深，由细微到宏大，逐步形成的过程，否则浅尝辄止、一曝十寒、虎头蛇尾、搞一阵风，或许在短时间内、表面上会有些效果，但不久便会恢复到原来的老样子，反而挫钝了进取锐气，滋长了因循守旧心态。这里面，尤其教导我们的是，党性修养很多时候是从细微处开始着手的，是从党组织要求党员做和禁止党员做的具体事项一项一项地做起，逐步积累成长的。所谓“去恶在纤微，持善在根本”，“一善念发，未说到扩充，且先执持住，此万善之囮也。若随来随去，更不操存此心，如驿传然，终身无主人住矣”（吕坤《呻吟语·性命》）。又如曾国藩所言：“德不苟成，业不苟名，艰难错迕，迟久而后进，铢而积，寸而累，及其成熟，则圣人之徒也。”古人还认为，“调心在己，背恶向善，不贪于财，不苟于利，分财取寡，做事取劳，此天下易知之道，易行之事也”，也就是讲，从自身、实事做起，总是可行和能够做到的，也是最基础和根本的。但从点滴积累来修养，看似简单，确实是不容易做到的，有的虽然一时能够做到，但要坚持不懈的确不容易，因为其中本质上涉及人自身的改变，涉及由自我向天下情怀的转变，所以必须下水滴石穿的苦功夫。

进一步往深里讲，沉淀之法有两种方式。一种是以前儒者所提倡的沉浊保清法，主张沉淀之道要以沉静安道为本，心如池水，物欲、名利、荣辱、变故、叨扰、七情等，都作为泥沙，来者不拒，沉淀到底，不影响水的清澈和心的宁静专注。用到今天，就是将党性当作一潭深水，一切非党性的东西我们本无法避免其来，也难以一概拒绝其来，但要做到来则沉底，不影响潭水清澈、党性清纯。从哲学层面看，这是一种堵式方法，着力将非党性的东西淹没掉、消化掉，沉压在底端，来保持党性之水的清澈。“镜日照万物而常明，无心而不劳故也。圣人日应万事而不累，有心而不役故也。夫惟为物役而后累心，而后应有偏着”（吕坤《呻吟语·性命》），这里要的正是心里、思想不为物役，虽然繁忙和纷扰异常，也不影响党性。应该说这是一种有道理、有效果的方法，不足的是，它只是叫人将那些非党性的东西做忘却处理，以忘却和摁压来治理，客观上存在着反弹风险，一旦有了外力搅动，便有可能沉渣泛起，百般杂念都野蛮浮生，清明一世的潭水很可能浑浊于一旦。

另一种方法，是我们今天主张的留清去浊法，将人的思想心性比作川流不息的溪水而非静止的潭水，在川流中有党性的东西也有非党性的东西，沉淀之道就是要自觉让那些非党性的东西随波流逝，而把党员意识、党性觉悟、党员品质等沉淀下来、留在心间，这样日积月累，党性如同冲积平原，越来越浑厚广阔。从哲学层面看，这是一种疏导的方法，一种激浊扬清、在运动中强化党性的方法。这种沉淀法的根本在于，自觉“去杂留纯，积纯为习，沿习成性，化性着行，以行荷道，由道达义”，就是要自觉在党性修养上，除去各种非党性的杂念及行为（去杂留纯），积聚党性的先进性、纯洁性并养成思想和行为上的习惯（积纯为习），通过长时间的习惯反过来不断强化内在党性并形成自我习性（沿习成性），再通过把作为习性的党性自然表现为外在的态度和行动（化性着行），以党员化的认识、行动、实践，来践行入党誓言，践行共产党人对马克思主义、科学社会主义的追求（以行荷道），从而依照主义原则，以高度党性的行动来推动共产主义远大理想和中国特色社会主义共同理想的逐步实现，造福中国人民和全人类（由道达义）。这样就形成了一个思行统一、事我结合、积极主动的党性修养“闭环”。

三、习惯法

习惯法，就是上面说的“积纯为习”，是在自格、沉淀的基础上，逐步把党性内融入心，外固化为行，成为思想、行为的自然甚至本能，从而实现党性的真正巩固。对于习惯法，中国古人也十分推崇，一层意思是强调仁人须强做，“始则须勉勉，终则复自然”（张载《经学理窟·气质》），就是对于党性原则，开始的时候要克服困难和不适应去坚持践行它，持续做了会越来越熟练，最后就会逐渐习惯成自然，成为自己人格品性的一部分。第二层意思是主张，要通过逐步的习惯养成来达到修养的目标，“由渐而习，则日变月化，而迁善不知；若改之太骤，恐难期有恒”。要在不断自省求善的基础上，努力寻求高尚的志趣、爱好，用良好的习惯代替不良习惯，持之以恒，化外在为内在，化内在为习惯，则党性会在不觉中长为参天大树。

《朱子语类》卷九五也讲：“道理本自广大，只是潜心积虑缓缓养将去，自然透熟。若急迫求之，则是起意去赶趁它，只是私意而已，安足以入道?”此类语，朱子常说。意思都是把人的成长比作稻谷粮果之成熟，不需揠苗助长，只让他缓缓成熟将养就好。儒家十分强调“养”字，学养、涵养、存养、养而勿失，“养”的意思非常丰富，都是主张渐入自然、渐成习性之道。因为人的成就是需要时间的；义理的精熟也需长期涵养。谢觉哉曾总结说：“人的经验、知识是一点点积累起来的，人的觉悟是一步一步提高的。没有一点一滴的积累和一步一步的提高，是不能忽然之间就成为一个能干的人，一个又红又专的人的。”① 当然刚开始的时候是要下一些自我克制、自我“牺牲”的功夫的。

从今天党性修养看，习惯法的本质在于实现党性的人格化和个人人格

① 李君如，金钊．论新时期共产党员的修养［M］．北京：国家行政学院出版社，2014：237～238.

的党性化。马克思在《资本论》中，曾用资本的人格化的提法来概括资本对资本家的浸润和资本家对资本的皈依，从而资本家自觉不自觉地成为资本的活的全权代表和利益执行者，这不仅揭示了资本主义对人的深度异化，也反映了人类社会中人和一定财富、一定思想理论、一定社会关系总是趋向于相互融合的现象。所谓党性的人格化，简单说，如果人们关于共产党党性的内涵、本质、要求等思想认识、理论成果只是客观地存在于各类文件、书籍等载体上，这种存在还是一种消极静态的存在，只有当通过党组的教育和个人修养，一个党员干部完全地、稳固地、习惯性地被这些思想理论所同化，思想认识、价值观念、行为举动自然而本能地体现党性要求的时候，我们就可以说，党性在他那里人格化了。个人人格的党性化，是说人们总会在社会中成一定的人格，人皆有人格，当一个党员干部在党组织教育和个人努力下，按照党性要求来养成共产党人的人格，在人格表现上处处体现出党性性质，我们就可以说这个党员的人格党性化了，他成为真正的党员了。千百万党员干部实现党性人格化和人格的党性化，正是我们的事业所需要的，因为只有实现了这种个人与主义互化的党员才是有内在战斗力的，才是能够担负起党的新时代历史使命的。否则若非精诚积于毕生，神志宁于夙昔，岂能取办于临时？更有甚者，如果一些党员干部与主义是貌合神离、同床异梦的，那么“四种危险”就会大大增加，就可能难以经受住“四种考验”，就可能置事业的前途命运于危险境地。

四、自格与习惯首先要方向正确

实行自格法、沉淀法、习惯法，很关键的一条就是要保证方向正确，保证所确立的努力标准和目标正确，特别是要坚持正确的政治方向，坚持正确的“总开关”要求，坚持党章党纪等对党员的根本要求，使党性修养沿着正确的道路，朝着党建要求的目标稳步推进。否则，方向和目标搞错了，越努力距离正确道路越远，日积月累，养成习惯，积习难返，就会变成本能的、精致的、固执难化的非党性的人，就会在背离党和人民的道路上越走越远，自己却浑然不觉有什么不对劲、有什么不应该，甚至违法犯罪了，还难以醒悟，不以党性蜕化、个人堕落感到羞愧、后悔，而是把正义的处罚看作自己“倒霉”，是没有“斗得过”组织，这是极其悲哀的。

对此，明代著名思想家、哲学家吕坤说：“天下之势，积渐成之也。无忽一毫，舆羽折轴者，积也。无忽寒露，寻至坚冰者，渐也。自古天下国家身之败亡，不出‘积渐’二字，积之微，渐之始，可为寒心哉!”也就是说，天下大势是慢慢形成的，车轴不是被一根毫毛一下子压断的，是磨损得多了造成的，隆冬不是一下子就冷起来的，露水最终结成坚冰，是天气渐渐变冷的缘故，从古至今，国家的衰败灭亡、个人的身败名裂，没有一个不是积累渐进导致的。因此，那些不良的东西，从开始毫不起眼的点滴累积，到积弊日久、沉疴益深，后果会可怕到令人胆战心惊，“防之当如渡海浮囊，勿容一针之罅漏”！相反，如果我们反过来思考和运用，把渐积之功用在自我党性修养上，那么水滴石穿、铁杵成针、冰冻三尺，其效果又是令人信任和欣慰的。所以，“志于道，据于德，依于仁，游于艺”，“苟能据之而不失，亦必日积日进，日著日盛，日广日大矣”（陆九渊《论语说》）。总之，首先要保证方向正确、出发点是符合党性的，这样的修养积累才是正向的，才能“日积日进，日著日盛，日广日大”。

第七章

共产党员党性的评价

党员党性修养如何、党员干部做得怎么样，是否合格，需要有一定的评价标准和评价活动来衡量。党员评价的目的是确保党员能够符合党组织的要求、满足党事业发展的需要。党员标准是衡量党员是否合格的重要标尺，是党员的本质规定和对党员资格的基本要求，是判定个体是不是真正党员的根据，是如何把党员与其他社会成员区别开来的基本规定，是政党建设的重要问题，关乎党员质量的整体水平。党员标准总是基于政党属性、价值取向、客观实践、中心任务和时代要求等多重要素形成的，有一般标准和具体标准、静态标准和动态标准之分。在稳定性层面，党的性质、根本宗旨、中远期奋斗目标等相对稳定，决定了合格党员标准有一个恒久的主题。在动态层面，党员标准又随着党的组织结构、特定环境、主要任务、中心工作的发展变化而不断发展完善，促进党的不断发展进步和充满生机活力。[①] 对此，习近平总书记指出，标准决定质量，有什么样的标准就有什么样的质量，只有高标准才有高质量。[②] 合格党员标准是党员的条件、行动准绳，与党员的质量和党的组织结构、健康程度、稳固状态、存活期限密切相关，是党组织保持政治本色和先进性的保鲜膜。[③] 党员党性评价问题，本身是一门重要的党建科学，是一项重大基础性党建课题，这里我们重点讨论党员如何修养的问题，对党性评价问题稍作探讨。

---

① 王珂．论合格党员标准与全面从严治党［J］．云南行政学院学报，2016（6）．

② 韩云鹏．坚持高标准求得高质量［R］．解放军报，2014 年 4 月 4 日．

③ 王珂．论合格党员标准与全面从严治党［J］．云南行政学院学报，2016（6）．

第一节 中国共产党员标准的历史发展

明确和坚持无产阶级政党的质量标准，是马克思主义经典作家和革命导师极为重视的问题。早在1847年马克思就在《共产主义者同盟章程》中，明确提出了对参加无产阶级政党者的要求，强调他们必须：“（a）不信仰一切宗教，不参加任何宗教团体和一切仪式；（b）了解无产阶级运动的条件、发展道路和最终目的；（c）不参加任何敌视同盟宗旨或阻挠这一宗旨的组织和局部要求；（d）具备宣传的能力和热情、坚定不移的信念、革命的活力；（e）严格保守同盟一切活动秘密；（f）接收盟员的决定必须支部一致通过；（g）违反盟员条件的人应予开除。”① 他们还强调，接收新成员时不能改变无产阶级政党的先进性，“必须以党的无产阶级性质不致因此发生问题为前提”。强调无产阶级政党与其他党派合作的前提是，必须保持党员思想的独立性和先进性，警惕党员思想被小资产阶级思想所腐蚀，资产阶级参加无产阶级运动的前提是抛弃资产阶级思想并认同无产阶级世界观。② 列宁在领导俄国社会主义运动过程中，始终把严格党员标准、确保党员质量，作为党和事业成功的生命线。他明确指出，无产阶级政党的存在和发展与党员的质量密不可分，把提高党员质量和纯洁党的队伍看成党建中“最重要的任务”。③ 在1919年《工人国家和征收党员周》中，他强调：“徒有其名的党员，就是白给，我们也不要。世界上只有我们这样的执政党，即革命工人阶级的党才不追求党员数量，而注意提高党员质量和清洗‘混进党里来的人’。”我们党自建立以来，在关于以什么标

① 马克思恩格斯全集（第10卷）［M］．北京：人民出版社，1998：744～745.

② 周胜强．新中国建立以来中国共产党对提高党员质量的探索及其经验研究［D］．南宁：广西大学，2016.

③ 张荣臣．列宁关于保持党员队伍纯洁性思考及启示［J］．中国延安干部学院学报，2012，5（2）.

准吸纳和判定党员的问题上经历了曲折的发展过程，但一直以发展的态度对待党员标准问题，大革命时期、抗战时期、解放战争时期以及新中国成立后的各个不同阶段，都带有各个时期的一些时代特征，大体上可以分为五个发展阶段。

一、中国共产党成立和大革命时期，党员标准的初创

在党初创及国民革命和土地革命时期，侧重于党员标准的一般性要求，强调党员必须承认党纲和党的章程。同时，毛泽东在创建农村革命根据地的斗争中，提出了一些对党员标准的要求："以后新分子入党条件：(1) 政治观念没有错误的（包括阶级觉悟）；(2) 忠实；(3) 有牺牲精神，能积极工作；(4) 没有发洋财的观念；(5) 不吃鸦片、不赌博。以上五个条件完备的人，才能够介绍他进党。"这是作为入党的一些基本条件，当然，入党之后，还要努力学习，纠正各种错误思想，树立无产阶级观念，为人民利益而奋斗。毛泽东的这些规定不仅具体，而且已经包含着时代性要求。①这一时期发展党员，在满足一般性要求的基础上，以不唯成分为指导思想，提倡吸收各阶级中的先进分子入党，主张"只要他有阶级觉悟及忠于革命，便可加入，不必更有其他条件，何况在此革命时期"②。这使得党在最短的时间内，得以广泛吸收各种阶级背景的革命分子，快速壮大了党的队伍。历史证明，当时的思路是非常正确的。

二、抗日战争和解放战争时期的党员标准，形成了一个既有一般要求又有时代要求的完整体系

这期间，党在党员标准上经历了波折发展的过程。从大革命失败后到瓦窑堡会议之前，党员标准的"唯成分论"倾向盛行，党员队伍受到重

---

① 江慧．论党员标准的时代要求及其实践路径［D］．宁波：宁波大学，2012.

② 中共中央文件选集（第1册）［M］．北京：中共中央党校出版社，1989：474.

创。当时王明等人认为，革命队伍中一切从异己阶级出身的分子都是不可靠的，从而把一大批经过革命锻炼的、既有理论知识又有一定实践经验的优秀知识分子干部排挤出领导岗位，还发动了革命根据地的肃反运动，使一些优秀党员干部、红军指战员惨遭杀害。唯成分论的党员发展思想酿成了严重的后果，给中国革命带来了空前的灾难，使红军在反“围剿”战争中接连失败，几乎断送了中国革命。瓦窑堡会议及时纠正了党员标准上的错误，提出：“能否为党所提出的主张而坚决奋斗，是党吸收新党员的主要标准。社会成分是应该注意到的，但不是主要的标准。”① 这就克服了关门主义错误，把发展党员的政治标准摆到了主要位置，为党的发展壮大提供了正确遵循。

这一时期，党的卓越领导人对党员标准问题进行了卓有成效的探索和总结，提出了许多宝贵的理论成果。如陈云在1939年5月30日发表的《怎样做一个共产党员》一文中，根据党的性质和当时的任务，比较完整地提出了共产党员的六条标准：“一、终身为共产主义奋斗。二、革命的利益高于一切。三、遵守党的纪律，严守党的秘密。四、百折不挠地执行决议。五、做群众模范。六、学习。”这是我们党第一次对党员标准比较完整的概括，第一次明确要求党员要做群众的模范，彰显了当时农村革命根据地建设的蓬勃生机和共产党的革命信心。② 刘少奇系统论述了党员修养问题，提出了党员应该具备的五项条件：（1）努力学习马克思主义，做马克思主义的好学生；（2）努力参与革命的实践，密切联系群众；（3）忠诚共产主义事业，为共产主义奋斗终身；（4）党员个人无条件地服务党的利益，遵守党的纪律；（5）抵制和批判党内错误思想，正确地对待党内斗争。③ 这些都极大丰富了党的党员标准理论，为党的“七大”修改完善党

① 建党以来重要文献选编（1931—1949）（第12册）［M］. 北京：中央文献出版社，2011：549～550.

② 王利慧. 从党章看党员标准的变化发展［J］. 共产党员，2016（19）.

③ 江慧. 论党员标准的时代要求及其实践路径［D］. 宁波：宁波大学，2012.

章，科学提出党对党员的系统要求，提供了有力支撑。党的“七大”通过的党章对党员标准问题，做出了较为科学、完备的规定，明确提出，党员必须对党忠诚，遵守党的章程；必须全心全意为人民服务，对人民负责，为人民着想；必须与工人、农民群众保持密切联系，听取广大群众的意见和心声，并决心向人民群众学习，以革命精神不疲倦地去教育人民群众，启发、提高人民群众的觉悟，等等。这些标准都已经做到了明确具体，而且具有强烈的时代感。

三、新中国成立到“文革”结束，党员标准曲折发展

1951 年 3 月，在第一次全国组织工作会议上，刘少奇提出了党员标准的八项条件：(1) 党是中国工人阶级的先锋组织。(2) 坚定实现共产主义的决心。(3) 对党忠诚。(4) 执行党的政策和决议，严格地遵守党的纪律，起模范作用。(5) 把党的利益摆在自己的利益之上。(6) 经常地开展批评和自我批评。(7) 全心全意为人民服务，虚心听取人民群众的要求和意见。(8) 努力学习，提高觉悟。刘少奇指出，这八项条件“就是每个共产党员在今后应该具备的条件”，体现了党在执政条件下对党员的新要求。[①] 党的“八大”修改的党章指出，具备党员的首要条件必须是中国公民，并承认党的纲领和党的章程，参加党的一个组织并在其中工作，执行党的决议，按时交纳党费。同时还规定了党员的十项义务和七项权利，使党员的职责和责任更加明确，党员标准得到了符合时代要求的完善和系统化。“文革”期间，科学的党员标准受到严重冲击，“唯成分论”等机械性要求卷土重来，一批优秀分子被拒于党外，党员和党组织的质量受到明显影响。

---

① 中共中央文献研究室．建国以来重要文献选编（第 2 册）［M］．北京：中央文献出版社，1994：222.

四、改革开放新时期，党员标准得到更新发展

“文化大革命”后，党在党员标准上也逐步加大拨乱反正力度，恢复科学的标准要求，并与时俱进进行发展。党的十二大党章提出了新的党员标准：（1）认真学习。（2）个人利益服从党和人民的利益。（3）遵守党的决定和法规。（4）维护党的团结和统一。（5）忠于党，开展批评和自我批评。（6）密切联系群众。（7）发挥党的先锋模范作用。（8）保卫祖国和人民的利益。党的十四大针对新时期党所担负的历史任务又增加了一项，就是党员必须坚决执行党的基本路线和各项方针、政策，积极投身到改革开放和社会主义现代化建设中，发挥艰苦奋斗精神。十五大党章又增加了对党员价值观的要求，就是所有共产党员必须以群众利益为重，都不得谋求任何私利和特权。其后，党逐步扩大党员来源的社会阶层，知识分子入党受到了重视。党的十六大通过的党章，把“其他社会阶层的先进分子”纳入允许申请入党的人员范围，允许吸收符合条件的新阶层特别是民营企业家、私营企业主入党，实现了我们党在党员标准问题上的重大突破。① 总之，改革开放新时期的党员标准，不仅注重一般性的要求，而且更加注重时代要求，从适应改革开放、经济建设等新形势出发，突出强调党员的素质、能力和党性修养等要求。

五、新时代的党员标准进一步深化提升

中国特色社会主义进入新时代，社会主要矛盾的转化，对党的建设和党员修养提出了新要求。2012 年 11 月，党的十八大通过的党章对新时期的党员标准做了明确规定，概括起来主要是：信念坚定、对党忠诚，牢记宗旨、心系群众，坚持原则、严守纪律，品德高尚、作用突出。2013 年 1 月，习近平总书记提出了合格党员的四条标准：坚持全心全意为人民服务

① 彭世杰．嬗变与发展：中国共产党党员标准变迁［J］．当代社科视野，2012（7～8）．

的根本宗旨，吃苦在前、享受在后，勤奋工作、廉洁奉公，为理想而奋不顾身去拼搏、去奋斗、去献出自己的全部精力乃至生命。① 2013 年 6 月，习近平总书记在全国组织工作会议上指出，发展党员“党组织要严格把关，把政治标准放在首位，确保政治合格”。②

针对长期执政后，一些党员中存在的“理想信念模糊、党的意识淡化、宗旨观念淡薄、精神面貌不振和道德行为不端”等问题，2016 年 2 月，中共中央办公厅印发的《关于在全体党员中开展“学党章党规、学系列讲话，做合格党员”学习教育方案》指出，着眼于党和国家事业的新发展对党员的新要求，共产党员要做讲政治、有信念，讲规矩、有纪律，讲道德、有品行，讲奉献、有作为的合格党员，鲜明地提出了新时期合格党员的“四讲四有”标准。其中，坚持“讲政治、有信念”，做到政治合格是做合格党员的首要要求。2016 年 1 月 12 日，习近平总书记在十八届中央纪委六次全会上的讲话中指出，大量的腐败案件表明，党内有一些人在这方面的问题很突出，主要体现为做“两面人”，如“有的修身不真修、信仰不真信，很会伪装，喜欢表演作秀，表里不一、欺上瞒下，说一套做一套，台上一套台下一套，当面一套背后一套，手腕高得很；有的公开场合要党员、干部坚定理想信念，背地里自己不敬苍生敬鬼神，笃信风水，迷信‘大师’；有的口头上表态坚定不移反腐败，背地里对涉及领导干部的问题线索不追问、不报告；有的张口‘廉洁’、闭口‘清正’，私底下却疯狂敛财”。坚持“讲规矩、有纪律”，做到守纪合格是做合格党员的基本素养。2015 年 1 月 13 日，习近平总书记在十八届中央纪委五次全会上的讲话中指出：“讲规矩是对党员、干部党性的重要考验，是对党员、干部对党忠诚度的重要检验。”身为中共党员，必须讲规矩。这是检验一名党员合格与否的试金石，如果连这都做不到，难道还是一个合格的党员吗？坚持“讲道德、有品行”，做到品德合格，是做合格党员的根本底线，

① 习近平谈治国理政（第一卷）[M]．北京：外文出版社，2015：23～24.

② 习近平 2013 年 6 月 28 日在全国组织工作会议上的讲话．

要做到“心不动于微利之诱，目不眩于五色之惑”，严守道德底线，以真正共产党员的品德引领人民群众形成健康向上的道德风尚。坚持“讲奉献、有作为”，做到履责合格，是做合格党员的应尽义务，要践行党的宗旨、敢于担当、善于作为、不惜牺牲，不断为党和人民建功立业。

2017 年 10 月，党的十九大修订的《中国共产党章程》，对党员标准、党员权利和义务做了更加完善和贴合时代需要的规定。党章第二条指出：“中国共产党党员是中国工人阶级的有共产主义觉悟的先锋战士。中国共产党党员必须全心全意为人民服务，不惜牺牲个人的一切，为实现共产主义奋斗终身。中国共产党党员永远是劳动人民的普通一员。除了法律和政策规定范围内的个人利益和工作职权以外，所有共产党员都不得谋求任何私利和特权。”这就从阶级成分、意识形态、根本宗旨、高尚情操、奋斗目标、本质特色、政治纪律、行为要求等方面对合格党员标准做出了统一规定，也是对我们党传统党员标准的继承与发展。党章中关于党员规定的第一条，也从党员年龄、职业、主观自觉几方面对合格党员标准做出了具体规定，使得党员标准更具系统性、科学性、时代性。同时，近年来党中央先后修订制定的《中国共产党廉洁自律准则》《关于新形势下党内政治生活的若干准则》等，都从不同角度对党员和党员领导干部提出了要求、明确了标准。

综合我们党党员标准的历史发展，可以简要概括地说，今天一个真正的中国共产党员，就要以共产主义和中国特色社会主义为理想为信念，以马克思列宁主义、毛泽东思想和中国特色社会主义理论为指导，以坚持群众路线、全心全意为人民服务为追求，以党的基本理论、基本路线、基本方略和解放思想、实事求是为遵循，以民主、法治、改革、创新为方法，以自力更生、艰苦创业、奋发有为、实干兴业为作风，以吃苦在前、享受在后、克己奉公、多做贡献为操守，以不断自我修养、严守纪律规矩、对党忠诚老实、永葆政治本色、绝不贪腐为保证。这既是高度凝练的党员标准，也是我们每个党员干部加强党性修养的总的参照和标尺。

第二节 党员标准的本质特点

合格党员的标准是不断发展变化的，而在变化的背后，有着一些稳定的、一贯的本质属性和特点。

一、中国共产党党员标准的本质特征

第一，中国共产党党员标准来自政党属性。无论是“八项条件”还是“四讲四有”标准，都要求把党员的政治标准放在首位，即所有申请加入中国共产党的积极分子都必须首先认同党的纲领，体现无产阶级属性和共产主义的信仰追求。第二，党的政治路线决定一切，党员条件必须与党的政治路线相统一，根据政治路线的总体要求对党员标准做出正确规定，以便更有利于党完成历史任务。第三，以马克思主义为指导，在共产党的党员标准体系中，占据指导地位的是马克思列宁主义、毛泽东思想和中国特色社会主义理论。第四，坚持扎根于人民的价值取向，贯穿人民利益至上原则，要求党员始终坚持党的根本宗旨、保持公仆情怀，以人民为中心，全心全意为人民服务。第五，坚持先进性标准，把革命和建设中的先进分子吸纳到党的队伍中来，以先进性保证党的纯洁性。在广开大门的同时牢牢坚持先进性的条件，严格发展党员，既扩大党的队伍，又纯洁党的组织。第六，注重党员对象的现实表现。把党员标准落脚于客观实践，判断一个人是否应该被吸收进党的队伍，最根本的是看其现实表现，并给予一定的考察期。第七，紧紧回应时代使命。在不同的历史时期，根据时代的主题和人民的期望而完善党员标准，使之适应党的历史方位要求，顺应时代发展的需要，这也正是党主动担当历史使命的自觉表现。第八，党员标准的一般要求与时代要求辩证统一。一般要求具有普遍性，是“最高要求”；时代要求具有特殊性，是“现阶段的要求”。一般要求具有一贯性，

时代要求具有差异性，体现了时代使命对党和党员的要求。

二、制定和实施党员标准值得注意的问题

历史的经验教训告诉我们，确定党员标准、衡量党员要注意以下几个问题：一是确定党员条件必须紧紧围绕党的初心使命来进行。坚持党的阶级属性、根本宗旨和理想追求，促使广大党员的思想行动与党的初心使命相统一。二是必须在实践中去考察人，不能搞唯成分论。社会出身不能代表人的性质，更不存在所谓“天生的”党员。任何社会出身的党员如果不经常进行党性锻炼，不加强思想政治的学习，不严格要求自己，都会掉队。所以确定一个人是否能够入党，既要看他的社会成分，又不能拘泥于他的出身，主要看是否拥护党的纲领和章程，是否愿意为党的主张而奋斗，这才是我们发展党员的根本之策。三是必须始终坚持保证党的先进性。发展党员、教育管理党员、清退党员都要围绕着是否有利于保持党的先进性来进行。没有质量的党员，数量越多，只会给党增加负担。绝不能追求数量而忽视质量，也不能对不合格的党员坐视不管，更不能听任蜕变的党员在党和政府机关中从事领导工作。四是必须始终把思想入党问题作为制定党员标准的重要内容，摆在突出位置。注重对入党动机的严格考察，关注党员干部的思想变化，以思想是否入党来判断其是否可以入党或者有无必要留在党内。五是必须坚持马克思主义理论与中国具体实践相结合，注重提高党员的马列主义理论水平，增强为人民服务的宗旨意识，使党员标准与国情、党情相适应，从中国国情出发发展党员，走中国特色的独立自主的党建道路。六是在保证质量的同时，要注重党员结构的多元化，善于吸引各行各业中的优秀分子，这样既可以提高党员的质量，又可以防止党员成分过于单一，使党员队伍的结构更加合理，巩固和扩大党的社会基础，充分调动起各方面参与社会主义建设的积极性。七是坚持尊重和增强党员的主体地位。在高标准严要求的同时，完善并确保党员的权利，维护党员的主体地位，注重党员发展的主观能动性。八是要畅通党员

出口。明确对党员进行经常性考察、对党员党性定期分析的规定以及清退党员的程序、标准，对那些通过劝告、教育依然不能符合要求的党员，按照党章及有关制度及时进行清理。比如，在党的历史上几次整风整党运动中，很多不合格的党员被组织发现并清理出党的队伍，1983 年整党运动中“开除党籍的就有 33896 人”[①]，很好地健康了党的组织。

三、对党员的要求要坚持全面从严和激发个体能动性相统一

第一，对党员干部必须坚持全面从严的根本要求。全面从严治党关键在“严”，用“严”的境界来整肃党员标准，将“严”的要求贯穿于党的思想建设、组织建设、作风建设、反腐倡廉建设、制度建设的全过程和各环节；体现到严抓思想教育、严格党性锻炼、严肃党内政治生活、严明党的纪律、严整干部作风、严实主体责任、严于制度约束等各方面。将党员标准建设和对党员的评价纳入全面从严治党总体安排，在全面从严治党中将党员标准实化量化，保持基础标准，突出时代标准，区分特殊标准，改进问题标准，从而形成多指标、全方位、广维度的合格党员标准，从德、能、勤、绩、廉等方面对党员做出评价和考核，引导广大党员干部增强“四个意识”、坚定“四个自信”、做到“两个维护”。[②]

第二，要把培养和提高全党同志的独立思考能力放在重要位置。党的生机与活力，根源于每个党员主体性的充分发挥。现代社会里，党员的思想理论素质很大程度上体现在独立思考的能力上。“独立思考”四个字虽然看起来简单，但内涵非常丰富，它既是一种科学态度的体现，也是一种科学方法的体现，更是一种科学精神的体现。不能独立思考是造成思想僵化、脱离实际、墨守成规的根本原因。毛泽东曾经讲过，脑袋是长在自己头上的，对事情要自己思考。对任何事物都不加分析，不管对错，盲目崇尚，一味照抄的做法害人不浅，必将给我们的事业造成极大危害，必须打

① 林博．新形势下加强党的纯洁性建设的路径探析［D］．重庆：重庆理工大学，2014.

② 王珂．论合格党员标准与全面从严治党［J］．云南行政学院学报，2016（6）．

倒奴才思想，破除迷信。① 今天在全面从严治党的同时，还要采取多种措施，培养和激发党员干部的独立思考精神和能力。独立思考，需要的不仅是勇气，更需要理论素养和理论思维能力。这种素质和能力，当然要靠理论建设来达到。只有通过马克思主义理论的学习和研究，深刻领会和掌握马克思主义的科学精神和科学方法，坚持理论联系实际、一切从实际出发的科学态度，认真和虚心地向实际学习，向人民群众学习，善于把理论的稳定性与实践的变动情况结合起来，不唯书，只唯实，注重具体的实际情况，才能真正做到独立思考。②

第三，坚持从严治党的同时，还要注重加强对党员的利益引导与精神激励。中国共产党是我国的执政党，始终代表中国最广大人民群众的根本利益，党除了广大人民的利益，自己没有任何私利。共产党员必须具有高尚的品质、崇高的精神和高度的责任感，这是对党员比较高的要求和规范，是区别于普通群众的重要之处。同时，党员又是广大群众中的一员，也有一般群众所需要的利益需求，而且需要精神上的鼓励和支持。所以，在要求党员遵守党员标准，成为一名合格党员的同时，还要考虑满足党员的一些合理的利益诉求，并对党员进行一些必要的激励，从而使党员有更多的动力和自觉性去要求自己。因此，党员标准在时代性上必须体现对党员合法权益的维护。当然，满足党员的利益需求不是盲目的，更不是没有原则的，而是必须建立一定的制度机制，采取一定的措施，使党员明确以什么样的形式来表达和实现自己的利益要求，这是做好新时代党员教育工作，激励引导党员干部践行党的宗旨、立党为公、执政为民的重要条件和有效途径。③

以上这些问题，是党组织推进党的建设过程中需要考虑的问题，也是每个党员党性修养中需要明白的问题，明白了这些道理，并加以注意，就会使得党性修养活动更加自觉和科学。

---

① 肖东波．解放思想的核心是独立思考［J］．前沿，1998（7）．

② 江慧．论党员标准的时代要求及其实践路径［D］．宁波：宁波大学，2012.

③ 江慧．论党员标准的时代要求及其实践路径［D］．宁波：宁波大学，2012.

第三节　党员党性的多元评价

党员党性的评价是多主体、多方面的，至少包括自我评价、组织评价、群众评价、历史评价等方面。一般来说，自我评价是最透彻的，组织评价是一定时间内最有实践价值的，人民群众评价是最具有决定意义的，历史评价是影响最深远的。

一、自我评价

俗话说“如人饮水，冷暖自知”，党员党性状况如何，党员个人最清楚。党性的自我剖析、自我评价是党性评价最直接、最透彻和最有效的方法之一，其实也是党性修养的重要内容和环节。党员修养离不开对自身党性状况的分析判断，对自身党性的分析判断本身就是党员修养的开始。这种党性的分析和修养，深层次上，是要达到信仰和心灵的统一，防止场面上的“信仰我”和私底下的“灵魂我”这“两个我”的存在。党员要把信仰和内心统一起来，经常照一照党性这面镜子，认清自己、明确目标、知道得失、晓得底线①，经常扪心自问，思想和灵魂有没有入党，党的信仰、党的理想、党的要求等有没有入脑入心、融入灵魂，有没有落实到日常思考、行动和情感之中。

党员自我评价，要在思想认识上明确，我们通常讲的做“合格”党员，不是“及格”，更不是“降格”，要将“合格”与“优良”“优秀”“出色”画等号，要有较高的自我期许和追求。正如刘少奇在《论共产党员的修养》中所要求的：“我们每一个共产党员不应该只是一个起码够格的党员，而应该按照党章的规定力求进步，不断提高自己的觉悟程度，努

① 江慧．论党员标准的时代要求及其实践路径［D］．宁波：宁波大学，2012.

力学习马克思列宁主义，把马克思列宁主义创始人一生的言行、事业和品质作为我们锻炼好修养的模范。”① 因为每个党员是不是优秀的党员，不是个人有没有“进取心”的“私事”，而是我们党健康发展的重要保证，事关整个民族国家的前途命运。

党员干部自我评价党性，首先要坚持正确的立场，从国家民族利益、党和人民大众的立场出发，从这个角度和高度来审视自己的思想、党性和行为，是否符合主义和“大道”，判断自己在讲政治、坚持大方向上有没有不到位的地方。其次，要把握客观标准。一方面，自觉坚持党组织关于党员的各项标准，用党章和党内各项法规制度规定的条件、提出的要求，来自我评判、打分。另一方面，注重运用历史唯物主义的观点，把历史进步、社会发展、生产力提高等作为评价的标准，看看自己的思想行为，是否有助于促进历史进步、社会发展、国家统一与民族团结、维护人民群众利益。再次，要运用科学的方法，注重运用群众史观、政治标准、唯物主义辩证法、主观动机与客观效果统一的方法等，具体、全面、客观、发展地认识自己的党性状况。最后，党员干部自我评价还要勇于“揭短”，勇于承认和改正错误，并把这个过程与组织、与人民群众做必要的交流互动，从而知悉组织和群众的反应，直到获得原谅和认可为止，这种自我评价的过程其实也是一种加强党性的过程。

毛泽东是中国人民的领袖，伟大的马克思主义者，无产阶级革命家、战略家和理论家，中国共产党、中国人民解放军和中华人民共和国的主要缔造者和领导人。但毛泽东自我评价中特别注重群众史观，把成就归功于时代，归功于历史，归功于人民，始终认为整个人类历史是由最广大的人民群众创造的，个人只是其中的一分子，他认为《毛泽东选集》不只属于他毛泽东自己，更属于那些为革命流血牺牲的人。他在会见外宾时说：“不是这些人胜利，就是那些人胜利。比如，在我们中国，我们这些人留

① 刘少奇选集（上卷）[M]．北京：人民出版社，1991：128.

下来了，这只是偶然留下来没有被打死的。总有人会取得胜利，这是必然的。至于什么人领导，是张三还是李四，是带有偶然性的。”可见，革命胜利了，他并没有突出领导人物的作用，也没有忘记已经牺牲的先烈们。毛泽东的理论贡献是巨大的，但 1961 年 12 月 5 日，他在杭州会见委内瑞拉加拉加斯市议会代表团时，当代表团团长、加拉加斯市议会副议长谈到他家里挂了马克思、列宁、斯大林和毛泽东等人的画像时，毛泽东说：“我的画像不值得挂。马克思写过《资本论》，恩格斯写过《反杜林论》，列宁写过《谈谈辩证法问题》，他们的画像是应该挂的。像《资本论》《反杜林论》这样的作品我没有写出来，理论研究很差。人老了，也不知道是否还能写出些什么东西来。”毛泽东一生为中华民族乃至世界无产阶级立下了不朽的功勋，广受爱戴，但他并不认为自己是不食人间烟火的圣人、完人，他说：“我这个人啊，好处占 70%，坏处占 30%，就很满足了。我不隐瞒自己的缺点，我不是圣人”；“我劝同志们看看鲁迅的杂文。鲁迅是中国的第一个圣人。中国第一个圣人不是孔夫子，也不是我。我算贤人，是圣人的学生”①。

邓小平是伟大的马克思主义者，伟大的无产阶级革命家、政治家、军事家、外交家，我国社会主义改革开放和现代化建设的总设计师，中国特色社会主义道路的开创者，邓小平理论的主要创立者。他的自我评价中，始终坚持唯物史观、群众史观，不突出个人。他强调：“永远不要过分突出我个人，我所做的事，无非反映了中国人民和中国共产党人的愿望。”在谈到党的十三大报告时他说：“1978 年党的十一届三中全会以来的路线，我是出了力的，但不只是我一个人，所以，不能把九年来的成绩都写到我个人的账上。”在看了十四大文件的送阅稿后，他再次指出：“改革开放中许许多多的东西，都是由群众在实践中提出的。报告中讲我的成绩，一定要放在集体领导的范围内，绝不是一个人的脑筋就可钻出什么新东西来，

---

① 戚义明．新中国成立后毛泽东自我评价四则［J］．湘潮，2016（10）．

是群众的智慧、集体的智慧。”1989 年 9 月，他更是明确要求：“对我的评价，不要过分夸张，不要分量太重。有的把我的规格放在毛主席之上，这就不好了。”邓小平评价自我，总是坚持人无完人的唯物主义观点和实事求是原则。虽然为党为人民立下了不朽功勋，但他从来不认为自己所起的作用有什么了不起，不认为自己是完美无缺的。1980 年 2 月，他在党的会议上说道：“拿我来说，能够四六开，百分之六十做的是好事，百分之四十不那么好，就够满意了，大部分好嘛。”同年 8 月，又一次更加谦虚谨慎地说：“我自己能够对半开就不错了。”邓小平评价自我，从不隐瞒和避讳自己的责任和不当，1980 年 8 月，他在会见意大利记者时，披肝沥胆地说道：“毛泽东同志犯的有些错误，我也有份。”1988 年 9 月 5 日，他在会见捷克斯洛伐克总统时说：“我参加共产党几十年了，如果从 1925 年算起，我在共产主义旗帜下已经工作了 60 多年。这期间做了不少好事，也做了一些错事。”他坦言：从 1956 年担任党的总书记起，“直到‘文化大革命’以前，我们党犯的‘左’的错误，我也有份。不能把错误的责任完全推到毛泽东同志身上”①。

毛泽东、邓小平等党的杰出领导人，这种唯物主义地、群众史观地、客观辩证地、勇于自我剖析地自我评价，充分彰显了忠于人民忠于党、坚持原则、坚定信仰的崇高风范，展现了伟人的广阔胸怀、巨大的人格魅力和党性光辉，值得我们今天党员干部在自我评价中深入学习借鉴。

二、组织评价

一般来说，党组织对党员党性的评价（通常也视同对党员的评价），对党员来说是极其重要的评价，既是党组织认定党员的核心环节，又是党对党组织自身状况进行评估的重要内容，是一项事关党的建设质量的基础性工程，往往对全面从严治党的决策部署、对党员干部的选拔任用等具有

① 杨宪福．从自我评价看邓小平的崇高风范［J］．中共山西省委党校学报，2010，33（1）．

重要参考价值，所以说是在一定时期内最为管用的评价。

党组织评价党员干部，首先要明确干部的标准。对此习近平总书记明确指出：“现在，我们提出政治上靠得住、工作上有本事、作风上过得硬、人民群众信得过等具体要求，突出了好干部标准的时代内涵。”“概括起来说，好干部要做到信念坚定、为民服务、勤政务实、敢于担当、清正廉洁。信念坚定，党的干部必须坚定共产主义远大理想，真诚信仰马克思主义，矢志不渝为中国特色社会主义而奋斗，坚持党的基本理论、基本路线、基本纲领、基本经验、基本要求不动摇。为民服务，党的干部必须做人民公仆，忠诚于人民，以人民忧乐为忧乐，以人民甘苦为甘苦，全心全意为人民服务。勤政务实，党的干部必须勤勉敬业、求真务实、真抓实干、精益求精，创造出经得起实践、人民、历史检验的实绩。敢于担当，党的干部必须坚持原则、认真负责，面对大是大非敢于亮剑，面对矛盾敢于迎难而上，面对危机敢于挺身而出，面对失误敢于承担责任，面对歪风邪气敢于坚决斗争。清正廉洁，党的干部必须敬畏权力、管好权力、慎用权力，守住自己的政治生命，保持拒腐蚀、永不沾的政治本色。”① 这就为我们开展党员干部的评价工作指明了方向、提供了根本遵循。

党组织评价党员关键是要建立健全评价的制度机制。构建评价体系的核心是把党的好干部标准具体化、实操化，这本身是一个需要深入研究的问题。就大的方面来说，应该包括如下内容。其一，是否具有坚定的共产主义信念，是否忠于党、忠于人民，能否认真学习马列主义、毛泽东思想和中国特色社会主义理论，加强党的创新理论武装，不断提高自己的政治素养和思想理论水平。其二，是否坚决贯彻执行党的纲领、基本理论、基本路线、基本方略和方针政策，认真履行党的职责和历史使命，脚踏实地做好本职工作，在改革发展稳定中起到先锋模范作用，为社会主义建设和发展做出应有贡献。其三，是否在工作、学习和生活中以一个党员的身份

① 习近平谈治国理政（第一卷）[M]. 北京：外文出版社，2015：412～413.

严格要求自己，做到“三严三实”，在自己的岗位上努力工作，在日常生活中起模范带头作用。其四，是否始终树立群众观点，践行党的根本宗旨，密切联系群众，坚持从群众中来，到群众中去的群众路线，关心群众的生活和工作情况，落实以群众为中心的发展思想，并虚心向群众学习。[①]其五，是否增强纪律意识和法治观念，严守党的纪律规矩，有坚定的政治性，自觉在党的各项纪律中活动，做依法治国的实践者。

党组织评价党员的操作体系，也是个要求很高、十分关键的系统，涉及谁来评、评什么、怎么评、评的结果怎么用等内容。重点是针对9000多万从事不同岗位、担负不同任务、处于不同环境条件下的党员，提出兼顾共性与个性、考虑党员领导干部与普通党员差异、避免陷入一般工作考核的评价指标体系。另一个关键性问题是，评价过程如何设计和操作才能保证评价的深入、真实、客观公正而又不过于烦琐、不过多增加党员干部的负担。有人提出，一般而言，党员的评价过程可以包括七个环节：组织准备、党员自查、民主测评、组织考核、组织鉴定、生成评价结果、结果运用。目前，组织评价党员的系统性实践还不是十分普遍和丰富，但是相信随着全面从严治党向纵深推进，这项工作会逐步被提到重要议事日程，并成为实施新的党的建设伟大工程的重要抓手。

党组织对党员评价结果的运用也极有讲究，因为它更加直接地体现了党组的党建导向，彰显了党组织的核心价值。党员评价制度的目的可以概括为三个层次：一是通过评价加强对党员党性状况的总体了解，检验党建成效、发现党建短板，为全面从严治党的推进提供“靶心”式的着力点；二是通过对党员的经常性考察，对党员党性的定期分析，及时甄别发现不合格的党员，采取有针对性的劝告、教育、处理等处置措施，及时克服损害党的先进性、纯洁性问题，始终保持党的肌体健康和充满活力；三是通过系统性的考核评价，定期不定期为党员做党性的“全面体检”，为党员

① 江慧．论党员标准的时代要求及其实践路径［D］．宁波：宁波大学，2012.

个人提供必要的信息，使党员看到成绩，发现问题，不断改进，提高党性修养，发挥先锋模范作用。从党建历史看，通过整党、整风、主题教育等集中教育整治活动，在一定时期内强化管党治党工作，是行之有效的重要方法，同时如果能够加强对党员的日常评价，将党建要求落实落细落到经常，亦有利于引导党员干部在平时自觉加强党性修养，把全面从严治党抓实抓深。

总的来说，评价党员干部是一个极其复杂的课题，需要不断从理论、制度、技术、操作者的素养等方面下功夫。三国名家桓范曾经阐述了封建时期人臣的“九虑”“七恕”，提出人君济辅群下，审核真伪，考察变态，在于幽冥窈妙之中，割毫折芒纤微之间，非天下之至精，很难做到。因为：“臣有立小忠以售大不忠，效小信以成大不信，可不虑之以诈乎？臣有貌厉而内荏，色取仁而行违，可不虑之以虚乎？臣有害同侪以专朝，塞下情以壅上，可不虑之以嫉乎？臣有进邪说以乱是，因似然以伤贤，可不虑之以谗乎？臣有因赏以偿恩，因罚以作威，可不虑之以奸乎？臣有外显相荐，内阴相除，谋事托公而实侠私，可不虑之以欺乎？臣有事左右以求进，托重臣以自结，可不虑之以伪乎？臣有和同以取谐，苟合以求进，可不虑之以祸乎？臣有悦主意以求亲，悦主言以取容，可不虑之以佞乎？此九虑者，所以防恶也。臣有辞拙而意工，言逆而事顺，可不恕之以直乎？臣有朴騃而辞讷，外疏而内敏，可不恕之以质乎？臣有犯难以为上，离谤以为国，可不恕之以忠乎？臣有守正以逆众意，执法而违私志，可不恕之以公乎？臣有不曲己以求合，不耦世以取名，可不恕之以贞乎？臣有从侧陋而进显言，由卑贱而陈国事，可不恕之以难乎？臣有孤特而执节，介立而见毁，可不恕之以劲乎？此七恕者，所以进善也。”（《政要论》）这16种现象是人治之下古代官场和官员复杂情况的一个缩影，说明了古代考察官员的复杂性。今天来说，党员干部考察的复杂性依然不容小觑，复杂社会在人身上的综合反映加之人自身欲望及思想的多样性，决定了人本身的复杂性，也决定了党组织知人、用人的复杂性。应该说我们对以什么标准用人、用什么样的人、要怎么监督人有了不少认识和要求，但从方法上、技术上、程序上、操作上如何落实这些标准要求，还有很多工作要做。

就党员干部个人来说，就是要虚心接受并正确看待组织的评价。评价党员干部是组织的重要权力，是党的建设的重要内容，是全面从严治党的重要途径，也是选拔人才、加强干部队伍建设的必要手段，接受组织的评价是每名党员干部应有的义务。在绝大多数情况下，组织的评价都是比较符合实际、客观公正和准确的，但一定情况下对个别同志所做的具体评价，也可能出现不够准确甚至不够公平的情况，对此如何看待也是对党员干部党性的重要考验。有的人因为“组织对我不公”，而心生芥蒂，与党离心离德，甚至心灰意冷，做出有愧于党的事情。须知，组织的评价总是由具体的党的组织做出的，不能因为个别党组织评价的不当，就对整个党、对理想信念产生动摇，否则就是一种党性肤浅的表现。

历史上，元灭南宋。世祖曾向降将问起宋亡国的原因。降将们说，因为“贾似道当权，重文轻武，将士抱怨，没了斗志。故大军至则争相投降”。帝问大臣董文忠怎么看这事儿，董文忠反问他们道：“似道薄汝矣，而君则贵汝以官，富汝以禄，未尝薄汝也。你本当抱怨宰相，现在却移怨皇帝，不作战，坐视国亡，哪有做臣的节义？贾似道薄汝，岂不正是预知了汝等是不可靠之人吗?”世祖点头称好。以古论今，我们对待组织有失恰当的评价，不也要明白这个道理，防止因枝叶恶大树、因部分怨整体吗？我们的初心使命，怎么能够因为个别党务人员工作上的不当而发生动摇呢？如果稍有“不公对待”就不满、就动摇，不正好证明了个人的党性不够、“不公对待”恰恰有道理吗?

三、群众评价

孟子曾说：“桀纣之失天下也，失其民也；失其民者，失其心也。得天下有道：得其民，斯得天下矣。得其民有道：得其心，斯得民矣。得其心有道：所欲与之聚之，所恶勿施。”（《孟子》）可见，为政唯在人心，得人心之法，唯在从民所愿，实现其所想，不加其所恶，这是决定民心向背的关键，也是群众评价党和党员的根本。这种评价的结果可能一次两次没有什么影响，一时半时看不出什么后果，但如果群众的负面评价从偶尔到经常、从局部到全部、从短时到长期持续下去，就会逐渐民心向背，最终左右政党和政权命运，所以说人民群众的评价是具有最终决定意义的，这也是人民群众历史主体地位的一个重要体现。

让群众评价党员，从群众评价中汲取党建力量，为党员干部修养提供动力，这是无产阶级政党建设的政治优势、成功经验和优良传统之一。对此，列宁特别提道："吸收党外群众，由党外群众来检查党员的工作——这是绝对正确的。"① 为了切实发挥群众监督的作用，列宁叮嘱做好信访工作，要求具体工作人员认真对待群众对腐败行为的揭发和检举，对来访者要热情接待，同时要保护举报者。对那些对来访者态度恶劣的工作人员，列宁主张"应当予以极严厉的处罚，交由最严厉的革命法庭审判"②。从中可以深刻感受到，列宁等革命导师，从群众中建党、依靠群众管党、通过群众评价治党、为了群众不断改善党的建党思想和情怀，为我们今天建党和加强党员修养提供了宝贵教益。

中国共产党始终坚持与时代结合、与人民结合、与使命结合的党员标准和建党方法。早在 20 世纪 50 年代，邓小平就谈到，党领导中国社会主义建设，也要接受党的监督、群众的监督、民主党派和无党派人士的监督三方面的监督，有了各种监督可以使党的干部少犯错误。③ 十一届三中全会以后，邓小平对监督问题更为重视，尤其强调群众监督，他指出："要有群众监督制度，让群众和党员监督干部，凡是搞特权、特殊化，经过批评教育而又不改的，人民就有权进行检举、控告、弹劾、撤换、罢免，要

① 列宁全集：第 42 卷［M］. 北京：人民出版社，1987：88.
② 列宁全集：第 38 卷［M］. 北京：人民出版社，1986：140.
③ 邓小平文选（第一卷）［M］. 北京：人民出版社，1994：270 ~ 271.

求他们在经济上退赔，并使他们受到法律、纪律处分。”① 通过群众的监督，搞好党的建设，这是党的历代领导集体从严治党的重要思路。

群众对党员干部的监督是具体的不是抽象的，不能停留在一般性讲话要求和文件规定上，需要通过一定的具体内容和载体来实现。在党员评价中引入群众评价，是落实群众监督的重要方法，也是拓展党员评价方式方法的重要方面。这方面的探索尝试已有不少，但多是与党员干部的政绩评价相结合的，而且在实践操作中，群众对党员领导干部的党性评价还有待细化实化，重点要解决一些具体实行的问题。比如，要研究党员党性中哪些内容可以交由群众进行评价，通过什么方式来组织群众参与评价，对于群众多样性的评价样本如何科学归集为评价结果，如何将对领导干部的政绩评价与党性评价相统筹，既不人为割裂又不无端混同等。这些重要问题都需要作为党建研究的重点内容，加紧研究探索。

就党员个人特别是党员领导干部来说，关键是要树立人民群众主体地位意识，千方百计多接触群众，听取群众对自己的意见建议，从中反省克服自身党性方面的不足，从而使自己的党性修养始终与党组织的要求相符合，与群众的期盼相呼应，与时代的需要相对接，与自身成长发展相协调。重点是要把创造经得起历史和人民检验的工作实绩作为从政根本。“有官贫过无官日，去任荣于到任时”，上任和离任本来都是光荣的事，但二者含义不同。上任之“荣”是荣幸和荣膺，荣在组织对自己能力的认可，荣在对自己过去政绩的肯定，更荣在人民群众对自己的信任和期望。而离任之“荣”应是荣耀和荣光，荣在党员干部和人民群众对自己卸任的不舍，荣在自己在任时取得的无愧政绩，荣在实现了服务人民、造福一方的价值追求，这时的荣是沉甸甸的收获，更是人民群众给予的肯定和赞许。

周恩来总理不仅深受中国人民爱戴，在世界人民心中也是一座伟大的

① 邓小平文选（第二卷）[M]．北京：人民出版社，1983：332.

丰碑。在他心中，国家和民族的命运、人民的幸福比什么都重要。他为此的付出远远超出常人所能想象的程度。他对人民关怀无微不至，对同志和朋友细心爱护，而个人的得失、毁誉和安危却从不放在心上。几十年里，他平均每天工作12小时以上，有时候每天只能睡五六小时。他处理工作时，总是要求先把情况弄得清清楚楚，想得很细很远。他对经济数字和历史情况的熟悉和记忆常常令人吃惊，因此他提出的意见总能那样细致周密、合情合理。1966年3月8日凌晨，河北邢台发生地震，造成严重伤亡。周恩来深夜赶到受灾最严重的村子。群众听说周总理来了，都拥到一处空场。他登上一个大木箱讲话，发现老百姓迎风站着，坚决要求当地干部让群众掉过头去，他改为迎着风讲话，鼓励大家“发展生产，重建家园”。①

他一生无私付出，从不向党和人民提个人或家庭上的要求，唯一一次的要求却让人心疼不已。他喜欢和群众干在一起、吃在一处。在田间地头，他与农民一道吃饭；在工厂矿山，他与工人一道吃饭；在招待所、饭店，他喜欢和服务员一道用饭；在水库工地，他和民工一块儿啃窝头咸菜…… 随着年龄的增大，他工作量不减，饭量不减，但变化还是在悄悄发生。有一次，在工地上，工作人员看到他吃饭费力，忙问：“总理，你身体不舒服吧？”“不，我身体很好……”总理说得很肯定。“总理，你肯定有什么事吧？”“嗯，”总理略一沉吟，望着工作人员，用商量的语气说，“这次活动，吃饭要一起吃。你看，能不能设法把我碗里的饭弄软一些？”“可以。饭都是盛好了才端上来。”工作人员说。“搞特殊了。”总理笑了笑，有些不安和苦涩，他忽然轻轻叹出一口气，“唉，我的牙齿已经全松动了……”总理发出这声轻叹时，工作人员看清了他变得灰白了的头发；曾经英气勃勃的脸孔已经血肉耗尽，脸孔和脖颈的皮肤松弛下坠，并且出现了老年斑；他那威武明锐的双眼也深深地凹陷下去……工作人员忍不住泪水，慌忙退出屋，到一个角落

---

① 金冲及．周恩来：一个光荣而不朽的名字——纪念周恩来同志诞辰120周年［R］．人民日报，2018年3月2日．

里，大哭了一场。[①]

周恩来同志伟大的党性光辉和人格魅力，赢得了全世界朋友的高度赞誉。美国前总统尼克松自发地为周总理脱大衣。联合国前秘书长哈马舍尔德于1955年在北京会见过周总理后说过一句广为流传的话："与周恩来相比，我们简直就是野蛮人。"周总理逝世后，在联合国安全理事会上，由会议主席提议，全体代表起立向他志哀，并且联合国大厦前降半旗志哀。邓小平指出："他是我们全党全军全国人民学习的榜样。"[②] 习近平总书记指出，周恩来同志是不忘初心、坚守信仰的杰出楷模，是对党忠诚、维护大局的杰出楷模，是热爱人民、勤政为民的杰出楷模，是自我革命、永远奋斗的杰出楷模，是勇于担当、鞠躬尽瘁的杰出楷模，是严于律己、清正廉洁的杰出楷模。"周恩来，这是一个光荣的名字、不朽的名字。每当我们提起这个名字就感到很温暖、很自豪。"[③] 这就是党和人民群众对周恩来同志的评价。我们今天的领导干部，如果哪怕在某一方面能够像周总理那样，得到如此高的国内评价和国际赞誉，也是非常了不起的，而吾欲仁则仁至矣，高山仰止，心向往之，竭力行之，虽或未至，亦慰平生。

四、历史评价

对党员还有个历史评价问题。古人论人生等次说，立德、立功、立言为人生三不朽，又细分说："道是第一等，德是第二等，功是第三等，名是第四等。自然之谓道，与自然游谓之道士。体道之谓德，百行俱修谓之德士。济世成物谓之功。一味为天下洁身著世谓之名。一味为自家立言者亦不出此四家之言，下此不入等矣。"（吕坤《呻吟语·谈道》）用今天的话说，就是主义真是第一位，道德好是第二位，功业是第三位，洁名是第四位，还有为

---

① 周总理犹豫再三才说出口的"特殊要求"［EB/OL］. 央视搜视社区，http://www.cctv.com/docu/special/zhouerlai/01/index.shtml.

② 金冲及. 周恩来：一个光荣而不朽的名字——纪念周恩来同志诞辰120周年［R］. 人民日报，2018年3月2日.

③ 习近平2018年3月1日在纪念周恩来同志诞辰120周年座谈会上的讲话.

立说，其他就为平凡的了。同时强调："百发失一，不足谓善射；千里跬步不至，不足谓善御；伦类不通，仁义不一，不足谓善学。"（《荀子·劝学》）所以，天地逆旅、人生有限，但人生前所做的善、恶，都将留在社会历史中，人活着的时候要多做有价值的事，将人生的意义寄托于集体、民族、国家和人类社会进步之中，才能彰显其意义，历史也会最终检验一个政权、一个政党、一个人，是否能够善始善终、善作善成。历史评价由于经历时间的积淀，往往更为公正客观，也往往更难于变更，它会被长久地保留在社会历史当中，通过历史档案等方式展现在一代又一代人面前，所以历史评价往往是影响最久远的。

历史的评价不仅是言语的更是实践的。前人朴素地认为："士大夫殃及子孙者有十：一曰优免太侈；二曰侵夺太多；三曰请托灭公；四曰恃势凌人；五曰困累乡党；六曰要结权贵，损国病人；七曰盗上剥下，以实私橐；八曰簧鼓邪说，摇乱国是；九曰树党报复，阴中善人；十曰引用邪昵，虐民病国。"（吕坤《呻吟语·修身》）警示人们尤其是为官者，德行不佳、损公肥私、窃国害民等行状，往往会贻害家人、殃及子孙。其实这里并非"因果报应"论那么简单，而是有着客观的内在必然性。我们说，历史的主人是人民群众，人民群众创造历史的过程充满了沧桑，也包含着顽强的斗争精神，形成社会历史发展中公平正义的力量，那些骑在群众头上作威作福或者危害社会公利、国家利益的人，虽然可能得逞于一时，但最终会受到人民和历史的纠正或惩罚。

在中国历史上，封建官场的腐败尽人皆知，贪官污吏比比皆是。但古代先贤中也不乏清官廉吏的身影，为官清廉的思想源远流长，特别是那些智者为官，重名节为泰山，洁身自好惜清白，尤为重视社会或后世评价。"县古槐根出，官清马骨高"，海瑞的刚直不阿、包拯的清正廉明，为历代民众所推崇。宰相包拯 60 岁生日时，皇上和文武百官要给他送礼贺寿，被一一谢绝。皇上派六官司礼太监再送，又被退了回来，太监作诗一首让守门人进于包拯："德高望重一品卿，日夜操劳似魏征。今日皇上把礼送，拒之门外理不通。”包拯见诗即回诗一首：“铁面无私丹心忠，做官最怕叨念功。操劳本是分内事，拒礼为开廉洁风。”太监读后无奈，只得捧礼回宫交差了。南宋明帝时，褚彦回为吏部尚书。有人暗地里带了一块金子找他求官，并说：“别人都不知道。”褚彦回说：“您自己应该得官，用不着这种东西。如果一定要送我，那我就不得不上报了。”这个人非常害怕，收起金子走了。南朝的任昉为政清省。“卒于官，唯有桃花米二十石，无以为敛。……杂木为棺，浣衣为敛。阖境痛惜，百姓共立祠堂于城南，岁时祠之。武帝闻问，方食西苑绿沉瓜，投之于盘，悲不自胜……哭之甚恸。”

刘少奇同志讲：“只有把伟大而高尚的共产主义理想和切实的实际工作、实事求是的精神统一起来，才能成为一个好的共产党员。”① 我们党的历史功绩已经也将继续写入中华民族发展史、世界共产主义运动史和世界历史。但历史不是在历史中产生，而是从我们当前的一切所思所想、所作所为中产生，并接受历史和人民的评判。作为党员领导干部，多了解一些古代的廉政文化和历史评价问题，长念“但令名节不堕地，身外区区复何求”的古训，以“两袖清风朝天去，免得闾阎话短长”为警醒，对加强个人党性修养、对把党性外化于行，对增强干事创业的使命感、神圣感和紧迫感都是很有帮助的。

① 刘少奇选集（上卷）［M］．北京：人民出版社，1991：128.

主要参考书目

[1] 马克思恩格斯选集（第1～4卷）［M］．北京：人民出版社，1995.

[2] 恩格斯．自然辩证法［M］．于光远，等译．北京：人民出版社，1984.

[3] 列宁选集（第1～4卷）［M］．北京：人民出版社，2012.

[4] 列宁文稿（第2卷）［M］．北京：人民出版社，1978.

[5] 列宁专题文集（论无产阶级政党）［M］．北京：人民出版社，2009.

[6] 毛泽东选集（第一至四卷）［M］．北京：人民出版社，1991.

[7] 刘少奇．论共产党员的修养［M］．北京：人民出版社，2002.

[8] 刘少奇选集（上卷）［M］．北京：人民出版社，1991.

[9] 邓小平文选（第一卷）［M］．北京：人民出版社：1994.

[10] 邓小平文选（第三卷）［M］．北京：人民出版社：1993.

[11] 陈云．论党的建设［M］．北京：中央文献出版社，1995.

[12] 陈云文选（第1卷）［M］．北京：人民出版社，1995.

[13] 习近平谈治国理政［M］．北京：外文出版社，2015.

[14] 习近平谈治国理政（第二卷）［M］．北京：外文出版社，2017.

[15] 习近平关于“不忘初心、牢记使命”论述摘编［M］．北京：

党建读物出版社、中央文献出版社，2019.

［16］黑格尔．小逻辑［M］．贺麟，译．北京：商务印书馆，1980.

［17］杨玉清．论政治家［M］．北京：中央广播电视出版社，1993.

［18］于立志．共产党员修养镜鉴［M］．北京：中国方正出版社，2005.

［19］张振学．官德修养读本［M］．北京：中国商业出版社，2012.

［20］蔡锷．曾胡治兵语录［M］．桂林：广西师范大学出版社，2007.

［21］秦榆．中华千年文萃·治学修身养性［M］．北京：京华出版社，2006.

［22］龚鹏程．儒门修证法要［M］．北京：东方出版社，2015.

［23］王阳明．传习录［M］．郑州：中州古籍出版社，2008.

［24］梁启超辑录．曾文正公嘉言钞［M］．北京：金城出版社，2013.

［25］曾国藩家书［M］．北京：东方出版社，2014.

［26］傅佩荣．国学的天空［M］．西安：陕西师范大学出版社，2009.

［27］夏吉平．古国启示录［M］．桂林：漓江出版社，1999.